目录 CONTENTS

小　引　走近蒙台梭利

一、玛丽亚·蒙台梭利小传　　　　　　　002

二、蒙台梭利理论的重点　　　　　　　　006

三、对儿童教育的贡献　　　　　　　　　008

第一章　童年的秘密

第一节　适应新环境　　　　　　　　　　012

第二节　啼哭　　　　　　　　　　　　　014

第三节　神秘的本能　　　　　　　　　　015

第四节　"精神胚胎"的发育　　　　　　　018

第五节　心理发展的敏感期　　　　　　　023

第六节　对秩序的渴望　　　　　　　　　031

第二章　有吸收力的心灵

第一节　从无到有的智力形成之谜　　　042

第二节　不当的睡眠习惯　　　049

第三节　学习走路和用手　　　053

第四节　开启语言之门　　　059

第五节　对独立的渴望　　　065

第六节　心理成长阶段　　　072

第七节　心灵的构建　　　080

第三章　成长的烦恼

第一节　心理障碍　　　084

第二节　娇生惯养　　　087

第三节　依赖性与占有欲　　　091

第四节　恐惧与自卑感　　　094

第五节　说谎　　　098

第六节　贪吃的心理　　　101

第四章　科学的育儿方法

第一节　认识儿童心理　　　106

第二节　无逻辑、无目的的实践　　　108

第三节　性格的形成　　　112

第四节　运动的重要性　　　120

BA ZIYOU HUANGEI HAIZI MENGTAISUOLI JIAOYUFA

把自由还给孩子

——蒙台梭利教育法

儿童教育专家
北京师范大学特聘早教顾问 卢　琼◎编著

时代出版传媒股份有限公司
安徽科学技术出版社

图书在版编目（CIP）数据

把自由还给孩子：蒙台梭利教育法/卢琼编著. —合肥：安徽科学技术出版社，2014.6

ISBN 978-7-5337-6299-5

Ⅰ.①把… Ⅱ.①卢… Ⅲ.①学前儿童-儿童教育-教育方法 Ⅳ.①G61

中国版本图书馆CIP数据核字（2014）第050385号

把自由还给孩子——蒙台梭利教育法　　　　　　　　　　　卢　琼　编著

出 版 人：黄和平　选题策划：王　宜　王晓宁　责任编辑：王　宜　杜琳琳

责任校对：刘　凯　责任印制：梁东兵　　　　封面设计：蒙订

出版发行：时代出版传媒股份有限公司　　　　http://www.press-mart.com

　　　　　安徽科学技术出版社　　　　　　　　http://www.ahstp.net

　　　　　（合肥市政务文化新区翡翠路1118号出版传媒广场，邮编：230071）

　　　　　电话：（0551）63533330

印　　制：北京盛兰兄弟印刷装订有限公司　　电话：（010）61232153

（如发现印装质量问题，影响阅读，请与印刷厂商联系调换）

开本：710×960　1/16　　印张：16　　　　字数：180千

版次：2014年6月第1版　　2014年6月第1次印刷

ISBN　978-7-5337-6299-5　　　　　　　　定价：32.00元

前言

　　近年来，在关于对儿童的养育方面我们取得了巨大的进步，对儿童发展和教育的意识逐渐加强。但是，对于怎样科学地教育儿童，很多父母还是走入了误区。他们想当然地以成年人的思维方式去衡量儿童的行为，把孩子的一些做法轻率地定性为固执、任性、无趣、不可理喻，理直气壮地去矫正孩子的"缺点"和"错误"，有的父母甚至以暴力的方式去"纠正"孩子的"不良行为"。在这些父母的错误教导下，一些活泼可爱的孩子逐渐失去了光彩，他们变得内向、自卑、没主见、自私、喜欢暴力……

　　20世纪享誉全球的幼儿教育家、"儿童之家"的创办者、给世界儿童教育带来革命性变革的蒙氏教育法的创始人——玛丽亚·蒙台梭利通过多年的观察和研究，为我们揭开了儿童心理世界的神秘面纱，并给了我们正确的指引。

　　蒙台梭利认为儿童有一种与生俱来的内在生命力。这种生命力是一种积极的、活动的、发展着的存在，具有无穷无尽的力量。父母和教师不应该过多干涉，更不能按照个人喜好强行矫正孩子的发展趋势。儿童具有自发性的活动，这能使他们逐渐走向独立。父母要做的，就是把自由还给孩子。教育的任务就是激发和促进儿童内在生命力的发挥，使其按自身规律获得自然和自由的发展。

　　她还认为儿童的发展具有胚胎期。人和生物的一个重要区别是，人有两个胚胎期——生理胚胎期和心理胚胎期。心理胚胎期是儿童通过无意识地吸收外界刺激而形成各种心理活动能力的时期。因此，处于心理胚胎期的儿童的发展也需要一种相适应的特殊环境，这种特殊环境应是尽可能排除有害生命力呈现的任何不利因素，尽可能满足儿童各种内在需要的环境。

　　通过长期的教育观察和实践，蒙台梭利发现儿童对各种能力的掌握都具有敏感期。儿童如果不能在他们的敏感期内把握住自身的感觉，吸取成长所必需的养分，完善心理塑造，便会永远失去这种机会。父母掌握了儿童敏感期的行为特点和规律，就可以深入到儿童神秘心灵的背后，从而建立一座沟通成人与儿童之间良好关系的桥梁。

蒙台梭利相信儿童处于一个不断发展的过程中，这种发展呈现出阶段性。在发展的每一阶段，儿童的生理、心理和社会性发展的特点都和前一阶段不同，而每一阶段的发展又为下一阶段的发展打下基础。基于这种认识，她将儿童心理的发展分为以下三个阶段，并对各个阶段的特点提出自己的看法。第一阶段（0～6岁）是儿童各种心理功能形成期，这一阶段的最基本的特征是出现一个又一个的敏感期。整个第一阶段还可以进一步划分出两个时期：第一时期是从出生到3岁，即前面提到的心理胚胎期；第二时期是3～6岁，这是儿童的个性形成期。第二阶段（6～12岁）是儿童心理的相对平稳发展时期。第三阶段（12～18岁）是儿童身心经历巨大变化并走向成熟的时期。父母应该根据孩子发展的不同阶段施以正确的教育方法。

蒙台梭利还认为儿童发展是在"工作"中实现的，活动在儿童心理发展中有着极其重要的意义。儿童由于内在生命力的驱使和心理的需要产生一种自发性活动，这种自发性活动通过与环境的交互作用使儿童获得相关经验，从而促进儿童心理的发展。儿童是在"工作"中成长的，他们通过做一些看似无意义的动作来锻炼自己四肢的灵活性。只有"工作"才是儿童最主要和最喜爱的活动，而且只有"工作"才能培养儿童多方面的能力并促进儿童心理的全面发展。

今天，我们把蒙台梭利教育法的精髓汇集到一起，希望读过这本书的父母能在蒙台梭利教育法的指导下，正确地把握孩子的成长规律，抓住孩子黄金般宝贵的敏感期，实施恰当的教育，使孩子的潜能得到最大程度的发掘，让孩子形成健康、自信的性格，为他们成年后迈向成功打下基础。

就像蒙台梭利所说，孩子影响着未来世界，如果在我们的教导下孩子变得狂躁，那么，未来的世界也会充斥暴力。为了孩子，为了我们的未来，让我们一起去探索孩子那神秘的童年世界，去帮助孩子健康、快乐地成长！

第五节 "安静"的训练　　　　　　123

第六节 属于孩子的生活节奏　　　127

第七节 天性至上　　　　　　　　129

第八节 让孩子自然发展　　　　　134

第九节 爱的智慧　　　　　　　　137

第十节 儿童教育的意义　　　　　141

第五章　守护孩子的精神乐园

第一节 精神生命的成长　　　　　146

第二节 "以小见大"　　　　　　　152

第三节 孩子的自尊心　　　　　　154

第四节 易受暗示的人格　　　　　158

第五节 意志与顺从　　　　　　　162

第六节 把握选择的智慧　　　　　168

第六章　能力的培养

第一节 天才的秘密　　　　　　　172

第二节 培养注意力　　　　　　　175

第三节 发挥想象力　　　　　　　179

第四节 锻炼意志力　　　　　　　184

第五节 阅读与书写　　　　　　　191

第六节 开发孩子的智力　　　　　196

第七章　对儿童教育的重新思考

第一节　父母的使命　　　　　　　　　　202

第二节　父母的修养　　　　　　　　　　203

第三节　处理冲突　　　　　　　　　　　206

第四节　发现、解放儿童　　　　　　　　210

第五节　儿童中心教育法　　　　　　　　212

第六节　不要预设障碍　　　　　　　　　214

第七节　新式教育　　　　　　　　　　　219

后　记　走进"儿童之家"

一、第一所"儿童之家"的建成　　　　　224

二、教学用具介绍　　　　　　　　　　　228

三、独特的教学环境　　　　　　　　　　231

四、适合儿童的授课方式　　　　　　　　235

五、"纪律与自由"观　　　　　　　　　239

六、充实的教学内容　　　　　　　　　　242

小 引

走近蒙台梭利

一、玛丽亚·蒙台梭利小传

1870年8月31日，玛丽亚·蒙台梭利出生于意大利安科纳省一个富裕的上层社会家庭。她的父亲为贵族后裔，是个性格平和、保守的军人；母亲是虔诚的天主教徒，同时博学多识、善良、严谨、开明。作为家中的独生女，蒙台梭利并没有受到家长的溺爱，而是接受了开明的家庭教育，这使得她从小便养成了自律、自爱的独立个性，以及热忱助人的博爱胸怀。

5岁的时候，因为父亲职位的变动，蒙台梭利举家迁往罗马。从此，她开始了自己经历丰富的求学历程。13岁的时候，蒙台梭利做出了一个与众不同的选择——进入工科学校读书，后来她对数学产生了浓厚的兴趣。当时，一般女孩子的教育重点是在品德方面，极少有女孩子进工科学校读书。1886年，16岁的蒙台梭利以优异的成绩从米开朗琪罗工科学校毕业。对数学的热爱，使她在日后提出了"数学心智是培养抽象思考能力的最好途径"的观点。

同年，蒙台梭利进入国立达芬奇工业技术学院，学习自然科学和现代语言学。这为她后来发展语言和自然科学的教育方法奠定了基础。在此期间，由于对生物学的兴趣，蒙台梭利拒绝了父母希望她做一名教师的愿望，而是毅然进入罗马大学学习生物学。在学习生物学的过程中，蒙台梭利又对医学产生了浓厚的兴趣。在当时保守的欧洲社会里，"女子学医"被认为是荒谬和不道德的。父亲也以中断经济来源为要挟，企图阻止蒙台梭利学习医学。但凭着自己坚持不懈的努力，她终于进入医学院学习。由于是班上唯一的女生，蒙台梭利时常独自一人在解剖室里做实验，与尸体独处。家人的反对，沉重的社会压力，孤立的求学环境使得蒙台梭利倍感孤独，但蒙台梭利也因此锻炼出了坚强的毅力和不屈不挠的学术精神，这为她日后献身儿童教育的研究，奠定了坚实的基础。

最终蒙台梭利以医学博士的头衔从罗马大学毕业，成为意大利历史上第一位女医学博士。毕业后的蒙台梭利因为社会的偏见无法独立行医，只好去罗马大学附属医院精神病科做临床助理医生，帮助诊断和治疗智障儿童。在这里，蒙台梭利接触到了有智力缺陷的儿童，当时这些在智力上有缺陷的儿童被视为精神病患者而被关在疯人院。在疯人院的儿童室内没有可供儿童玩耍的玩具，甚至连任何可供儿童抓握和操作的东西也没有，管理人员的态度也极其恶劣，根本不组织这些儿童做任何活动。

蒙台梭利对这些儿童的处境深表同情和忧虑。通过观察和研究，她深深感到，之前的医疗方法不仅无法帮助这些儿童，反而会加速他们智力的下降。怀着对这些儿童的同情和爱心，蒙台梭利对智障儿童的治疗和教育问题产生了兴趣，她决心用自己的知识来改善这些儿童的处境。为此，蒙台梭利深入学习了当时有关儿童心理研究的权威——法国心理学家伊塔和塞根的教育思想和方法。

1799年，在法国南部的森林地带，当地农民发现了一个长期赤身裸体生活在丛林里的野孩。从事儿童教育研究的伊塔担负起了教育这个"阿韦龙野孩"的责任，随后发表了自己的教育成果和研究报告。教育学家塞根则继承了伊塔的事业，提出了"生理教育法"，主张对身体残疾和智力缺陷的儿童进行感官训练，充分挖掘他们的生理潜能，促进其智力和个性的发展。伊塔和塞根的教育思想和方法深深地影响了蒙台梭利，为她自己对智障儿童的研究提供了指导。她认为伊塔和塞根的研究就是"科学的教育学"的先导。

通过对伊塔和塞根在智力缺陷方面研究成果的认真学习，蒙台梭利开始形成自己关于培训这些智障儿童的智力的看法。这加深了她对教育学研究的兴趣，由此她开始大量阅读和研究教育学先驱的著作。其中，法国卢梭的自然主义教育观、瑞士裴斯泰洛奇的民主主义教育思想、德国福禄贝尔的人性教育思想都对蒙台梭利产生了很大的影响，使蒙台梭利认识到幼儿教育在个人发展中的重要作用，以及当前幼儿教育中存在着非常多的错误教学观念和方法。这些认识进一步加深了蒙台梭利对幼儿教育的研究兴趣。这些理论和实践方面的扎实知识，为以后蒙台梭利提出自成一派的教育理论打下了坚实的基础。

由于蒙台梭利的研究，她被罗马国立心理矫正学校聘为校长。在此期间，她将自己的研究成果用在了这些存在智力缺陷的儿童身上，并取得了惊人的成果。经过她的辅导，这些儿童不仅学会了读写，还通过了当时罗马地区为正常儿童举行的公共考试。成功虽然给蒙台梭利带来了大量的荣誉，但她并没有为此所动，而是陷入了沉思：既然这些教育方法在有智力缺陷的儿童身上取得了这么大的成功，那么它们是否也可以用在正常儿童身上呢？在一次演讲中，蒙台梭利说"儿童的智力缺陷主要是教育问题，而不是医学问题"，并向社会呼吁，智障儿童应当与正常儿童一样，享有同等受教育的权利。

为了证明自己的教育方法可以用在正常儿童身上，1901年蒙台梭利毅然辞去校长职务，重回罗马大学，重新注册学习哲学、生物科学、实验心理学和教育学等学科，以便彻底探究人类成长的法则。经过了7年的潜心钻研，她逐渐形成了自己对人类生命发展规律的看法，逐步形成自己的系统的教育思想。

1906年，罗马的优良建筑公会在对贫民窟的建筑进行改造时，邀请蒙台梭利参与新建社区的学校设计。蒙台梭利欣然接受，并按照自己的设想建立了一个类似后来的社区学校和托儿所的育儿场所。1907年1月6日，这个按照蒙台梭利的设想建成的学校在罗马的贫民窟桑伦多区正式成立了，蒙台梭利将它命名为"儿童之家"，招收3～6岁的儿童。在"儿童之家"里，蒙台梭利施行的教育方法和教育理念与以往传统的育儿学校有着很大的区别，并取得了巨大的成功。那些生长于贫民窟的普通的、贫寒的儿童，经过在"儿童之家"的几年学习后，发生了巨大的转变，一个个被培养成了聪明自信、生机勃勃而又富有教养的少年英才。蒙台梭利崭新的、具有巨大魅力的教学方法和教育理念，被各大报纸纷纷报道，很多贵族和政要也前去参观，世界各地的教育机构纷纷邀请她前去讲学和指导——蒙台梭利的思想轰动了整个欧洲和世界。从此"儿童之家"作为蒙台梭利的教育理念的载体，迅速被推广到世界各地，在世界范围内掀起了一场幼儿教育的革命，其影响至今仍长盛不衰。

1929年，"国际蒙台梭利协会"在丹麦成立，协会推选蒙台梭利为会长，十多个国家相继成立了专门研究其教育思想的"蒙台梭利学会"。此后的几十年间，蒙台梭利获得了各个国家颁发的荣誉勋章和各地著名大学的荣誉教授等殊荣。蒙台梭利教育法的特点在于强调儿童早期教育的重要性，尊重和维护儿童的自由。为了使儿童有一个更加美好的未来，为了使社会更加宽容和进步，蒙台梭利从事了半个多世纪的教育实验与研究。由于她在人类文明进步上所做的贡献，1949—1951年蒙台梭利连续3年获得"诺贝尔和平奖"候选人的资格。

1952年5月6日，蒙台梭利在阿姆斯特丹逝世，享年82岁。《西方教育史》称她是20世纪赢得欧洲乃至世界承认的最伟大的进步的教育家。

二、蒙台梭利理论的重点

经过刻苦努力的学习，蒙台梭利在教育学、心理学、语言学、哲学、数学、医学和生物学等各个领域都掌握了专业的理论知识。在医院实习和担任心理矫正学院校长的实践经验，以及创办"儿童之家"的经历等，保证了蒙台梭利幼儿教育理论的科学性。此外，对孩子的热爱、对教育事业的热忱也为蒙台梭利的教育思想增添了耀眼的光辉。

从创办第一所"儿童之家"开始，蒙台梭利将毕生精力奉献给了儿童教育事业，给世人留下了许多开创性的教育方法和理念，一位美国教育家曾称赞说"当代讨论学前教育问题，如果没有论及蒙台梭利体系，是不完整的"。蒙台梭利对教育的理解可以大致归结为以下几个要点。

1.自由主义教育理念

蒙台梭利在总结卢梭、裴斯泰洛齐、福禄贝尔等人自然主义教育思想的基础上，形成了自己的富有革命性的儿童观念。她认为儿童有一种与生俱来的内在生命力，这种生命力是一种积极的、活动的、发展着的存在，具有无穷无尽的力量。家长和教师不应该过多干涉，更不能按照个人喜好强行矫正孩子的发展趋势。儿童具有自发性的活动，自发活动使他们能够逐渐走向独立。只要成人不妨碍，他们都能独立，独立能力较弱或者匮乏是成人妨碍的结果。自发性活动的自然法则就决定儿童在发展中是需要自主学习的，成人对儿童的这种自主性、自发性不能给予强迫或压抑。教育的任务就是激发和促进儿童内在生命力的发挥，使其按自身规律获得自然和自由的发展。

2.心理发展的敏感期

通过长期的教育观察和实践，蒙台梭利发现在特定的发展阶段，儿童会对某种事物或活动特别敏感或者特别喜爱，会主动地观察和模仿，学习这些事物也就特别容易和有效。而随着时间的推移，这种兴趣就会自动消失。这种在特定时间对特定事物感兴趣的现象，蒙台梭利称之为儿童心理发展的敏感期。这些特定的敏感期为家长和教师理解儿童提供了钥匙。

3."儿童之家"的教学理念

蒙台梭利的教育思想集中体现在"儿童之家"的教育理念中。在"儿童之家"里，教师并非权威的指导者或者评判者，而是一个安静的观察者。儿童可以自由地活动。通过这些集体活动，儿童会自发地掌握一些社会交往的规范。通过蒙台梭利的一些独特教学用具，儿童的各项能力也会得到全面的开发。从此，世界各地的幼儿园开始纷纷借鉴"儿童之家"的先进教学理念，从而纠正了幼儿教育上的很多误区。近几十年，蒙台梭利幼儿教育法也传入了我国，我国各地出现了许多研究蒙台梭利教育思想的机构，以及以其理念为指导的幼儿园。

三、对儿童教育的贡献

凭着伟大的爱心和刻苦钻研的毅力，蒙台梭利对幼儿教育做出了不可磨灭的贡献，教育史称她为"幼儿园的改革家"。蒙台梭利对教育的贡献是多方面的。

1.对特殊教育领域的贡献

激发蒙台梭利对教育的研究热情的是她早期对智障儿童教育的研究。对这些被忽视的群体，蒙台梭利给予了巨大的耐心和关爱，她通过制作一些特殊的教学用具和教学方法，来帮助这些儿童，从而使这些儿童的身心得到了奇迹般的恢复，进而她以特殊教育家的身份受到了外界的关注。

2.打破智力不可改变的传统观念

蒙台梭利的教育方法是从感官教育开始的，她通过自制的教具达到对儿童的视觉、听觉、嗅觉、触觉等的持续开发，使儿童的各种感觉能力有了大幅度的提高。而智力的形成正是从感觉能力开始的。因此，蒙台梭利的教育方法，打破了之前教育界认为的"智力是人的先天因素，后天是无法改变的"这一论断。

3.提出系统的儿童成长法则

蒙台梭利在探讨儿童的成长规律时，发现并研究了许多科学的儿童成长法则，提出了有蒙台梭利特色的儿童发展理论。比如："工作的本能""心理的敏感期""对秩序的渴望"等，这些科学理论至今仍在幼儿教育领域起着指导作用，帮助家长和教师们解开儿童的成长之谜，以及发掘儿童的智力和潜能。

4.引起对儿童早期教育的重视

蒙台梭利理论的一大特点就是唤醒人们对幼儿早期教育的重视。蒙台梭利指出，从出生开始，人的精神胚胎就遵循着一定的自然法则，开始了蓬勃发展，3岁以前的教育往往就决定了儿童以后的性格和智力水平，而这个阶段的教育正是传统教育理论所忽视的部分。

5.将自由的理念深入教育之中

自由是蒙台梭利教育思想的核心内容，通过对"工作和游戏""自由和纪律""奖励与惩罚"的区分，蒙台梭利提出让儿童遵循自己的自然生命力自由发展，避免父母和教师的干预。这种自由的教育观念，完全颠覆了以往教育中学生的被动地位，让学生成为教学的中心，这是为大多数现代教育学家所推崇的学生中心论。蒙台梭利曾经说过："成人无法直接帮助儿童形成自己，因为那是自然而成的工作，但是成人必须懂得细心地尊重这个目标的实现，也就是提供儿童形成自己所必要的而他自己却无法取得的材料。"

6.科学的幼儿教育的真正创始人

蒙台梭利不满当时的填鸭式教学，这种教学方法完全忽视了儿童的个性发展。在这种教育方法下培养出来的人也是没有生气的，缺乏创造力和激情。因此，蒙台梭利以自己的自由教育观为指导，提出了"观察教学法"，指出教师的作用并非是干预和纠正，而是"纯粹的观察"，在观察儿童的自由活动中，使儿童逐渐成长。

7.无私忘我的品格激励后继者的教育研究

蒙台梭利对儿童无私的爱，对教育奉献一生的学者素养，坚信教育是社会进步的根本途径的理念是之后的教育研究者尤其推崇的。智障儿童的医护工作激起了蒙台梭利研究教育的渴望，第一所"儿童之家"也是在罗马的一个贫民区诞生的，蒙台梭利以自己的专业知识去帮助那些贫困家庭的儿童，而如今的"儿童之家"已经遍布全球各个国家。蒙台梭利指出，儿童对世界的和平、社会的进步有着决定性的作用，儿童是文明的未来，成人应该向儿童学习。

8.唤醒世人对儿童教育的重视

蒙台梭利认为现在的儿童是未来社会的建设者，儿童教育的成功与否，将决定未来社会的发展和走向，孕育着社会的进步和世界的和平。蒙台梭利倾其一生的心血为儿童教育奔走呼号，引起了世人对儿童教育的重视。蒙台梭利运用自己深厚的知识素养，为儿童教育开发出了一系列的教学用具，而这些用具至今仍在全球各地的"儿童之家"中使用，有效地提升了儿童的智力水平，对儿童智力开发做出了不可磨灭的贡献。蒙台梭利对儿童内在的生命力抱着乐观的态度，她认为对儿童的教育最基本的一点就是相信儿童的内在生命力，把自由还给儿童，此外她还呼吁家长和社会尊重儿童的心理特征和儿童的自由活动。这些都唤醒了世人，使人们认识到个体接受教育的重点并非专业知识的学习，而在于生命初期的儿童教育。

蒙台梭利的教育理论在全球范围内都受到了热烈的欢迎，她3次获得"诺贝尔和平奖"的提名，就是人们感谢蒙台梭利对世界所做贡献的最好证明。

第一章

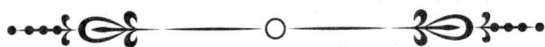

童年的秘密

第一节　适应新环境

　　孩子的诞生，是一个伟大的自然奇迹。这个降临到世界上的小生命，似乎从一个世界突然进入了另外一个完全陌生的世界。他的生命形式发生了根本性的转变，他走进了人类的生活，他敏锐地感受到环境的变化，并尽一切努力去适应这种生活。

　　在以往的科学研究中发现：一个人在婴儿期遇到的一切都会影响其一生的发展。世界各地的专家们一致认为：胎儿在母体内的发育和出生后在儿童期的成长变化，都对孩子未来的整个生命发展产生决定性的影响。但是，到现在为止，很多人会认为分娩是母亲整个生命过程中最艰难的一刻，她们承受了难以想象的痛苦，犹如完成一场生死的较量，但很少有人想过，孩子在生命诞生的那一刻也同样承受着痛苦和磨炼。

　　为什么说分娩是孩子在生命中与母亲同时经历的一次痛苦呢？在出生之前，孩子是靠母体内温暖的羊水生长的，在那个不受外界干扰的恒温环境里，他们被母亲的身体保护着。母亲的身体将所有光线、噪音、温度变化都隔离在外，他们嫩弱的双眼没有看到过光线，耳朵没有听过真实的声音，身体也从未被直接触摸过，他们安然自乐地渐渐长大。然而，随着分娩进程的启动，孩子娇嫩脆弱的身体被挤压，从母亲温暖的羊水中被排到了空气里，最终降生在这个世界上。这个小生命第一次经历恐惧，他用最初敏感的心理去感受陌生的环境，做着一些不可思议的适应环境的努力。或许人们习惯性地认为，婴儿没有意识，没有痛苦和欢乐的感觉，不用小心翼翼。这种想法是完全错误的。这个娇弱的小身体，从未被直接触摸过，他对每一次新接触和对身体里的一些变化都会产生敏感的反应。

对于新生儿，人们可能更多地关心他的身体健康状况，加强物质方面的照顾。富裕的家庭会给孩子提供华丽的摇篮、数不清的花边刺绣的婴儿装，他们给孩子提供奢侈的享受，但是却常常忽略婴儿的心理，他们不知提高婴儿生理和心理的健康水平比奢侈的享受更重要。事实上，婴儿最需要的，不是那些华丽的物质，而是一个温暖的外界环境，一处远离城市喧嚣的安静地方，有柔和的光线、舒适恒定的温度，就像生活在母亲的身体里一样。健康的孩子完全具有抵抗外界侵害的能力，只要给他创造一个舒适的环境就足够了。

蒙台梭利箴言：

孩子真正需要的，不是华丽而奢侈的物质生活，而是成人对他们心理的照顾。只有从心理的角度去观察和感受孩子，才能给予他们最精心的呵护。

第二节　啼哭

　　孩子一降临人间，上天所赋予他的第一个能力就是啼哭。哭是小儿的语言，对于尚无语言能力的婴儿，父母更应注意他们的啼哭。

　　在观察中我们会发现，除非生病或者受伤，否则在母亲身边，孩子从不啼哭。即使有时孩子哭了，但是母亲抱起来一会儿，他也会马上酣然入梦，沉沉睡去。在一组记录各个国家和社会生活的照片中我们会看到，有母亲陪伴的孩子没有哪个是在哭泣的。

　　无论是在什么文化背景或地区出生的婴儿都会哭，婴儿的啼哭是一个令每位家长都头疼的问题。在日常生活中，我们是不是时常听见父母无休无止地抱怨婴儿的啼哭呢？对于这个问题，现代心理学家这样说："因为婴儿正在忍受精神饥饿，所以才啼哭不止、烦躁不安、愤怒不已。"这种解释是完全正确的。正是因为心理上的无助，使他感到孤独寂寞，除了能力发挥上的失败感以外，一无所获。因此，消除婴儿孤独感的唯一方法就是让他们参与到生活中去。

蒙台梭利箴言：

　　对来自体内或体外的一切刺激，由于缺乏语言表达能力，婴儿常以哭闹的形式来表示自己的不适或要求，父母要掌握孩子哭的规律，仔细检查，查明原因，及时处理。

第三节 神秘的本能

在丰富的自然界，有很多动物都有自己独特的先天本领：视力极差的蝙蝠有独特的声呐器官来辨别方向，一些软体动物的皮肤用变色的功能来伪装自己，刚破壳的小鸭就会跟着鸭妈妈走路……可以说所有的生物都拥有赖以生存的天赋。我国有句谚语"龙生龙，凤生凤，老鼠的儿子会打洞"，说的就是这种与生俱来的本能。当然人作为一种生物也不例外。

人作为整个物种网络的最高端，往往表现出更多的本能反应，经过仔细的观察和研究，蒙台梭利总结出了人类所具有的一些独特本能。

1. "工作本能"

蒙台梭利把儿童使用教具进行游戏的活动称为"工作"，但它和我们日常理解的"工作"含义是有很大差别的。首先，由于儿童的生活方式和成人存在着极大的差别，所以蒙台梭利所说的"工作"，其实质和成年人的工作截然不同。成人工作是履行自己的义务，利用自己的智慧和外在的努力进行生产活动，是社会对成员的一种要求。而儿童的"工作"则不同，不需要向社会负责，它的任务是成就儿童自身。也就是说，当儿童在环境中自由活动时，他通过运动来获得经验，通过协调运动来记录情感，通过记录情感来获得智慧，这就是儿童"工作"的目的。其次，儿童的"工作"并不寻求获得外界的鼓励和帮助，而是一种自发行为。再次儿童对"工作"不会感到劳累和疲倦，他们通过"工作"得以成长。

儿童这种自发地对"工作"的需求，蒙台梭利称之为"工作的本能"，很多父母并没有认识到儿童的这种本能，往往为儿童的"工作"设置障碍，他们认为充足的休息是对儿童成长的最大帮助。因为太过宠爱，父母会为孩子做每一件事，给孩子洗手、穿衣，把他放在小车里推。当孩子想要自己做些什么的时候，父母往往因为担心孩子摔倒或者把东西打破而横加干涉。

当孩子专心在玩泥巴的时候，脸上、手上和母亲刚洗的衣服上都沾满了泥巴，这时父母也不要严厉训斥和制止，而是应该为孩子高兴。因为在孩子的心里，他或许是想建一座万里长城，或是巍峨的宫殿，又或者是在学做母亲拿手的美食。在把水与土的结合过程中，孩子已经在用眼睛看、用手捏和搓、用大脑想了。

2. "主导本能"

物种通过发挥本身内在作用的冲动来保全自己的本领，蒙台梭利称之为"主导本能"。这种本能给处于生命初创时期的婴儿提供指导和保护。

在大自然里，各种野生动物都有这些本能的表现。当雌兽快要分娩时，它就会离开同伴，寻找一个隐蔽场所产下幼崽。幼崽生下之后，雌兽会让它们与群体分离两三个星期，或者一个月，甚至更长时间，为的是避免光线和噪声打扰它们。虽然这些幼崽通常天生就能够站立和行走，有发展得很充分的各种能力，但它们的母亲也会精心照管，直到它们获得更多的能量，能够使它们自己适应新的环境，雌兽才把它们带到群体的成员中去。

不管是马、野猪、狼还是老虎，这些动物的母性本能基本上是相同的，它们表现出来的照料后代的方式确实令人感动。在劳累的哺乳阶段，哺乳动物会受到体贴照料后代的本能的支配。一只普通的家猫把新生的小猫藏在黑暗的地方，它尽心留意它的后代，甚至不让它们被他人看到。但隔了段时间后，当它们变成美丽和富有活力的小猫时，母猫就会让它们出来了。

儿童的"主导本能"，除了可以保护儿童适应初来人世的陌生环境之外，还为儿童的自然成长提供一种内在的生命力，使儿童充满了探索世界的愿望，无需成人的干涉即可获得快速的成长。此外，"主导"的本能也要求父母保障儿童的自由。通过对儿童的本能的研究，蒙台梭利认为现行的幼儿教育的方法过多地干涉了儿童的自由，这是因为父母和教师都忽略了儿童进行自我教育的能力。

古语有云：上天有好生之德。大自然显然以最大的关心保护着生物的发展。当母亲努力唤醒后代的潜在本能时，她不仅仅只关心孩子的身体。同样可以说，除了给予儿童的身体以精心的照料之外，也应该注意儿童的心理需要。因此父母要做的其实是为孩子创造一个良好的生活环境，并给孩子以活动的自由。让孩子在自由活动中，本能得到最大的发挥，而这也就是对孩子最好的教育。

蒙台梭利箴言：

孩子出生就有本能，这些本能作为孩子的内在动力，促进孩子的健康成长。尊重孩子的本能，就是要放开父母的双手，让孩子在自发的冲动下，在自由的环境中成长起来。

第四节　"精神胚胎"的发育

　　一个物种之所以存在，是因为它与其他物种之间存在着差异。一个新的物种在继承同类物种的基本特征的同时，也会具有一些旧物种所不具备的特征。这样就会出现一个新物种，生物世界也就前进了一步。

　　恐龙灭绝以后，出现了鸟类，它们带来了一些新的生存技能，比如为了保护幼鸟，它们学会了建筑巢穴，这些技能都是恐龙所不具备的。哺乳动物从鸟类发展而来，在这个进化过程中，最重要的表现就是哺乳动物加强了对幼崽的保护，它们不再随便把卵排出体外，而是用自己的血液在体内滋养它们。哺乳动物继续进化，从而产生人类，人类又大大推进了这些新的生物特征，这就是婴儿的两个胚胎期。

　　从某种意义上说，人类要经历两个胚胎期：一个在出生以前，这和所有动物一样；另一个是在出生后，婴儿出生以后，要经历一段精神发育的过程，这与他们在胚胎里的成形过程完全不同，蒙台梭利把这些刚出生的婴儿称为"精神胚胎"。这是人类所特有的。

　　为了在儿童发展和人类心理研究上找到新的起点，我们应该对人类的这个新特征进行仔细的研究。如果说人类的活动依赖于精神和智慧，那么，这种精神力量和创造性智慧就是人类生存的支点，其他的行为和活动都以此为基础，这是人类发展的前提。人的精神状态直接影响着人的活动，心理疾病和精神失灵会引起生理障碍，因此我们不应该像过去那样只关注婴儿的身体，同时，更要重视他们的精神世界。

婴儿不仅具有学习能力，而且还能根据周围环境塑造自己。对成人来说，环境是外在于自己的客观对象，我们需要对环境进行观察和思考，我们能够认识外在世界，却很少感受到它与自己的联系；对婴儿来说，他们对周围环境有一种特殊的敏感性，他们能记住并吸收周围的事物，还能逐步适应周围环境。婴儿对环境的记忆是无意识的，并且具备一种吸收能力。他们凭借对环境的感触来完成自我塑造，把对事物的感知变成自己人格的一部分。

婴儿虽然出生在一个完全陌生的地方，可总能够与之建立密切的联系，不管生活多么艰难，他们总是能从生活中找到乐趣。婴儿通过吸收从环境中学到的东西，使之成为他们个性的一部分，这些东西也因此永远存在于他们的头脑之中，即使有些在后来的生活中不再使用，但还是留在潜意识里。蒙台梭利认为，人类可以通过对儿童的影响来改进社会，既然儿童的个性发展是通过对环境的吸收进行的，那么，对儿童的教育就要以环境为载体，因此我们要给他们提供适宜的成长环境。

我们说，生命的第一个阶段是一个适应过程。这里必须准确把握"适应"一词的含义，因为这与成人的适应行为有很大的区别。这种特殊的适应能力，把孩子的出生地变成他永久的家园，这也如同儿童对语言的掌握，一个人唯一能说得流利的语言就是自己的母语。如果一个成人到远离家乡的大城市生活，他会永远抛不掉陌生感，至少无法像婴儿那样适应一个新的世界。对此，蒙台梭利用家乡的一些事例做了说明。

• • • • • • • • ● ❧ ● • • • • • • •

19世纪前，绝大多数意大利农民一辈子都没有出过远门，意大利统一之后，大批农民走出自己的家乡，到其他省份去谋生，这些人在外地找到了工作，可到了晚年大都得了一种怪病，病症表象是虚弱、贫血。由于各种医治方法都不奏效，医生只好建议他们回家乡走走。出人意料的是，回到家乡不久，他们竟然全部都好了。在心理学家看来，真正治愈这些病人的是一种平和、愉悦的心境，这来自他们儿童时期潜意识里对出生地的感应。

············ ● ∞ ● ············

对于研究儿童心理教育的人来说，这种潜意识的吸收能力极为重要，这种心理能力是人成长的基础，人正是在这个过程中适应了当地气候和社会环境。因此，儿童教育研究应该以此为基础。

儿童既是前人和后人之间的纽带，又可以成为创造者，他们给人类带来了无穷的希望。如果儿童教育工作者想把人性带到一个更高的水平，还有很多工作要做。这是因为，对儿童的教育必须建立在这样的基础上：从婴儿一出生，就把他们当成具有特殊心理能力的生命来看待，而不是仅仅需要大人照顾的孩子。

既然新生儿具有心理活动，那就说明这种心理活动在他出生前就开始了。实际上，科学研究已经证实，婴儿的这种心理活动在胚胎期就开始了。婴儿刚生下来时没有明确的意识，他们还不知道出生的痛苦，可是心理研究显示，婴儿的潜意识是对此有所感觉的，他们大声啼哭就是对这种痛苦最好的排解。众所周知，当把婴儿放进水盆给他洗澡时，他手上会做抓的动作，这就是他内心恐惧的反映。这一现象向我们表明，我们有责任帮助婴儿适应这个陌生的世界。

生命来自大自然的赋予，自然界会尽力保护它的孩子吗？它是如何帮助这些新生命的呢？大自然不仅创造了孩子，同时也为孩子创造了母亲。当婴儿一生下来，母亲就会将他抱在胸前，这样能够防止婴儿受到伤害。

出生对儿童的心理活动而言只是一段插曲，可是我们需要对这件事进行独立研究。

蒙台梭利对出生这一阶段作如下解释：动物的生存本能在刚出

生时就被唤醒了，动物的学习过程，主要不是环境刺激了它的适应本能，而是生命本能在促进它的发展。

这一结论也适用于人类。我们着重说婴儿出生的时刻，是因为这一时刻对婴儿的未来有重要的作用。脱离母体使婴儿生命的潜能觉醒，这些潜在的力量（我们称之为"精神的胚胎"）促使婴儿进行创造性的活动。

因此，蒙台梭利认为，对儿童心理的研究，不仅要关注出生创伤问题，而且还要研究伴随出生而来的各种本能行为。婴儿具有一种潜能，这种潜能促使婴儿开始生命行为，帮助他在与环境的相互交流中形成个性，不断成长。

儿童的身体发育是一个漫长的过程，在这个过程中他们需要不断地完善自己，直到成为一个真正意义上的人。这是因为婴儿与其他哺乳动物不同，他不直接接触周围环境，也就是说，虽然已经出生，但仍然继续着胚胎生命过程。

儿童成长有多个方面，而且每个方面都有一定的规律。人类与动物不同，不是一出生就能够协调运动，初生婴儿必须自己去摸索，完成一个逐渐协调的过程。人类具有学习天赋，通过学习，人类能够掌握各种各样的动作技巧。

人类的发展首先是心理的发育，身体器官的发育在心理发育之后，并且由心理所控制。就人的运动技能来说，尽管身体发育是运动的条件，运动需要身体发育成熟，但是心理发育并不依赖身体的发育，当运动器官发育到一定程度，具备运动能力之后，心理发育还在进行。

心理发育的能力来自运动中所获取的经验，离不开运动器官的使用和技能的发挥。因此，如果一个儿童的运动器官已经长成，却限制他的活动，就会阻碍儿童与运动相关的心理发育。虽然心理发育离不开运动器官的使用，但是它的发育是独立的。每一个发育中的婴儿都具备圆满完成这一发育过程的能力，只是在精神的胚胎阶段还无法观察到。

处于精神胚胎阶段的婴儿都非常相似。人们常说："所有婴儿刚出生时都是一样的，并且以同一个速度成长发育。"胚胎阶段的生命都大致相同。在胚胎发育初期，人们很难区别两种不同的胚胎，开始看似相同的胚胎细胞，后来却长成了狗、马、猫等完全不同的动物。可以说，人类所有成员都由大致相同的精神的胚胎发展而来，不论他是伟大的艺术家、优秀的领袖，还是一个普通人。

当然，现在人类无法判断，也不能了解胚胎阶段的人。在生命的这个阶段，人类能够做的只有帮助生命发育。人类的这个阶段是心理发展的开始，假如能根据未来的需要给予某种帮助，必定能够大大提高人的能力。

蒙台梭利箴言：

幼儿作为一个精神的胚胎，其内在本能不仅对他的身体发育很重要，而且对各种心理功能的发挥都有作用。因此我们的教育要更好地促进儿童的心理发展。

第五节　心理发展的敏感期

以前提及儿童的发育成长，重点都是说外在的成长表现，很少提到内部的发展规律。荷兰科学家德弗里斯[1]在实验中发现了动物的敏感期，在探究儿童的精神发展的规律时，蒙台梭利发现了儿童对各种能力的掌握都具有敏感期。

一、什么是儿童的敏感期

所谓的敏感期是指儿童在发育成长过程中出现的一种本能感觉，其目的是为了获取自身需要的某种东西，而一旦掌握了这种东西，感觉就消失了。因此敏感期是过渡性的。

············ ❧ ············

德佛里斯曾经做过一个实验，他发现蝴蝶的幼虫出生后不能吃大的树叶，只能吃树尖上的小嫩叶。雌蝴蝶习惯将卵产在树干和树枝连接的角落里。幼虫破卵之后就要自己觅食，它需要的嫩叶在树枝另一端的最高处。几乎是一种本能的驱使，幼虫能自己爬到顶端，寻找到嫩叶。但是无人告诉它嫩叶生长的位置，为什么会出现这样的情况呢？事实上，幼虫是通过感觉来判断的，它对光有非常强烈的感觉，光吸引着幼虫向最亮的地方爬过去，找到嫩叶。令人不可思议的是，等到幼虫稍微长大能吃别的东西的时候，它那种对光的敏感就消失了。过了这段时期，它对光线已经无动于衷，变得漠然。运用本能来生存的时期逐渐消失，幼虫只能开始寻找别的生活方式。

发展到一定时期，幼虫又拥有了另外一种感觉，就是拥有

[1]德弗里斯（1848—1935），荷兰科学家，曾发现孟德尔定律。

翅膀变成成虫。在这个时期内，无论面对多么诱惑的食物，它都会主动禁食。它把自己封闭在茧里，慢慢变成成虫，长出美丽的翅膀。

除了蝴蝶外，蜜蜂幼虫也会有一段敏感期。雌性蜜蜂都有变成蜂王的可能，但是，蜂群只会选出一个蜂王。工蜂为候选的蜜蜂制造一种特殊的物质，科学家称之为"蜂王浆"，候选的雌蜜蜂在蜂王浆的滋养下变成蜂王。此时如果幼虫不好好把握吞食期，它的身体就无法发育成蜂王。

········● ✿ ●········

在昆虫的例子中体现了一个关键的问题：在幼虫敏感期内，如果积极推动，便能完成惊人的事情；反之，如果忽略掉这一时期，未加以好好利用，便无所成就。蒙台梭利认为人类也是一样的。儿童如果不能在他们的敏感期内把握住自身的感觉，吸取成长所必需的养分，完善心理塑造，便会永远失去这种机会。

二、敏感期对儿童的影响

在婴儿的眼里，所有我们早已习以为常的东西，对于他们来说都是新奇美妙的，他们从无知进入这个五光十色的世界，他们依靠什么去辨别事物？如何获得语言的天赋，从而掌握细微差别的语言？他们为什么能在快乐、简单、不知疲倦的生活中学到适应新环境的东西？我们成人适应一个新的环境需要很大的努力和许多帮助，尽管我们在学习一种新的语言时很刻苦努力，但永远也达不到婴儿时期学习母语时那种完美的水平。

儿童是在敏感期内获取感觉，从而了解和发现这个世界的。这感觉就像是一盏照亮内心的明灯，也像是一束电流，使儿童能够与外面的世界频繁交流，而他们的每一次努力都使这种能力得到增长。儿童在敏感期内完全获取所需的信息，随着年龄的增长，这种敏感就慢慢变淡，直至消失，接踵而来的就是对外部世界的漠然和麻木。

婴儿对世界充满好奇，他们总是充满活力，从外面的世界中获得心灵的震撼，从而有所获取。他们总是不间断地在吸取营养，当一种心理激情渐渐熄灭后，另外的心理激情又会迸发，在这样的过程中，他们总是充满喜悦和欢乐。人类正是因为有这样一个过程，才会获得智慧，才能创造一个丰富的心理世界。当儿童时期的这个敏感性过去之后，随着年龄的增大，便无法通过感觉再获得知识，只能通过思考、实践和研究去获得。这种过程是痛苦而令人疲倦的，成人会渐渐地变得漠然，产生无数的烦恼，不再有时间去思考儿童心理与成人心理之间巨大的差别。

蒙台梭利在长期的实践经验中发现，在婴儿的敏感期内，当有东西阻碍他们的发展时，婴儿就会变得迷茫，这种心理痛苦是成人无法了解的。正因为不了解，父母只能简单地将他们的这些反应笼统地称之为任性。这些任性是没有明显原因、无逻辑和无法安抚的行为，而且某些任性行为会随着时间的发展不断严重，长此以往，就会变成永久性的疾病。

其实，儿童的许多任性行为可以用敏感期来解释。敏感期的任性行为是儿童的心理需要无法得到满足的外在表现，是说明周围环境条件不适合其心理发展的危险警报。成人如果尝试去了解和满足儿童的心理，这种任性的行为很快就会停止，儿童会立刻从一种病态的激动转为安静。当然，它不可能解释所有任性的原因，因为有些原因不是儿童内心的斗争引起的，而是被成人错误对待引起的，问题已经变得十分严重。然而，在儿童的敏感期内，与他们的内心冲突有关的任性行为都是过渡性的，就如同敏感期本身也是过渡性的一样，它在儿童个性特征中不会留下痕迹，但却能在心理健康发展方面造成严重的后果，而且这样的后果很难弥补。

由此可见，父母掌握了儿童敏感期的行为特点和规律，就可以深入到儿童神秘心灵的背后，从而建立一个成人与儿童之间的良好关系的桥梁。

经过研究发现，儿童的心理成长不是偶然的或受外部世界的刺激，而是完全受到过渡性感觉的引导，而这种感觉是暂时的本能，人类的一些个性认证的获得就与这种本能相关。外界环境对儿童的影响很大，但是，外界环境本身并没有发挥重要的作用，真正发挥作用的是儿童内在的感觉，这种内在的感觉引导他们在各种环境中选择他们所想要的并有利于他们成长的东西。那么，感觉如何能够引导儿童呢？有些儿童的感觉能力非常敏感，当他注意到某样物品时，就会对其他的东西无动于衷。当这种感觉在他们心中出现时，就如同一道光线，照亮他们关注的事物，他们全部的精力就会集中到那里。但是，这种感觉并不完全是趋向哪种环境或哪种事物的强烈愿望，而是利用感觉到的事物去引导他们发育成长。儿童敏感期内的这种心理感觉能帮助他们适应外部环境，并逐渐激发自身的各种能力。正是因为儿童拥有对外界环境的这种特殊的心理感觉，才使我们可以探究精神胚胎成长最深层的奥秘。

这一系列源自潜意识的激情所产生的这种神奇的创造性活动，在与外界环境的接触中发展了人的意识，使其从混沌走向清晰，并开始能够发挥创造，比如儿童掌握语言的过程。

人类掌握语言的能力不是天生就有的，刚出生的婴儿不能说话，他们听到的外界声音都是杂乱无章的。但是，随着时间的推移，婴儿一天天成长，他们便能够感觉到一些清晰的吸引人的声音，但是他们不明白人们发出的声音是什么意思。这种声音就像是音乐一样充满了他们的世界，他们的神经纤维会随着声音而颤动，并逐渐被唤醒。渐渐地，他们的耳朵被唤醒了，开始能够辨别声音。婴儿开始表现出对这种声音的享受，他们的小拳头紧握，身体蜷曲，一种无法抵抗的顽强力量驱使他们，使他们的小嘴、舌头和喉咙相互配合，他们目不转睛地盯着说话人的嘴唇，并尽力去模仿。语言的学习就从婴儿的敏感期内不知不觉地开始了。当成人对婴儿说一些清晰的短语时，他会表现出快乐的样子。在夜晚，婴儿会很容易地在大人的低声重复呢喃中进入梦乡。

敏感期内的儿童，非常需要从外界环境中吸取对自身发展有用的信息。但是如果当他们的感觉受到阻碍时，他们的反应会非常强烈，甚至表现出绝望的样子，而表达这种感觉的方式就是大声哭闹。成人却常认为这种行为是没有原因的，笼统地称这种现象为任性。儿童的任性是内心混乱，需求得不到满足而产生的一种情绪紧张的表现，代表着儿童内心试图索取或者寻求自我保护。

如果这种状况得不到合理的解决，儿童会表现出更多无益和无理的行为，就好像没有任何原因的突然发高烧，这种突然的高烧来得快去得也快。同样，在心理方面，儿童也非常敏感，他们会因为小小的事情而紧张冲动。从儿童出生那天起，我们常常能察觉到他们的这种反应。儿童最初的任性是最早的心理疾病，这种病理特征是心理混乱失去条理，成人的安抚并不能有效地解决问题。如果我们不能及时有效地解决，这种问题会在儿童的心理塑造过程中一直存在。

儿童正常的心理发展被深深地隐藏着，这种心理功能极其微妙，在隐藏之中被秘密塑造，没有任何表现，因此我们不能轻易察觉到。但是我们也应该努力去理解儿童的心理发展，如果我们依旧不给儿童提供任何帮助，不能为他们创造良好的外部环境，他们的心理发展将持续处于危险之中。我们不能忽视儿童所做的顽强努力，要注意到他正在创造奇迹。是的，请不要去怀疑，正是这个表面上看起来似乎没有心理生活的婴儿创造着从无到有的奇迹。

对儿童心理创造的研究，应该使用法国博物学家法布尔[1]研究昆虫的方法。法布尔在昆虫自然生长的条件下进行现场观察，他躲在远处，不去打扰它们。观察儿童，也应该如此，我们应该在儿童的感觉和感官抓住外界事物并积累意识印象时就开始观察，因为他们的心理正在借助外界的环境本能地发展。

要给予儿童帮助，没有必要将观察变得复杂化，也没有必要对观察进行过多的解释，只要我们真心帮助儿童心灵发展成长就足够了。只要抱着这样的愿望，我们就能成为儿童的伙伴。

---

[1]让·亨利·卡西米尔·法布尔（1823—1915），法国科学家，代表作是享誉世界的《昆虫记》。

为了证明以上所说的观察过程是如此简单，可以用一个简单的例子来说明。

························●❀●························

出生不久的婴儿是无法站立的，他只能躺着来保持身体的平衡，因此，婴儿只能看到从天空到地面的外界环境，并从中得到最初的感觉印象。婴儿通过视觉来抓住能够促进他精神发展的最初印象。但事实上，婴儿却很少看见天空或者别的东西，他大部分时间只能看到白色天花板或者是床上的被单。有些心理学家意识到这一点，并做了一些实验。他们在婴儿的床边用绳子悬挂一只彩球或者其他晃动的物体，用于分散婴儿的注意力。婴儿渴望抓住环境中一切事物的印象，他会盯着眼前不断晃动的物体。但是这时的婴儿还不能活动头部，婴儿的体位对于晃动的物体而言不自然，因此他只能不自然地努力转动眼睛跟上物体晃动的节奏。

解决问题的办法实际上很简单，只需要把婴儿放到一个略微倾斜的平面上就可以了。这样婴儿就能看到周围的整个环境，他的视野也随着体位的变化而拓宽了。更好的方法是把婴儿抱到公园里或者室外，让他能看到随风摇曳的树枝、盛开的鲜花、飞翔的小鸟。这样的环境对于婴儿的成长非常有帮助。

把婴儿较长时间地放在同一个地方也非常必要，这样他就能经常看到同样的东西，并学会识别这些东西以及它们相应的位置，学会区分移动的物体和固定的物体。

························●❀●························

蒙台梭利说，我们应该用一种全新的方式来对待儿童。儿童不仅仅是一个处于生长期的生命，只需要身体上的护理，实际上他们的心理发展更需要我们关注。儿童的心理塑造是大自然赋予的能力，成人无法参与这种塑造的过程，但是我们应该注意尊重儿童心理塑造过程中的表现，并提供必要的帮助。

三、敏感期不同阶段儿童的反应

在不同的发展阶段，儿童对某种事物和活动会特别敏感或产生特殊的兴趣爱好，主动地观察与模仿，学习也特别容易和有效。婴儿的第一个刺激来自感觉。如果想得到一件物品，他的整个身体会紧张起来，朝着那个物品爬去。当较长时间过去后，他的协调功能才会获得进步，从而学会将不同的动作分开，这时，他才会将手伸向他想要得到的物品。4个月大的婴儿会喜欢盯着身边说话人的嘴，有趣的是，他的头部完全僵直，似乎被吸引住了。发育到6个月大的时候，婴儿才开始发出几个音节，但他会敏感地注意积累发音。同时，周围的语言环境会激发他的语言器官，直到他能发出有节奏的声音。婴儿的这种感觉只有通过观察而不是实践才能得到印证。有些心理学者对婴儿进行实践，只是验证外在的客观事实，从外部刺激儿童的创造能力，这种做法很可能对他们隐秘的心理发展造成伤害。

蒙台梭利根据观察，归纳出儿童的九大敏感期，这些不同阶段是对孩子进行有针对性教育的最佳时期，父母要充分把握孩子的这些关键期，让孩子得到充分的教育。

1.感官敏感期（0～6岁）：从出生起，一些特殊的声响、绚丽的色彩、温柔的触碰等都会引起儿童特别的兴趣；

2.语言敏感期（0～6岁）：婴儿开始注意成人说话的嘴型，自己也会发出咿咿呀呀的声音；

3.动作敏感期（0～6岁）：这一时期儿童肌肉发育，呈现活泼好动的特点；

4.对细微事物感兴趣的敏感期（1.5～4岁）：在这一时期，婴儿往往会对衣服上以及周围饰物图案的细微之处非常敏感；

5.秩序敏感期（2～4岁）：周围环境的变化会引起儿童的警觉，儿童对事物的顺序、生活习惯以及物品位置等的要求变得"苛刻"起来；

6.社会规范敏感期（2.5～6岁）：儿童脱离以自我为中心，开始对交朋友和玩游戏感兴趣；

　　7.阅读敏感期（3.5～4.5岁）：儿童开始对儿童图画和父母讲的故事感兴趣；

　　8.书写敏感期（3.5～4.5岁）：儿童开始喜欢在纸上乱写乱画，虽然几乎不知道画的是什么；

　　9.文化敏感期（6～9岁）：儿童开始向长辈追问一些现象产生的原因。

　　以上这些儿童的敏感期，是蒙台梭利在"儿童之家"的长期教学实践中发现和总结出来的，对幼儿教育有着重要的指导意义。掌握儿童敏感期的划分和特点，对儿童的智力的提高、人格的完善是非常重要的，而一旦错过了这些敏感期，就会消失而不再出现。这就要求家长和老师应该在儿童的各个敏感期内为他们提供适宜敏感期活动的环境，进行专门的辅导从而取得最佳的效果。

蒙台梭利箴言：

　　儿童在成长过程中有其心理发展的敏感期，且不同阶段都有对不同事物的学习敏感度，家长应该了解并掌握孩子的这一规律，为其提供适宜的环境和必要的帮助，让孩子在敏感期得到充分的教育和发展。

第六节　对秩序的渴望

　　蒙台梭利曾说过，为儿童创造一个适宜的环境，对儿童的成长有着决定性的作用，然而很多父母却往往在如何才能创造一个适宜儿童天性发展的环境时会感到无所适从。其实这是因为父母忽视了儿童的一个特点：对秩序的敏感。

　　儿童对于秩序非常敏感，他们看到外界秩序之后了解外界的环境，然后了解并建立自身和外界的关系。这种对秩序的敏感在儿童1岁左右就已经表现出来，并持续到2岁左右。但是他们的这一能力却很少能够引起大人们的注意，因为成人普遍认为儿童天生没有秩序感。蒙台梭利指出，父母的这种看法是错误的。通过对儿童的观察，可以明显看出儿童的确存在着秩序感，并且可以分为对外部的秩序感和对内部的秩序感。外部的秩序感指他们对环境内部各物质之间的相互关系的认知，而内部的秩序感则是指儿童对他们自己身体的每一部分和它们之间相应位置的认识。

一、外部秩序感

　　看着孩子随手把玩具扔掉，一把撕破崭新的图书并把碎片撒得满地都是。父母觉得孩子根本就是随心所欲，对环境毫无观念，怎么会有秩序感呢？因此，父母总认为对环境的秩序感只有成人才有的。父母喜欢按照自己喜欢的方式挪动家里的物品，但是却从来不考虑孩子的想法。其实，在对秩序敏感期间的孩子看来，周围环境的微小改变都会影响到他的心情，混乱的环境更会让他心烦意乱、痛苦不堪。他表达自己痛苦的方式就是喊叫和大声哭泣，如此长时间的情绪激动，很容易变成一种疾病。这种对外界的敏感至少是阶段性的，会随着孩子年龄的增长而逐渐消失。值得注意的是孩子的这一时期，是人类成长过程中最重要和最神秘的敏感期之一。

但是，成人却认为孩子的秩序感是混乱不堪的。为什么他们会这样认为呢？孩子与成人生活在一起，成人按照自己的意愿来改变环境时，并没有考虑到孩子的心理，也就是说，这个生活的环境并不是属于孩子的。对于孩子来说，成人是环境的主宰，孩子无法指明他在环境中的位置，他只能通过大喊大叫或者哭泣来发泄心中的不安与不满。无论成人怎么去安慰，他总是固执地按照自己的心情哭闹。成人不能理解他，只能将这种现象当成是孩子任性的表现，这样的情况常常发生。其实，这种早期的任性行为正是由于敏感期的影响所致。那么成人应该如何察觉孩子心里的秘密？孩子又怎样用心灵去展现他的秘密呢？我们必须寻求这个问题的答案。

下面我们通过3个事例来说明孩子的这种秩序感。

* * * * * * * * ❧ * * * * * * * *

有一个妇女生了个女婴，在女婴6个月大的时候，妇女的朋友来看望她们。这位朋友走进了婴儿室，把手中的阳伞放在了摇篮旁边的一张桌子上。躺在摇篮里的女婴开始显得很激动，她一直盯着桌子上的阳伞，脸上显示出不安的神情。盯了很长时间，婴儿开始大声哭泣，那位朋友以为小婴儿喜欢那把阳伞，就把伞拿下来给她。但是婴儿并没有接受，反而越来越激动，哭得更加厉害了。这就是孩子早期表现出来的任性行为。此时朋友束手无策，孩子的母亲走进来了，把阳伞拿走放到了隔壁的房间，孩子马上就平静下来了。女婴痛苦的原因是那把阳伞。阳伞放在桌子上，原有的物体位置被改变了，这严重干扰了女婴脑子里记住的房间秩序，每一件物体在她的脑海里都有固定的地方。

还有一个例子，是蒙台梭利亲身经历的。有一次去旅游，她和一群游客一起走过那不勒斯的尼禄岩洞。游客中有一位妇女领着自己1岁半的孩子，孩子太小，不能独自走过这个岩洞，那位妇女只能抱着孩子往前走。走了一会儿，妇女就累得满身大汗。她把身上的外套脱了下来并挂在手臂上，然后再抱起孩子。这时候，孩子突然哭了，而且哭得越来越厉害。母亲很着急，想尽办法想使孩子安静下来，可是都无济于事。母亲筋疲力尽，越来越烦躁。游客们也努力帮这个母亲安慰孩子，他们将孩子抱来抱去，但是孩子却越来越激动，此时的孩子任性到了极致，几乎到了无法收拾的地步。看着哭闹的孩子，蒙台梭利想，他的这些反应应该都是有原因的。于是就想到了一个解决的办法。她走到孩子母亲身边，对她说："夫人，我帮您穿上外衣好吗？"那位母亲非常不解地看着蒙台梭利，由于这时她依然很热，因此不愿意把衣服穿上。不过在蒙台梭利的要求之下，她还是听了蒙台梭利的话把外套重新穿上了。这时，有意思的事情发生了，孩子立刻就不哭了，他嘴里不停地重复说："妈妈，衣服。"意思是想告诉母亲外衣应该穿在身上，而不是挂在手臂上。这时，孩子又伸手让母亲抱了，似乎感觉现在大家终于知道自己的存在了，他又变得开心起来。整个旅行也在愉快中结束了。原来在孩子的心里，母亲脱下外衣意味着身上固有的秩序突然混乱，原本的物品失去了原有的秩序，变得不和谐，造成了孩子认知的障碍。只有将这种错误纠正过来，孩子才能重新平静下来。

还有一个蒙台梭利亲身经历过的例子，这个例子对蒙台梭利非常有启发。她曾经到过一个家庭，女主人那天身体不适，半躺在客厅里的沙发上。女佣为了让她舒服点，便给她拿了两个靠垫垫在了她背后。这时候，女主人20个月大的女儿走过来了，她想听母亲讲故事。母亲虽然身体很不舒服，但是也不想扫女儿的兴，她只能强打精神给女儿讲故事。小女孩听得津津有味。但是过了一会儿，母亲实在觉得很难受，无法继续把故事讲下去了，于是她让女佣扶着她到房间里休息。这时候小女孩突然大声哭了起来，所有的人以为她是在担心母亲，都过去安慰她。当女佣想将沙发上的靠垫拿到卧室时，女孩大声叫了起来："不拿靠垫！不要拿！"她似乎是希望能将靠垫保持在原来的位置。蒙台梭利和女佣将小女孩哄到了母亲的房间里。母亲看到女儿这么难过，以为她想将故事听完，于是只好坐起来，给女儿讲完故事。可是小女孩依然满脸泪水，此时的她对故事已经不再感兴趣，只是流着眼泪不停地说："妈妈，沙发。"故事虽然是一样的，母亲、靠垫、沙发的位置全都改变了，在不同的位置讲同一个故事，这一切都造成了小女孩的心理难以接受的强烈冲突。

•••••••• ● ❧ ● ••••••••

以上这些例子都说明了孩子有强烈的秩序感，这是一种本能。更令人惊讶的是，儿童的这种本能从他们很小的时候就表现出来了，不仅如此，儿童还会主动去热爱这种秩序并使用它。儿童会注意秩序混乱的微小细节，而成人或者大一点的孩子就算从旁边路过也很难发现这些细节。我们观察幼儿园里的孩子，如果他们发现一些有意思的事，一件物品不在原来的位置上，他们就会把这些物品放回原来的位置。比如说一块香皂不在原来的香皂盒里，而是放在旁边的小台子上；或者一张椅子摆放的位置偏斜了，一个2岁的儿童会立刻发现并主动过去整理好；每天放学前，孩子们都自觉自愿地把用过或者玩过的物品放回到指定的地方，似乎把东西摆放得乱七八糟总是会刺激孩子们的神经，将东西摆放整齐成为了他们的一种乐趣。

可以说，秩序是令孩子兴奋的一种刺激。在孩子的思想里，将东西摆放到指定的地方就是秩序。他们总能注意到自己环境中的每件物品摆放的位置，当他们将这些物品所有的位置都记住时，秩序就产生了。他们能掌握自己环境中的一切细节，能够辨别方向，这样的秩序对于他们平静而快乐的生活是不可或缺的。这对于我们成人来说是多么令人羡慕的本能啊，如果我们也能像孩子这样有敏锐的秩序感，那么我们闭着眼也能立刻找到所需要的物品。事实上，对成人来说，秩序并没有对我们的生活造成多大的影响，我们也不会花太多心思在上面。而孩子不同，秩序对于孩子的成长过程来说非常重要，就如同动物在大地上漫步，鱼儿在水中遨游，这是自然环境的规则。孩子需要在一个环境中获得有关的规则，并使自身心智得到发展，从而了解这个万变的世界。

我们很容易从一些幼儿游戏中发现孩子对于秩序超乎寻常地热爱，他们从秩序中找到一种单纯的快乐，没有别的内在的逻辑性。瑞士著名的儿童心理学家让·皮亚杰[1]教授曾经做过一个很有意思的实验。他与几个孩子一起做游戏，他将一件物品放在椅子下面，然后让孩子们到门外面站一会儿，并趁孩子不在的时候，把那件物品放到了对面一张椅子的坐垫下面。他希望一会儿孩子们回来在第一张椅子下面找不到那件物品时，会自然地想到对面的椅子下面去找。但是，结果却出乎意料，孩子们进来之后立刻就到第一张椅子下面寻找，然后用很遗憾的口气对教授说："找不到。"他们根本就没有到别的地方去找。皮亚杰教授又将刚才的实验做了一遍，这次他让孩子看到了他把物品转移到第二张椅子下面的过程。令人费解的是，孩子们还是按照先前的方式找了一遍，还是和他说同样的话："找不到。"教授以为是自己设计的游戏太过幼稚，小孩子不屑于去寻找。教授只好从第二张椅子下面拿出那件物品，对孩子说："你没有看到我把东西放在这里吗？"孩子回答说："我看到了。"然后又指着第一张椅子说："可是它应该在这个位置的呀！"孩子的兴趣并不是找到东西，而是东西应该放在原来的位置上。在孩子看来，游戏就是在原来的位置上找到物品，如果物品不在原来的位置上，游戏还有什么意思呢？皮亚杰教授没有明白这个道理，他们认为这样的游戏非常乏味。

蒙台梭利对皮亚杰教授这个实验的结果深有感触，因为她也曾亲身经历过：

········● ✥ ●········

有一次，蒙台梭利看到一群2～3岁的孩子玩捉迷藏游戏。他们的游戏规则是这样的：一个孩子藏在一张铺着桌布的餐桌下面，其他的孩子走出房间，一会儿他们再次回到房间，掀开

---

[1]让·皮亚杰（1896—1980），瑞士心理学家，发生认识论创始人。

桌布，发现了藏在下面的孩子，大家高兴得大喊大叫。孩子们一遍又一遍地重复做这个游戏，他们按照秩序一个接一个地藏在桌子下面。每次找到桌子下面的人，孩子们都会开心得大叫。后来，蒙台梭利看到几个年纪大一点的孩子和一个很小的孩子玩捉迷藏游戏。那个最小的孩子躲在了门口背后，大孩子们进来后假装没有发现他，到处找，以为这样做能让小孩子高兴。结果门口后面的小孩子立刻就大声叫了起来："我在这里呀，你们怎么看不见我。"那语气似乎在抱怨大孩子们没有认真找到他。然后，这群孩子邀请蒙台梭利一块和他们玩游戏，让她藏起来，他们来找她。蒙台梭利同意了。于是，孩子们跑到门外，不看蒙台梭利躲藏在哪。她没有像其他的孩子那样藏在门口后面，而是躲到了柜子后的角落里。一会儿，孩子们进来时都跑到了门口后面去找她。蒙台梭利等了一会儿，孩子们没有再找了，她就从柜子后面出来了，结果孩子们非常失望地说："你为什么不和我们玩呢？你怎么不藏起来呢？"似乎蒙台梭利没有按照他们的潜规则藏在门口后面是破坏了他们既有的秩序。他们的快乐因此而中断了。

•••••••● ❧ ●•••••••

如果玩游戏的目的是为了寻找快乐（当孩子们一遍遍重复这些游戏时，他们已经从中找到了快乐），那么我们可以说，一定年龄阶段的孩子的快乐就是在原来的位置上找到东西。在他们看来，把一些东西藏起来就意味着看不见这些东西，重新发现这些东西给他们带来了和谐的秩序感。无论事实上是否看到藏着的物品，物品总要放在原来的位置，否则就是破坏了秩序。孩子们的心里总会自言自语地说："绝对不会有人找到它的，只有我知道它在哪，我闭上眼睛也能知道，它肯定在原来的地方。"

所有这一切都表明，儿童的秩序感是生来就有的，是通过自我感觉形成的。他们这种对外部环境的苛刻秩序感，并不是为了区别物体本身，而是认定物体之间的相互关系。他们有看到整体环境的能力，这个环境中的每一个部分之间都是不可分割的。这样的一种环境是孩子所必需的，只有在这样的环境中，他们才能适应，从而使他们的行动更有目的性。如果不能以这样的环境为基础，他们就失去了对生活中事物关联的认识。如果孩子处于一个不能按照秩序组织起来的环境中，就好像处在一个光有家具而没有将其摆放整齐的房子，一切都是混乱的状态。如果成人仅仅能够区分单个的问题，不能对它们之间的联系有一个清楚的认知，那么成人也会处在一个混乱的状态中。因此可以说，儿童拥有的秩序感就是自然界赠予人类的一件伟大的礼物，它使孩子能在适应环境的同时找到适合自己的生活方式，引导自己前进。在对秩序的敏感期里，大自然给人类上了一堂课，就好像学校里教师教孩子们认识地图，学习关于地球的知识一样。可以这样认为：大自然在人类幼儿时期就准备了指南针，让人类能够寻找到方向。同时，它也将语言能力赋予了孩子，使孩子拥有了能准确复制语言发音的能力，并从此不断使用，使之得到发展。人类的智慧与心理发展不是凭空出现的，而是在儿童的敏感期内慢慢发展起来的。

二、内部秩序感

内在秩序一直是实验心理学的研究主题。一些实验心理学家认为，人的肌肉存在感觉，因此能够意识到四肢所在的位置。这种肌肉的感觉需要一种特殊的记忆，可以称之为"肌肉记忆"。

但是这种看法是建立在一种机械论上，并基于意识活动的经验作出的结论。比如一个人伸手去拿一样物品，这个动作就被感知，然后保存在记忆中，并且还可以重复进行。这样，这个人就有了方向感，并根据自己的经验和意志来决定使用左手还是右手，向左转还是向右转。实际情况却表明，在他能够自由运动和获得经验以前，就已经存在了一个非常发达的、有关身体位置的敏感期。也就是说，大自然早已赐予了儿童与他的身体的各种姿势和位置相关的特殊敏感性。

传统理论是以神经传导为基础的，而敏感期却与心理活动相关。敏锐的观察力和心理活动为意识的形成和发展打下了基础。敏感期是自然形成的能量，它为儿童组成根本的心理因素，并因此建立未来的精神世界。

当儿童所处的环境阻碍了他心理塑造正常发展的时候，他会变得焦躁、不耐烦。这样的反应非常强烈，如果持续下去，很有可能引发难以治愈的疾病。但是，一旦这种环境恢复正常，儿童那种任性和焦躁的病症很快就会消失。下面我们举两个具体事例来体现儿童的这种内部秩序感。

•••••••• ● ❧ ● ••••••••

一个英国的保姆要离开主人家一段时间，主人找了另外一位保姆来代替她的位置照顾家里的婴儿。第二位保姆答应了，并开始照顾婴儿。她发现，这个婴儿平时很容易照顾，但每次一到洗澡的时候，就非常任性，变得很暴躁，不仅哭喊，还拼命反抗，不让保姆帮她洗澡。保姆想尽了一切办法都无济于事，孩子对她越来越反感。后来那位英国保姆回来了，婴儿就恢复到原来的乖巧和听话，洗澡时也非常地顺从，从来没有反抗。第二个保姆非常奇怪，为什么照顾的方法都是一样的，婴儿就是只喜欢英国保姆不喜欢她呢？那位英国保姆曾经在蒙台梭利的学校里接受了专业的训练，她从婴儿的肢体语言中发现了问题的关键。原来，在给婴儿洗澡的时候，她总是右手托着孩子的头，左手托着脚。而第二个保姆正好相反，她是左手托着婴儿的头，右手托着脚，这样破坏了婴儿建立起来的内部秩序。

还有一个更加明显的例子。有一个不到1岁半的孩子和他的家人一起去旅行。母亲担心孩子太小，不能适应长途旅行的劳累。结果出乎意料，孩子一路上都没有出现什么意外的情况，旅行非常顺利。晚上的时候，他们住在高级旅馆里，旅馆里为婴儿准备了婴儿床和美味的食品。整个旅行非常愉快。回家以后，意外开始发生了。他们的家非常舒适，家具也非常漂亮，唯独没有婴儿床，婴儿和母亲一起睡在大床上。刚回来的几天，孩子开始在夜间躁动不安、失眠、反胃，每天都需要家人把他抱起来哄着。起初家人以为孩子的肚子出了问题，找了很多儿科医生看病，还开了许多药方，孩子还是没有明显好转的迹象。家人想尽办法，买了许多好吃的，还带他散步、做日光浴、做理疗，但是孩子病情越来越严重，甚至出现了痉挛、抽搐，每天都痛苦地在床上打滚。孩子的年纪太小了，他无法将自己痛苦的原因说出来，家长也没办法猜到。后来，孩子的父母请来了一位儿童精神专家为他治病。听了孩子父母的讲述，再仔细地观察孩子，医生发现孩子看起来很健康，这些症状的发生很可能是由于心理原因引起的。孩子一躺到床上就开始焦虑不安，医生灵机一动，想到了一个办法。她搬来两只扶手椅，将它们面对面放好，摆成一个婴儿床的样子，然后在椅子上铺上被子和床单，把这张"婴儿床"放到了大床边。孩子看着它，立刻停止了哭喊，打着滚儿滚到这张小床里，嘴里不停地喊："卡玛，卡玛。""卡玛"是这个孩子用来表示婴儿床的词。不一会儿，孩子睡着了，从此，他的这些病症再也没有出现过。

······●✿●······

从这两个例子中我们很明显地看到，孩子对于围绕他们的小床非常敏感，在里面，他的四肢可以找到依靠。而大床却没有保护，在大床上，他失去了那种安全感，这种感觉的确实导致了他内部秩序的混乱和内心痛苦的冲突。如果不能明白孩子内部的这种特殊心理，任何医生都无法将他治愈。由此可见，儿童敏感期的力量是多么强大！

成人与儿童的秩序感不同，成人有丰富的印象和经验，因此容易变得麻木。儿童却一无所有，他处在一种获得感知力量的贫乏期中，他所能做的，就是从无到有。他会经过劳累的创造，然后继承他的创造成果。一个有秩序的环境可以为儿童提供一个稳定的基础，从而帮助儿童认识自己看到的各种事物，熟悉周围的环境。而一旦他所熟悉的周围环境有了较大的改变或者消失了，就会令儿童感到无所适从。儿童对秩序的敏感力常表现在对事物的顺序、生活习惯以及物品位置等苛刻的要求上，如果成人没能给儿童提供一个稳定有序的环境，儿童便"没有一个基础以建立起对各种关系的知觉"。而当儿童从环境里逐步建立起自己的内在秩序时，就会形成对各种关系的知觉，智能也因此逐步建构。认识到这些，成人应该好好地思考现在所拥有的一切。儿童时期为我们做好准备，它为我们建立了意志，为我们激活了肌肉，让我们去熟练运用并自由活动，还给我们提供了方向感。我们能感觉到自己，是儿童时期为我们准备了感觉。今天的我们能适应这个世界，和儿童时期培养出来的敏感性是密不可分的。成人的世界无限丰富多彩，那是因为儿童时期为我们的生活打下了所有的基础并让我们继承。儿童时期是人类完成人生的第一步，即从一无所有到创造了一切。在这一时期，他们作出了多么巨大的努力啊！儿童是如此接近生活的前沿，为行动而行动，只可惜，他们的创造方式，成人往往感觉不到，儿童时期也无法追忆。

蒙台梭利箴言：

儿童具有强烈的秩序感，这是一种本能。更令人惊讶的是，儿童的这种本能从他们很小的时候就表现出来了，不仅如此，儿童还会主动去热爱这种秩序并使用它。儿童会去注意秩序混乱的微小细节，而成人或者大孩子就算从旁边路过也很难发现这些细节。

第二章

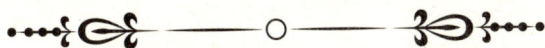

有吸收力的心灵

第一节　从无到有的智力形成之谜

什么是智力呢？

按照亚历山大·贝恩[1]的理论，对差异的感知是智力活动的开始，头脑发展的第一步是对差异的辨别。对外部世界的知觉基础是感觉，收集材料并将这些材料加以区别是形成智力的最初过程。

从儿童成长过程中的种种行为中我们发现，儿童智力的形成和发展并不像机械分析心理学家所认为的那样，是在外部条件催化下慢慢发展起来的。机械分析心理学家认为，智力是我们通过自己的感官，从环境中获得外部物体的印象，然后这些印象会保留在我们的记忆里，变得有条有理，逐渐形成我们所说的智力。他们认为儿童完全听凭环境的影响，在心理上只能被动接受，也就是说，儿童的智商是完全被成人控制的。还有人认为，儿童不仅在智力上是被动的，而且也没有自己的思想，像一只空瓶子，可以被随便填满。就像著名的行为主义心理学家华生[2]所说的那样："给我12个健康的婴儿，并在我自己设定的特殊环境中养育他们，可以随便选其中一个婴儿，把他训练成为我所选定的任何一种专家——医生、律师、艺术家、小偷，而不管他的才能、嗜好、倾向、能力、天资和他祖先的种族。"这种忽视儿童先天智力因素的机械教育方法已经被认为是不可行的了，并且被大多数教育学家所批判。

现代教育界认为：对儿童的教育，在重视环境对儿童智慧发展的影响的同时，更要强调他们内在的敏感性。儿童从出生到5岁多，

---

[1]亚历山大·贝恩（1818—1903），英国心理学家和教育工作者。
[2]约翰·华生（1878—1958）美国心理学家，行为主义心理学的创始人，广告大师。

一直存在一个敏感期。这是儿童积极观察环境的人生阶段，他们能以我们成人无法想象的方式，通过感官从外部世界感知印象。作为一个积极的观察者，儿童是根据一种自身内在冲动的需要，以某种感觉或者特殊的兴趣来挑选他的感官对象的，从而有选择地获取体验。也就是说，他不会像照镜子一样全盘接受外部世界，而是通过各种感官去接受或感知周围的一切。

美国哈佛大学教授、著名的心理学家威廉·詹姆斯[1]曾经说过，从来没人可以感知到一个物体的整个面貌，同时表达了这一见解：每个人因为个人的局限，只能看到一个物体的部分状况，也就是说一个人描述物体，往往是根据自己的感觉和兴趣来考虑的。于是对于同一个物体，人们往往用不同的方式描述。詹姆斯为此找到了一个巧妙的例子，他说："如果你穿着一套新衣服并且感到满意的话，你出门的时候就开始专注地观察别人是否穿着同一款式的衣服。假如你在车流滚滚的公路上如此专注，那就极有可能丧命于车轮之下，非常危险。"

也许我们要问，到底是什么让孩子们在无数的外界事物中挑选出自己感兴趣的事物呢？他们选择某种体验的特殊兴趣是什么呢？詹姆斯所举的例子不可能存在，因为儿童不会受到外界因素狭隘的影响。儿童生下来的时候是一无所知的，是靠自己的力量不断向前发展的。那种所谓特殊兴趣的形成缘于他们在敏感期中的某种理性，这种理性会不断靠外界环境去获取印象，并有创造性地发展下去，这就是前面蒙台梭利所说的"主导本能"。

这种本能给儿童提供了生命的动力和能量。反过来，各种被汲取的印象在大脑中被整理排列起来，为理性服务，来完善理性。我们甚至可以认为，儿童对外界事物感兴趣，会被光纤、色彩和声音强烈地吸引住，通过感官汲取印象的需求如饥似渴。但值得注意的是，这种理性是自发的，儿童的心理状态显然需要我们成人的尊重和帮助。

对此，下面有几个生动的例子来说明儿童的智力形成过程。

[1]威廉·詹姆斯（1842—1920），美国哲学家，心理学家，教育学家，实用主义的倡导者。

一天，家里的保姆抱着只有1个月大的婴儿到叔叔的房间。婴儿看到他的爸爸和叔叔在这个房间里说话，这两个人身高差不多，年纪也差不多。这个时候婴儿忽然哭闹起来。原来婴儿从出生到现在从未被带出过出生的房屋，当他看见两个类似的人同时出现在一个屋子里的时候，便害怕起来。后来他们在婴儿的视线范围内分开，一个在右边，一个在左边。结果，这个婴儿看着其中一个，凝视了他一会儿，突然呵呵地笑起来了。但随后他又变得很焦虑，他马上端详另一个人，看了一会儿，他也对那个人笑了。他看来看去，表情一会儿焦虑，一会儿高兴，直到他终于认识到这两个人不是同一个人为止。其实在这个婴儿的记忆里，他分别见过这两个男人，他们各自在不同的场合与婴儿玩耍过。最后，这个婴儿终于意识到，在屋子里有一个不同于他的母亲和保姆的人，而他认为只有一个男人的时候，突然同时看到了两个男人在一起，他的思维一下子又接受不了了，所以恐慌起来。虽然出生还不到1个月，但在他努力仔细辨认两个熟悉又陌生的男人的过程中，却感觉到了人类自身的理性其实有时候是不可靠的。在孩子的这种状况下，作为成人，我们应该意识到并积极主动地去帮助孩子。这样的帮助将使他走出最初艰难的一步，并开始思考，以便获得更多的体验。

　　还有一个故事，一个8个月大的孩子坐在地板上玩印着花朵和小孩图案的枕头，他一会儿闻闻枕头上面的花儿，一会儿又亲吻上面的小孩子。旁边的保姆看到他这个样子，以为他也同样会对其他东西感兴趣，于是急急忙忙又拿来许多东西给小孩玩，结果小孩子很不开心地丢开手里的小枕头哭起来。其实保姆的做法是不对的，因为在玩枕头的过程中，孩子正在识别图像，然后要把它们存储在记忆里。他想通过平静、愉快的心情来组织自己的思想，而这种活动突然被保姆打断了，他自然就会感到伤心。

成人突然打断儿童的思路或分散儿童的注意力，会无意识地阻碍儿童复杂的心理工作。在日常生活中，不管父母拉起孩子的小手，还是亲吻他们睡觉，从来不考虑孩子特有的心理进程。殊不知，由于无知，父母很可能使儿童的基本欲望受到抑制。重要的是，儿童务必要保留他从外部世界得到的清晰的印象，因为想要发展儿童的智力，只有使这些印象深刻，并学会区分。

一位营养学家通过长期的观察得出结论：孩子的饮食要因人而异，在给孩子喂食的时候，一定要考虑孩子的个人因素。同一种食品也许适合这个孩子，但是对于另外一个就有可能不适合了。婴儿在一定年龄之前，没有更好的食物可以替代母乳时，母乳是最好的营养食品。这个建议对6个月以下婴儿的成长有很大的作用，可是对6个月以上孩子的作用却不是很大。为什么会这样呢？原来，大人们都认为：给6个月以上的孩子喂饭，要比给6个月以下的孩子喂饭容易得多。

一些家长发现孩子食欲不好、精神萎靡，就去咨询营养专家。经过检查，专家认定这些孩子不是很健康，他们发现有的孩子在6个月断奶以后出现了营养失调。经过对家长的询问和对孩子的观察，专家指出，这些失调的背后存在着不可忽视的心理因素。这些6个月以上的孩子们得了一种叫做"缺乏心灵营养而引起的倦怠"的疾病。专家打算让这些孩子快乐起来，他给这些婴儿提供娱乐和消遣的玩具，不再让他们像原来那样孤独地一个人呆着，而且每隔几天就把这些孩子带到不同的地方去玩耍。就这样没过多久，这些婴儿就恢复了健康。我们可以从这个营养学家的实验中得到这样的结论：1岁以前的儿童能够从他周围的事物中形成清晰的印象，并能从众多的印象中学会区别它们。但值得注意的是，孩子一旦获得了这些印象，很快就会对它们失去兴趣。

孩子到了2岁的时候，不再对漂亮的物体和鲜艳的颜色感兴趣，而是对我们周围不引人注意的小物体发生了兴趣。可以说，他们对不显眼的东西或者我们成人很少意识到的东西敏感了。

母亲带着15个月大的小女儿去公园玩。女孩坐在砖块上，一直开心地笑着，并且脸上带着一副惊喜的表情。小女孩的面前是一个美丽的花坛，花朵在阳光的照射下看起来非常漂亮，可是这个小女孩并没有看着花，而是一直盯着地面，母亲感觉很奇怪，疑惑地走近她，并朝小女孩看的方向望去，可是地面上什么也没有。母亲更奇怪了，就问道："你到底在看什么呢？"这时候女孩转过头来很认真地说："看，东西……动。"顺着她的小手指，母亲看到了一只很小很小且颜色与泥土一样的昆虫，它正在努力地往前爬呢。原来引起小女孩兴趣的就是这样一个大人毫不在意的小昆虫。

　　还有一个故事，说的是一个差不多20个月大的小男孩，他的母亲收藏了许多漂亮的小卡片，平时母亲就把这些小卡片给他玩。有一天，小男孩很高兴地看着这些卡片，突然指着其中的一张喊"嘀——嘀"，用来表示汽车。可是母亲一看，卡片上没有汽车啊！于是母亲就说："卡片上没有汽车啊！"他看了看母亲，然后挑出一张卡片得意地说："汽车在这里。"母亲一看，卡片中间画了一个肩上扛着枪的猎人，旁边还有一条猎狗，在卡片的小角里可以看到一座小屋子和一条弯弯曲曲的小路，在这条小路的尽头有一个几乎看不到的小黑点儿。小男孩指着那个小黑点儿高兴地叫道："嘀——嘀。"真是难以想象，按照大人们的眼光肯定注意不到这会是一辆车。但是就是这个小黑点，引起了小孩子的注意，所以他觉得有必要指给母亲看。当时母亲想，这个孩子也许还没有注意到卡片上那些漂亮的图案，于是她就挑选出一张画有长颈鹿的卡片，对他说："你看这个漂亮的小动物！"小男孩很不高兴地说："长颈鹿，见过。"

　　可以这样说，在孩子快两岁的时候，外界环境会引导他的智慧，把他的天性发挥出来，使他不断获得新知识，不断进步，直到他能够充分理解周围环境中的东西。

我们总是想给孩子看一些自认为好的东西，比如演出、色彩艳丽的旗帜，以为这些可以引起孩子的兴趣。殊不知这些吸引是转瞬即逝的，并不能给孩子带来什么好处。打个比方，一个人认为另一个人耳朵听不清楚，就大声说话。当你费了很大力说的话被那个人听到后，他对你抗议说："喊什么喊？我一点也不聋！"

联系到成人身上，我们正在津津有味地看一本书，突然听到窗外传来动听的琴声，就会停止看书，走到窗前，打开窗户看看谁在弹琴。以成人的思维方式，我们会觉得孩子也会跟我们一样，也会很容易对外界的事物产生兴趣。事实上，只有某种强烈的外在刺激，才可能引起他们的注意，但这与孩子的内心世界没有重要联系。孩子的内心能决定他的发展。孩子全身心地盯着那些被我们成人忽视的不在意的小东西，这种情况可以被看成是孩子心理活动存在的证明。孩子这样盯着一个成人不在意的东西，并不是因为这些小东西留给他了多么深刻的印象，而是被这个小东西吸引，对这个小东西有了一种我们成人难以理解的感情。

孩子的心灵对于成人来说是一个谜，这是因为成人总是只看表面现象，而不从孩子的内在心理活动来分析。我们不该把孩子的每个行为都认为是一时兴起，而应该努力去认识孩子行为背后隐藏的原因。如果没有原因，没有动机，他们是不会突然做任何事情的。在这个问题上，成人应该是一个学习者，应该对孩子采取一种全新的态度，增强对他的责任感，而不应像一个专制的法官。

对于父母和孩子的这种在观察上的差异，下边还有一个生动的例子。

•••••••• ❧ ••••••••

一个有18个月大孩子的母亲说："我有一本书，叫《小黑人萨博》。萨博是个小黑人，在他生日那天，父母送给他很多东西：帽子、鞋和色彩艳丽的新衣服。在他的父母给他准备晚饭的时候，萨博穿着他的新衣服悄悄地溜出了家。他家后面是一片树林，当他走进这片树林的时候，发现树林里有很多小动物。他把自己身上的东西都送给了它们，最后光着身子，哭着回了家。这个故事的结局是愉快的，他的父母原谅了他，最后他们一起享受了晚餐。"

后来母亲把这本书讲给她的孩子听，但是这个小孩一直说："不，Lola！"小孩说这句话是什么意思呢？母亲很疑惑。原来Lola是她家保姆的名字，她照看过这个孩子一段时间。后来这个孩子哭了起来，而且喊"Lola"的声音越来越大。母亲更是不知所措了。孩子指着那本书最后一幅画，画面画着可怜的小黑人萨博正在哭。这时候，母亲才明白，原来他把西班牙语的"Lora"（他在哭）发错了音，说成了"Lola"，母亲还以为他一直在喊保姆的名字呢。

• • • • • • • • ● ❧ ● • • • • • • • •

其实孩子的这种表现是正常的，在他看来，这本书的结局并不像母亲说的那样愉快，孩子的母亲却没有意识到。因此，母亲说"故事的结局是愉快的"时候，小男孩提出了抗议。很明显，这个敏感的孩子在看书的时候比母亲更仔细，虽然他不能完全理解母亲那样讲故事的原因，但是他准确的观察力确实令人惊讶！

孩子的观察力与我们成人的观察力在性质上完全不一样。孩子们总是关注最微小的细节，在他们看来，大人们总是不够精确。由于我们不关注细枝末节，他们会觉得大人们总是特别迟钝和无能。时间一长，他们也许就不信任我们，就像我们有时候不信任他们一样。孩子与成人的思维方式不同，这也是孩子和成人不能相互理解的原因所在。

蒙台梭利箴言：

抛开成人那种骄傲和自以为是的态度，从孩子的角度去了解孩子，去探寻他们的每一个"任性"行为背后的真正原因，你会发现，孩子极具智慧，他只是在通过自己特有的方式去完善这种智慧而已。

第二节　不当的睡眠习惯

　　蒙台梭利曾说，成人与儿童的冲突，从儿童能够自己行动时就已经开始了。在儿童还没有行动能力的时候，成人可以完全地控制儿童，包括控制他们通过感知周围世界获取的视听。

　　当儿童开始可以自己行走和触摸物体的时候，情况就完全不一样了。成人与儿童截然不同的两种心态，如果不能相互适应，那么就不能很好地相处，这对儿童的成长很不利，因为他们处于绝对的弱势。在成人掌控的环境中，儿童的行为总是被成人制止。成人总是具有一种防范意识，担心孩子会将他们心爱的物品弄乱或打破，也担心孩子打扰他们安逸的生活。于是，人们就会按照自己定下的规矩去让儿童学习良好的习惯，或者直接让他们"更多地休息，以便他们能更加健康地成长"。

　　照顾好孩子，是一件非常不容易的事情。我们常常听到有些父母谈照顾孩子的经验，他们总是专制地说："小孩子要多吃多睡，不要乱动大人的东西，不要大声喊叫。"实际上他们总是担心孩子打扰他们安逸的生活，总是想尽办法来避免这种情况的发生。比如让孩子在外面玩，哪怕与陌生人在一起都没有关系。但是，所有的办法都没有打发自己的孩子睡觉这个办法来得简单轻松。

　　没有人会怀疑儿童需要大量的睡眠。但是，儿童想要活跃的思维和积极地观察事物，他们并不喜欢过多的睡觉。他们只需要有正常的睡眠时间就足够了。我们要学会区别什么叫做正常的睡眠时间和人为强加的睡眠时间。对于儿童来说，成人是一个强者，成人的意识可以强加给弱者，也就是儿童，因此一个强迫儿童服从他自己制订的睡眠时间表的成人，就会把自己的这种意志不动声色地强加给儿童，按照他制订的时间表来决定儿童的睡眠或者玩耍。

很多养育婴儿的父母大都有这样一个想法，他们希望让一个活泼好动的孩子将大部分的时间都在床上度过。后来，他们不仅仅对几个月大的婴儿这么做，还对两三岁，甚至4岁的孩子也要求过度的睡眠。他们这样做的依据是"专家"的理论——婴幼儿的成长是在睡眠中进行的。但是，生长在农村家庭的孩子就很少有这样的遭遇，他们的父母往往为了生计，没有时间哄孩子睡觉，而且这些孩子整天到处跑，在街上玩耍，不会给家人添麻烦，所以他们也就逃过了这种危机。因此我们可以很明显地看到，农村家庭的孩子不会像经济条件好的城市家庭的孩子那样容易神经紧张，他们拥有更多的自由。

人们认为，长时间的睡眠对孩子是非常必要的，睡眠和日常营养结合才能使儿童健康成长。但是，人们却忽略了过度睡眠对孩子的弊端，事实上，过度睡眠对孩子来说弊大于利。

蒙台梭利在《有吸引力的心灵》这本著作中曾讲述了这样一个事例。

•••••••• ● ❧ ● ••••••••

曾经有一个7岁的小男孩对蒙台梭利说，他从来没有见过星星，蒙台梭利当时很诧异，怎么可能发生这样的事？问清楚了原因才知道，原来他的家人总是在傍晚降临时就让他上床睡觉。小男孩很难过地对蒙台梭利说："我很想夜里爬上山顶，躺在草地上看看星星是什么样子。"孩子睡觉后，就没有人再打扰大人做自己喜欢做的事了。许多家长都夸耀自己的孩子已经习惯晚上早睡，殊不知，这只是成人把自己的意志强加到孩子身上，孩子被迫接受而已。

········●❧●········

　　父母总喜欢为孩子购买漂亮柔软的婴儿床，把孩子放在里面，这种婴儿床就像一个高高的铁笼。这样的床照顾起婴儿来省去了俯身弯腰的麻烦，就算孩子在里面哭闹，也不会掉下床来造成伤害。父母睡觉的大床可以让人舒适地舒展身体，而婴儿床很狭小。儿童房里的窗户一般都拉上厚厚的窗帘，遮住了阳光，这样，清晨的阳光就不会打扰孩子的睡眠。孩子必须早睡晚起，这样才不会给父母添麻烦。成人很少考虑过孩子的心理需求。

　　儿童想要更多的时间来完成他的心理塑造，而不是将他囚禁在小床之上。要意识到这一点，首先我们必须从形式上去改变。给孩子一张他真正需要的床，让孩子适当地睡眠，这些都是帮助他们心理成长的方法。儿童应该享有这样的权利，他想睡觉的时候就能睡觉，想玩耍的时候就能自由玩耍。成人应该将高高的小床丢掉，取而代之的是一种贴在地板上的矮床，这样，在孩子睡醒的时候可以自己随心所欲地玩耍。现在已经有许多家庭这样做了。像这样贴近地面的小床非常经济实惠，将小床放在地板上，铺上一条又大又软的毯子，这样做的效果是，孩子晚上会自己高兴地上床睡觉，早晨起床后不会打扰到大人，他可以自己爬下床来，自己玩耍。

　　所有这一切都表明，成人应该尽可能地去了解儿童的心理需要，为他们提供一个能使他们得到满足的适宜的环境。只有这样，才能开创一个新的教育时代，为儿童的生活提供真正的帮助。成人不应该把儿童当成一件物品，随手拿起来到处丢，把自己的意识强加到儿童身上。成人必须意识到在儿童的发展中，自己只能起到一个次要的作用，只能帮助他们发展而不是决定他们如何发展。儿童的个性是在成长过程中培养的，要发展儿童的个性，成人必须控制自己的影响。对于儿童来说，成人是强势群体，因此我们更应该努力领会儿童的心理变化，并将这种理解和服从当成是一种行为高尚的事情。

蒙台梭利箴言：

儿童在成长过程中需要大量的时间去学习并适应周围的环境，完成他自身的心理塑造。不要为了大人自己的便利总强迫孩子睡觉，将孩子的时间过多地浪费在床上，长此以往，将严重阻碍儿童健康正常地发展。

第三节　学习走路和用手

许多动物有一种本能，那就是照顾并帮助自己的幼崽适应环境。比如当母象将小象带入象群中时，这些成年大象就会放慢脚步，适应小象的步伐。当小象累了停下来的时候，象群也会停下来等它。人类也同样如此。

有一次，在罗马街头，一位心理学家看到一对幸福的父子，父亲带着一个2岁左右的孩子在散步，于是他便停下来观察他们。小孩子走累了，便停下来，抱住父亲的腿玩耍。父亲也停下脚步，站在原地微笑地看着孩子。等孩子玩耍结束后，两人又慢慢地向前走。过了一会儿，这个顽皮的孩子又在路边的长凳上坐下了，父亲就在一旁等着他。整个过程看上去自然而和谐，这对父子散步的方式实际上是非常有益的，心理学家认为就是在这种日常细节中，孩子学会了利用双腿动作协调地向前行走。

一、学习走路

人类与许多动物一样都是有四肢的，但是人类依靠下肢而不是像其他动物那样靠四肢行走。比如猴子的前肢长而有力，可以在行走时支撑地面。人类完全依靠两个下肢建立起平衡性，支撑整个身体的运动。动物行走时，总是向前抬起对角的前爪和后爪，并让另外两只爪着地，它们的身体总是有两个支撑点。而人类只用两只脚交替行走，只有一个支撑点。行走是人的一种本能，但同时也需要人的主观努力。

心理学家发现，动物是本能地学会行走，而人类是通过不断学习才能掌握这项基本技能。刚出生的动物大多都能立刻行走，而刚出生的婴儿却是一个无行动能力的人，必须有一个成长的过程，才能迈出人生的第一步。生理学把掌握行走的能力看作人正常成长的基础。然而人类行走的能力不是在等待中获得的，而是在行走中获得并发展的。儿童要在他的器官想要协调大量运动的时期进行基本的行走练习，才能建立平衡性和实现最困难的直立行走。

父母总是怀着无限的喜悦迎接孩子迈出人生的第一步，这一步意味着孩子战胜了自然，意味着孩子重大的人生转折——从一个时刻需要帮助的人，变成了一个积极主动的人。孩子长到大约1岁时，就会开始练习行走。这时候的孩子对学步有着难以抑制的冲动和勇敢，他们总是冒冒失失地想向前迈步，就好像一个勇敢无畏的士兵，冒着危险冲向胜利。正因如此，父母总是担心孩子，时刻保护他免遭危险。殊不知，这样做反而给孩子造成了阻碍。

许多家长在带孩子外出的时候，总是把孩子放在小推车里推着走，即使孩子的下肢已经变得很强健，能够自由行走，他们也不放心让孩子自己走。为什么会出现这样的状况呢？究其原因，孩子的步伐要比成人的小，长距离的走路使得孩子没有足够的耐力坚持下来，而成人也不愿意放弃自己走路的节奏来迁就孩子。成人名义上是在照顾孩子，但是却很少去适应孩子，实际上总是孩子在适应成人。孩子被放了小推车里，按照成人的步伐被推着前行，而孩子当时的心理则完全被忽略了。等到了目的地后，比如一个漂亮的公园，成人停下来，才会把孩子从小推车里抱出来，放在草地上，而且还会时刻保护孩子，生怕他会摔倒。成人这样做的目的很明显，是为了避免孩子发生各种意外。然而这样做，却忽略了儿童成长中的根本需要。

成人走路是为了某种外在的目的，他会用稳健的步伐按照自己的目标径直前行。而儿童则不同，他们行走是为了完善自己的能力，目的是实现他自身的创造性。他们走路还没有形成自己的节奏，没有明确的目标，周围的事物不断吸引着他们向前迈步。这个时候，成人如果试图去保护或帮助他，他也许就会放弃自己的步伐节奏和最终的目的。

生理学家发现，儿童在1岁半到2岁的时候就已经可以独自走几千米的路，而且能够克服障碍，比如走台阶和上坡。

·········● ✿ ●·········

有一对父母，他们有一个1岁半的儿子。每年夏天，他们都去海边玩。从家到海边，他们要沿着山坡往下走1500米的路。这段路很陡峭，不适合推着小孩的小推车走，但如果抱着孩子走又实在太累人了。后来，这个可爱的小男孩为父母解决了难题——他自己走完了这段路。一路上，孩子慢慢走，还不时地停下来看看路边的野花，或者坐在草坪上。有一次他停下脚步看路边草地上的一只驴吃草，足足看了15分钟。走完这段艰难的路程，孩子并没有像大人担心的那样产生疲倦，反而非常开心。就这样，孩子每天沿着那条长长的路上山下山，乐此不疲。

·········● ✿ ●·········

有的孩子只有两三岁就可以走2 000米的路，有的孩子在又窄又陡的台阶上上下下走一个多小时而不觉得疲倦。但是，有些父母却对自己孩子的这些做法不能理解，甚至说他们很任性。有一次，一位母亲对蒙台梭利抱怨说她的小女儿非常任性。小女孩刚刚学会走路，可是她一看到台阶就大声叫喊，如果把她抱下台阶，她就会无缘无故发怒，甚至会哭得眼泪汪汪。孩子的母亲实在不明白她为什么会这样。蒙台梭利认为，事实上这个小女孩只是想自己上下台阶而已，她不希望大人抱着她。对于她来说，这个台阶比公园里平整的草地有意思多了。在草地里，她的双脚被草掩盖，双手也找不到可以支撑的地方。而这个台阶不一样，她随时可以把手支撑在台阶上，或者坐在台阶上休息。

这些都是孩子活动的本能，他们喜欢运动和行走。我们在公园里总会发现，滑梯上总是挤满孩子，他们乐此不疲地跑来跑去、爬来爬去。孩子们对这些活动充满兴趣，这些活动使他们的器官得以协调发展，他们也逐渐变得敏捷，充满活力。

二、学会用手

生理学家认为，儿童的正常发展分为三个阶段，而其中两个阶段与运动相关，即行走和开始说话。因此，科学家认为儿童的这两种运动功能可以预示儿童的未来。事实上，这两种复杂的运动说明了儿童在获得运动功能和表达上第一次战胜了自我。语言作为思维的表达方式，是人类独有的特征，而行走则不足为奇，它几乎是所有动物共有的特征。所以，尽管人类能够到处行走，甚至可以到达地球每个角落，但却不能说明行走是人类智慧生命的独特特征。

真正与人类智慧相关的运动特征是语言和手的活动，人用智慧驱使手去完成工作。在石器时代，人类用手将石头削凿和打磨，使之成为工具，而工具的运用则标志着地球生物发展史进入一个新的里程，也标志着人类文明的巨大进步。在古人类的历史记载中，人类用手将语言雕刻在石头上或者甲骨上，声音不再容易消散在风中，而是变成了语言，成为人类历史的记录载体。人类不再仅仅是运动的工具，而成为创造和表达智慧的生物。正因为如此，人类才能成为万物的灵长。人们在潜意识中把语言表达和手的活动这两种反映人类智慧的活动看得非常重要，认为它们是人类独特的特征。要判断一个儿童的成长健康与否，我们可以关注他最初的语言表达和手的活动是否符合逻辑。

人类的双手结构精巧复杂，是展现智慧的载体，并与环境建立了特殊的关系。可以说，人用双手开拓环境，并在智慧的指导下改变环境，从而完成人类改造世界的使命。

人们把手当作自我内在表达的方式，但是人只在一些与成人相关的场合象征性地表达。比如说，一对男女结婚时，新人会彼此牵着手给对方许下承诺；当男人向女人求婚时他也会拉起她的手，问她是否愿意；在宣誓时人们也会举起右手宣读誓言；在一些仪式上，强烈表达想法和意愿时也通过各种手势传递信息。

上述的例子都表明，手在人们的潜意识当中是内在自我的代表，在这种基本的人类活动中，孩子的手的发展几乎能够比任何东西更令人惊叹和更具有神圣感。所以，我们更应该热切期待孩子第一次向外界伸出他稚嫩的小手。这是孩子第一次智慧的举动，象征着孩子为想认识这个全新世界而努力，对此我们应该由衷地给予他们赞赏和鼓励。然而，事实却正好相反，成人总害怕孩子将小手伸出触摸周围的东西，并会不厌其烦地重复说：“别动，不要碰！”成人始终摆出保护这些东西、不让孩子触摸的态度，或许他们害怕这些小手会把东西碰坏，尽管这些东西无关紧要，人们还是想尽办法将东西藏起来不让孩子拿到。

孩子们最初的心智发展，使他们想要在周围的环境中找到一些能感知的东西，通过自身的运动和手的活动去接触，才能使自身得到发展。但是在现实生活中，孩子们的这种需要往往被忽视了。在家庭环境中，孩子周围的物品属于成人所有，只能给成人使用。成人的潜意识中总是时时存在着一种焦虑感，并筑起一道心理防线，这些物品对于孩子来说是禁忌，是不允许触摸的，就算是他们侥幸抓到了一些物品，也会被体罚或者责骂。这样的禁忌使孩子在发育成长的过程中逐渐失去了活力。就像一只饥饿的小狗，偶尔发现了一根骨头，就偷偷跑到角落里啃骨头，想从没多少营养的骨头中尽可能吸取营养，却还得时刻担惊受怕，害怕随时有人会把它夺走。

孩子的这种希望接触世界的活动并不是随意性的，他们在自我的引导和指挥下，建立了具有协调性、组织性和目的性的运动。孩子通过不断补充经验，将他自己正在形成的心理和表达器官连接起来。因此，让孩子自发地选择和采取行动是非常必要的。实际上，孩子的许多活动并非出于偶然，也不是鲁莽的冲动，比如孩子跑跑跳跳、抓弄物品、搬动物品、碰坏东西或者将周围的某些物品弄乱，这些都是孩子塑造自我的一个过程。他从成人的活动中获得了启示，并试图去模仿成人做事情、使用工具或者搬动物品。因此，家庭环境和社会环境对孩子的活动有着直接的影响。孩子想要尝试着去扫地、洗衣服、洗碗，想给自己梳头、洗漱、穿衣、倒水等，做他们看到成人做的事情。孩子的这些模仿活动是在认识基础上的总体心理活动。也就是说，认识在先，行动在后。孩子在行动时，已经知道他们想要做什么，他们想要做已经知道的事。幼儿的语言发展也是同样的道理，他们通过听到周围人的谈话而获得了语言的能力，他们听到并学会了这句话，在自己需要的时候使用它。

蒙台梭利箴言：

不要过多地去限制你的孩子，不要为那些甚至没有多少价值的物品担心。为孩子创造一个适合他成长的环境，让孩子随心所欲地锻炼他的小手，你会发现，孩子的能力总能让你惊叹不已！

第四节　开启语言之门

许多人认为孩子只要和成人在一起，自然而然就学会说话了。而孩子学习语言的过程真的是这样的吗？在这一节中，我们就来讨论儿童的语言机制。

研究发现，在人的生命活动中各种感觉器官都发挥着各自重要的作用，比如神经系统、皮肤、肌肉等。19世纪末，人类就开始了对大脑的研究。科学家发现，大脑皮层的神经细胞与语言系统有着一定的联系，这包括两个区域：一是感觉中枢，主导语音的接收，如耳朵用来接收外界发出的声音；二是运动中枢，主导发音动作，如嘴、鼻子、喉咙用来发出语音。无论在生理上还是心理上，人类的这两个中枢的发展都是分开进行的。听觉器官与某种心理能量有关，这种能量使儿童能在无意识中吸收语言；而运动中枢是他们通过模仿家长说话时各个器官的活动来逐渐学习的。很显然，语言的运动中枢发育相对于感觉中枢来说较为缓慢，对此只有一个解释，那就是儿童的语言接收促成了语言表达器官的发展。

这种设想是有一定逻辑的，由于人生来是不会使用任何语言的，因此儿童只能先听到大人们说的话，然后在他们的脑海里形成印象，才能说出同样的话来。也就是说，语言器官的活动需要以大脑接收的语言信息为条件。但是我们必须注意，语言并非来自逻辑推理，而是一种自然机制的产物。

大脑的这两个中枢最初不起任何作用，这表明它们不存在遗传的影响，但是它们属于语言机制的一部分，蕴含着学习语言、表述语言的能力。深入研究后我们发现，人的语言机制除了这两个神经中枢之外，还有一种特殊的感觉能力，就是听觉，它直接影响着儿童的语言行为。人类学习语言的条件，在出生之前，大自然就已经给我们准备好了。

语言器官的形成非常神奇，比如说耳朵的结构就非常精密，耳朵的主要部分像一把竖琴，按照一定的规律排列。但是耳朵的空间有限，只能使它成为一个螺旋形排列。虽然空间不大，但是这把竖琴却能够分辨各种声音。在竖琴的里面，有一层像鼓面一样的膜，我们称之为耳膜，只要有声波触动这层耳膜，琴弦就会震动，人就可以听到外界的声音了。不过，耳朵并不能对自然界所有的声音都有反应，但它完全能够对人类的语言作出准确的反应。

耳朵只是一个接收声音的器官，真正将声音转化为语言的是大脑。那么，耳朵是如何将声音传到我们的大脑里的呢?许多科学家从事这项研究，他们认为，耳朵是发育最慢的器官，初生的婴儿对于声音的反应非常迟缓，除非声音非常大，否则初生的婴儿就像聋子一样不会有任何反应。婴儿对声音反应迟缓，对此绝大多数科学家没有异议，但是，有些科学家也相信儿童的语言中枢反应异常敏感，尤其是对带有词汇的语言。

经过大量的研究实验，科学家与心理学家得出这样一个结论:儿童大脑中的语言机制只对语言这种声音作出反应，他们的听觉器官天生就对声音有鉴别力。这一点我们可以证明，如果不是对声音有鉴别力，儿童开始说话的时候就会模仿各种声音，而不仅仅是模仿人类的语言。所以，大脑神经中枢天生就是有所辨别能力的，儿童天生只对语言敏感。

人类大脑中的这种语言机制是专门为掌握语言而形成的，人不是一开始就能使用语言，而正是因为这种特殊的机制，使人类逐渐掌握语言。大自然在婴儿出生时就将这种能力赐予他们，才使他们能够对语言进行吸收。在成人看来婴儿似乎只知道睡觉，而这段神秘的时期一结束，婴儿似乎就从睡梦中醒过来，仿佛一夜之间他们的听觉神经发挥了作用，能够听到人类的语言。实际上这个过程从他们一出生就已经开始了，他们逐渐学会辨认人类语言，并对此作出反应。

一、1岁之前

生命的创造源于大自然一种伟大的力量，这种力量赋予人类记忆机制，使人类的语言一代代传承下去。不仅语言，舞蹈、音乐也是如此，婴儿刚出生时什么都不会，但是随着年龄的增长，基本都能学会人类所有的技能。

对于刚出生的婴儿来说，外界环境里最初只是杂乱无章和无法捉摸的声音。渐渐地，他会感觉到一些清晰的和吸引人的声音，但是他无法听懂某种语言的发音，他试着将这些声音当成某种音乐，于是他们的世界里充满了音乐。随着时间的推移，他们的神经纤维逐渐随着声音发出颤动，不是全部的神经纤维，而是那些隐藏的，过去一直只会用作哭叫的神经纤维被唤醒了。它们改变了方式，开始进行有序、有节奏的颤动，并为心灵胚胎的发展开创了新的时期。渐渐地，婴儿的耳朵开始能够辨别声音，婴儿的舌头过去只用来做吸吮的动作，随着耳朵功能的完善，舌头也感觉到了内在的颤动。在一种无法抵抗的力量的驱使下，婴儿的舌头开始与喉咙、面部、嘴唇配合，婴儿开始发出自己的声音。虽然这种声音算不上是语言，但是却能给他们带来无法言表的享受。婴儿的身体表现出这种发自内心的享受，他们蜷缩四肢、握紧拳头、抬起头目不转睛地看着身边说话的人的嘴唇。如果成人对他说一些能让他区别的发音或者是清晰的短语，他会表现出快乐的样子，这就是人类学习语言的开始。一般认为，4个月左右的婴儿已经开始意识到语音来自嘴巴，他们会经常观察成人的嘴唇，并尽力模仿。当然，这些动作都是无意识的，他们的发音器官并没有发育完全，不能进行"工作"，但是婴儿已经注意到了语言，并且对此充满了兴趣。

对成人说话的观察活动要进行2个月左右。在婴儿出生6个月的时候，他们有时能发出"趴趴""嘛嘛"的声音，在成人听来，仿佛是在叫"爸爸""妈妈"。但是在很长一段时间内，他们只能说出这两个词，语言上没有更多的进步。这表明，他们先前所做的努力已经发展到了一个临界点，脱离了潜意识的学习时期，可以有意识地去学习语言技能了。

当婴儿长到10个月大的时候，他们开始意识到听到的声音有某种意义，特别是父母与他们说话的时候，他们开始知道这些话代表着不同的意思并努力地去理解。再过2个月，他们便可以开始说话，尽管他们还只是咿呀学语，但是他们的表达逐渐有了目的，他们的思想已经进入了有意识的状态。那么，在这个阶段，婴儿的身体里到底发生了什么样的变化呢？

从以往的科学研究中不难看出，儿童身体内的变化远远比我们从表面上看到的要多得多。这个时期的儿童开始意识到语言与事物之间的联系，他们学习语言的愿望日益强烈。他们试图冲破过去自身那种无意识的状态，进入有意识状态，因此在他们的体内便引发了一场冲突，这是他们人生发展中的第一次冲突。就像一些不精通外语的学者也会遭遇类似的问题。为了要说明自己的观点，必须进行具体的语言分析，外语不精的学者和科学家们很希望能和外国的读者交流，但是他们的外语非常糟糕，语言差异使他们无法顺畅沟通。那么此时他们面临的状况就和儿童非常相似，他们有强烈的表达与交流的愿望，但是如何努力也无法达到这个目的。他们因此而苦恼，只能在潜意识中不停地学习，并在不久的将来取得令成人吃惊的进步。但是，成人却几乎无法在这么短时间内掌握一种语言。

成人在与儿童对话时，有时候会刻意学习儿童的语言。在旁人看来，这些对话似乎有些童心未泯。但是要注意一点，成人与儿童对话实际上是为儿童提供学习语言的机会。儿童能从中模仿并理解语法知识，因此，成人应该遵循正确的语法规则，这样才能帮助儿童正确地学习和组织语言。

二、1～2岁

1～2岁是儿童语言发展的关键时期。在这个时期内，照顾儿童的成人必须具有完备的语言知识，这样才能给儿童提供科学的帮助。现在，我们重新回到刚才举的那个例子上。外语很糟糕，无法对外国人表达清楚自己的意思，该怎么办呢？他们很可能心里非常着急。儿童也会有这样的情况，在他们还不能用语言来表达想法或者是语言能力还不完善的时候，我们无法理解他们的意思，这时候他们就会急得大发脾气。儿童由于自身的语言能力有限，常常会因为成人的不理解而感到孤立无助。如果父母能够明白他们用简单语言表达出来的意思，那么对他们的帮助该是多么巨大呀！但是大部分成人都无法明白其中缘由，总是会一笑而过，认为小孩子都喜欢发脾气。这个时候孩子只能加倍努力学习语言，希望成人明白自己的意思，与成人畅通无阻地交流。

到1岁半左右，儿童意识到每样东西都有自己的名称，用一个特定的词来表示，他们已经能够从听到的名词中分辨出一些具体的名词，所以刚会说话的儿童只会说出单个的名词，心理学家称儿童所说的这些名词为"一个单词的句子"。通过仔细观察我们会发现，事实的确如此，比如孩子经常会说"吃吃"，意思就是"妈妈，我要吃饭"，儿童将之变成了一个单词，用它来表示一个句子的意思。儿童还会用简单的拟声词来表示一种物体，比如，他们常用"喵喵"来指猫，"汪汪"来表示狗，人们把儿童的这些语言称之为"儿语"。

三、2岁之后

2岁之前的儿童对语言的把握很模糊，但是2岁之后他们通常就会表达比较复杂的句子了。儿童似乎是在2岁后的某一天突然就学会了运用各种名词、动词和形容词了，甚至会运用长句来表达自己的意思。这个时期的儿童已经建立了他所特有的心理结构和语言表达机制。可以说，2岁是人类心理发展的分水岭。到了五六岁的时候，儿童能够学习新的单词，并逐渐将语法知识完善。这个时期外界环境对儿童的影响非常明显，如果他周围的人说的都是方言，那么儿童说出的也是一口方言。如果他和一些能说会道的人在一起生活，那么他也会变得能说会道。比利时的心理学家发现，一个2岁半的儿童通常拥有两三百的词汇量，但当他成长到6岁时，他已经能够使用上千个词汇了，而且这些词汇都是他们自己学习掌握的。成人认为孩子并没有经过系统地学习，不会运用这些词汇，但其实我们的孩子已经独立完成了学习语言的整个过程，这种自然地学习语言的能力，使人类的文明得以不断传承发展。

语言是思维的基础，是构筑精神世界的主体材料。对语言的学习和掌握，为儿童打开了一扇通向外部世界的大门。通过语言的学习，儿童可以更好地向外界表达自己，也可以更好地了解自己所处的世界。

一般来说，儿童从出生到掌握语言需要3～4年的时间，而语言发展的关键期恰恰是2～4岁。在这个关键期内，儿童学习语言的效果最好，并且获得的语言习惯也最容易长期保持下去。父母应该为孩子创造一个和谐的语言环境，多带孩子走出家门，利用周围丰富的语言环境来促进孩子语言能力的发展。通过循序渐进的教导，孩子的语言能力一定会提高得很快。

蒙台梭利箴言：

儿童在学习语言的过程中，逐渐从潜意识学习向有意识学习发展。父母应该时刻注意与孩子的交流与沟通，理解孩子学习语言付出的艰辛努力，并给予他们适当的帮助，为他们创造一个良好的语言学习环境。

第五节　对独立的渴望

婴儿从母亲身体里出来的那一刻，就像是一支射出来的箭，朝着自身要去的方向发展。在这个发展过程中，他要克服各种困难，不断完善自身。这是因为，人一出生的时候，大脑中就存在着一种巨大的力量，这种力量促使婴儿进行具有目的的行动，就像我们大人身上的主观意愿。这个比方也不恰当，因为主观意愿是人意识的一个组成部分，受一定的限制，而具有目的的行动是人的一种本能，它推动生命的进程，促进儿童的成长。这种具有目的的行动的本能就是孩子对独立的要求，也就是说，只要成人对儿童的发展给予应有的帮助，使其进行有目的的行动，那么他们就会实现自身的独立。孩子在心理发展上是这样，在身体发育方面也是这样的。

一、语言的学习让儿童自由沟通

新生儿从母亲的子宫里出来，就有如脱离了牢笼，实现了走向独立的第一步。与此同时，新生儿来到这个全新的世界里，对外在环境充满着强烈好奇，他要学习各种知识来完善自己，从而形成自己的性格。他好像在对整个世界说："我要征服你！"只有外在环境对孩子具有吸引力，让孩子喜欢这个世界，他才会产生这种征服世界的欲望，而这种欲望正是新生儿生命发展的标志。对新生儿来说，这个世界具有丰富的感官刺激。

感觉器官是新生儿最先工作的器官。环顾周围，我们可以看见视野内的所有千奇百怪的东西；侧耳倾听，我们可以听见可辨声域内的所有声音。人的感知范围相当广泛，但是这种感官能力并不是天生就有的。就拿声音来说，新生儿刚开始听到的声音只是一种混合的声响，随着与环境的交流、经验的积累，才逐渐能够分辨出各种声音之间的差别。

科学家的研究表明，6个月大的婴儿已经达到了相对独立的程度。在6个月左右的时候，婴儿的小嘴终于可以发出声音了，他们顺利完成了语言学习的第一个阶段。在这之后的日子里，他们学习语言的能力和速度猛增，直到他们完全独立地说话。这是一个具有里程碑的标志，因为儿童一旦说话，他就可以与外界交流，对他人表达自己的意愿，可以不再依赖别人，这是儿童成长取得独立的最重要一步。从一开始的混沌不清，到后来能够听懂别人说话，而且还可以随意表达自己的思想，这真令人惊讶啊！

二、学习行走使身体自由独立

学会行走对儿童的成长具有很重要的意义，因为行走是复杂的身体机能活动，儿童学会行走表明其身体发育得很好。儿童学习行走与对语言的学习、以及对周围环境知识的汲取同时进行，人的各种能力逐步发展起来，一步步地迈向独立。

大概在1岁左右，儿童开始学习走路。学习走路的时候，他们的小腿喜欢到处乱走，有的时候他们还会随意乱跑。如果有陌生人接近他，他还会躲避，身体要比从前自由得多。

我们知道，有些哺乳动物一生下来就会走动，有的几分钟后就能奔跑了，可人类刚生下来的时候什么都干不了，需要在母亲的怀抱中生活很长时间。人类为什么需要这么长的时间去学习行走、奔跑等能力呢？这是因为，只有先完成身体上三个方面的发展，儿童才可以站立。

1.小脑的发育

用两条腿站立、行走、奔跑看似简单，其实是极为复杂的过程。它需要很多复杂的结构互相配合，其中主要取决于小脑。

小脑位于大脑半球的后方，它就像一个调节器，控制着身体的平衡，调节肌肉的松紧，协调随意运动。从某种程度上说，儿童能否行走主要取决于小脑的发展。在儿童6个月左右的时候小脑开始快速发育，这个快速发育的过程持续到14～15个月，然后速度逐渐放慢，直到4岁半完成。在这一阶段，不仅小脑和神经系统发育成熟，而且运动器官也发育成熟。一个正常的儿童长到6个月就能够坐起来，到9个月就可以爬动和打滚，10个月左右就能够站立，12～13个月开始迈步行走，到15个月的时候，就可以走得很平稳了。

2.脊柱神经的发育

在儿童学习行走的这段时间里，脊柱神经也开始形成。行走过程是由腿部肌肉协调运动完成的，而脊柱神经的任务就是把大脑的指令传达给腿部的肌肉。如果脊柱神经还没有发育成熟，无法传达指令，人就不能行走。

3.骨骼的发育

孩子走路前，骨骼需要硬化，而刚出生的婴儿的骨骼柔软又有韧性，脚部根本无法承担起身体的重量。又由于在学会走路之前的这段时间里，婴儿颅骨上的裂缝已经长满，即使儿童会走路以后，不慎摔倒，也不会伤及大脑。

只有上述的各种器官发育完善，儿童才能独立、自由行走，也只有在儿童能够行走之后，独立性才能更加提高。

三、自由的成长环境给予孩子精神独立

心理专家的研究表明，人的任何发展都是有条件的，任何个体行为都来自环境经验，也就是说环境经验对人的发展起着重要的作用。然而，在对儿童进行的教育中却存在着这样一个问题：儿童教育缺少环境经验，从而无法对儿童的成长提供实质性帮助，这样就可能减慢儿童发展的速度，有时候还会使儿童的发展出现逆转。儿童取得身体上的独立，逐步摆脱对成人的依赖后，就会要求精神上的独立。他开始对已经获取的经验进行思考，寻找事物彼此之间的关系，独立地认识这个世界。

教育孩子首先要为他们提供一个良好的学习环境，这样才能使他们的能力得到充分的发展。我们要调整观念，遵循自然界的法则，让儿童按照自己的进程自由发展。

除了需要一个良好的学习环境以外，儿童还有更高层次的需求——获得独立。只要对儿童进行一番细心地观察，你就会发现：他们总想按照自己的意愿办事情，想要这个玩具，想要那个画板，想自己穿袜子，或者想干一些奇怪的事，其实这些都是出自他们内心的愿望。他们获取独立的要求如此强烈，以至于有时候会让大人想去加以阻拦。这个时候，我们要知道：自己在阻止孩子行动的时候，其实不单纯是在阻止他们行动，也在阻挠自然法则的实现，因为儿童的行为是受自然支配的。

在对自然和生命科学观察的基础上，我们得出：只有通过自由和丰富的环境经验，人类才能实现自身的发展。因此，我们要做的就是给儿童全部的自由，让他们获得独立，让他们充分发挥自身的能力。

那么成人能否给独立、自由下一个准确的定义呢？不可否认，现在人们对自由的理解分歧很大。通过对儿童教育的研究发现：自由、独立和生命的意义，只有在儿童身上才能真实反映出来。自然按照每个人的不同需求，给予他们自由和独立，只有在大自然的怀抱里，自由才能促进生命的发展。这样说来，儿童向我们展现了一个完整的人生场景，展示了一种事实，通过它我们能够更加接近真理。

如果这样，那么儿童为什么还要不断地获得独立的发展呢？事实上，其目的就是不断完善标志着生命发展的个性。所以儿童遵循自然规律充分发展自身，也就实现了自由，这个自由是所有生物生存的前提。

四、获得独立是儿童的本能要求

获得独立，摆脱对他人的依赖是婴儿的第一本能。

活生生的生命个体是如何通过一系列的活动实现独立，又是如何获得自由的呢？独立不是一个割裂的静止状态，而是一个不断征服的过程。通过不懈的努力，生命处于激发状态，无法停止向前。自由只能通过强壮的体质和完美的个性来证明，为此儿童需要进行不懈的努力。

在争取独立的过程中，儿童的第一个意识就是自我保护，使自己不受外界的伤害，从而实现自己的愿望和要求。有些人认为：整天躺在床上，无所事事是最好的生活状态。如果把什么事情都不干视为生命的最佳状态，那么儿童何必学习说话、学习行走、学习运用脑筋思考？要知道这些活动都是需要不懈努力的，可是，面对困难，孩子们并没有退缩，并没有放弃，反而表现出了强烈的进取意识，而且随着对周围环境的不断熟悉而获得越来越多的欢乐。儿童给我们证明了学习知识的价值。

面对全新的世界，儿童全身心地学习着自己所需要的各种知识，从周围环境中汲取经验，通过自身的行动来寻求独立。我们成人要明白，自由和独立对儿童来说是本能的要求，他们就像是永不停歇的劳动者一样，时刻"工作"着，一旦停止"工作"，不能从外部世界获得经验，他们就不能很好地生存和发展。这种生存规律也适合其他的生物。

生命只有通过活动才能达到完美，而所有的生命都是一种能力的表现，这种能力充满活力。社会的活力来自一代又一代人的延续。但是，社会上有些人企图把自己的工作推给别人干，自己少干点，事实上这是生命衰退的表现，是不符合自然规律的。为什么会出现这种现象呢？研究表明：婴儿出生后，面对陌生的环境，他们表现出无助、惶恐，也是希望得到人们的帮助来适应周围的环境，可是有些父母却没有这样做，凡事喜欢为孩子代劳，渐渐地，孩子就会对这个世界失去兴趣。这样的儿童离不开家人的怀抱，他喜欢得到别人的帮助，喜欢在屋子里而不是出去交朋友，喜欢把自己的事情推给别人。这些表现是一种退化的倾向，用专业术语来说就是"向子宫回归的倾向"，这种倾向是对他人的依赖、对独立的逃避。

这些儿童在现实生活中看到的总是困难，而这些困难在他们看来也是无法克服的。如何治疗儿童这种退化的"疾病"以及如何对他们施加正确的教育，成了摆在我们面前急需解决的问题。为了能给这些儿童提供及时、正确的帮助，西方国家建立了很多儿童心理诊所，同时还研究出了一些治疗方法，游戏治疗就是其中之一。

儿童生活、学习的环境应该是丰富多彩的，他们能够从中培养各种各样的兴趣，吸取经验。只要我们遵循生命发展的自然规律，就可以帮助有退化倾向的儿童，使他们不再懒惰，而是变得勤奋，热爱生活；不再无精打采，而是充满活力、兴高采烈地学习；不再畏惧困难，而是积极向前，挺身而上；不再因为害怕而躲避，而是热情开朗地享受生命的乐趣。

五、成熟是推动儿童发展的主要动力

然而，对这些儿童来讲，从原来的懒惰散漫变得精神抖擞、充满活力是需要一个过程的，这个过程要以自然规律为依据，对他们施之教育。这里需要先解释一下"成熟"一词，因为正确认识 "成熟"这一概念对理解这个问题非常重要。

在儿童心理学上，成熟表示成长过程中的一种调节机制，这种机制确保各个器官的发展过程以及平衡状况。阿诺德·格塞尔[1]是最早使用这个概念的儿童心理学家之一，他认为成熟与学习支配着儿童心理的发展，但成熟的作用更为重要；儿童身心的发展变化是受机体内部的因素，即生物基因固有的程序所制约的，儿童的学习过程受生命本能的支配，生命赋予儿童某种特性和倾向并指导他们学习。也就是说，阿诺德·格塞尔认为，儿童的这些功能是不受外在指令约束的。

许多儿童专家一直坚持的一个观点就是：儿童的成长要遵循自然规律，这是儿童教育的基础。从儿童身体发育的角度上讲，格塞尔的说法无疑是正确的。正如前面讲到的，在儿童的各种行走器官发育成熟之前，教他们走路是不可能的，但是他的说法对儿童的精神成长来说未必适宜。举个例子来说，他认为成熟（内部环境）是推动儿童发展的主要动力，学习（外部环境）本身并不能促进儿童发展，他认为儿童的大脑发育和身体发育一样，都是一定发展过程

---

[1]阿诺德·格塞尔（1880—1961），美国儿童心理学家。

的结果，这种说法就不恰当。假如把一个儿童放在荒岛上，只给他提供必需的食物，却不让他与人类接触，任其自由发展，其结果我们可想而知——他的身体发育会很正常，但心理发展肯定不正常。那个曾经家喻户晓的"阿韦龙野孩"[1]就是一个很好的例子。

很明显，就生命个体而言，成熟过程中不仅有基因功能内部环境的作用，还存在外部环境的影响。在个体的成熟过程中，环境因素起着重要作用。

心理成熟离不开来自外部环境的经验。在儿童发展的不同阶段，环境经验也有不同形态，这是因为在儿童发展过程中，具有目的的行动的本能不断转换类型，环境经验也就以不同面貌出现在儿童面前。由于环境不断重复出现，人的意识领域也出现了一项新的功能，一个特定模式建立了。当然，这是肉眼无法看到的。看起来，外在经验的重复活动与新生功能之间并没有直接的联系，因为在这些功能出现的同时，环境经验随即消失，而且新功能一经建立，儿童的注意就转移了，以便发展另一种功能。如果儿童不能这样连续适应环境，他就会失去对环境的敏感性，从而影响他的发育成熟。

蒙台梭利箴言：

独立性是孩子重要的心理素质，是孩子全面发展的基础。一个孩子只有有了独立性，才会愿意动脑筋思考问题，才会独立地从事一些活动，摆脱对成人的依赖，从而在身体、智力、性格、意志、情绪等各方面得到较快、较好的发展；相反，如果家长过分"保护""关心"孩子，什么事情都替孩子代办，那么孩子就会因为缺少锻炼的机会而影响各个方面的发展，最后导致能力低下、性格懦弱、智力障碍。因此，在幼儿时期，父母教育孩子首先要引导他在独立的道路上首进。

[1]阿韦龙野孩：1800年，在法国南部森林中一个10岁左右的男孩被发现并被送到巴黎，当时法国科学家们试图教化他回归社会，但均以失败告终。

第六节 心理成长阶段

哈伍洛克·爱里斯[1]的研究发现，从出生到成年的这个发展过程中，人的心理成长要经历几个不同的阶段，各个阶段之间有着明确的界限，而且每个阶段的心理活动表现也不相同。更加有趣的是，每一个心理成长阶段与不同的身体成长阶段都有着密切的关系。成长发育的不同阶段之间，心理变化非常明显。一个心理成长阶段结束，另一个心理成长阶段随之而来，每一个阶段都在为下一个阶段打基础。要保证下一个阶段的发展正常，就要求上一个阶段的发展不出现偏差。就像蝴蝶的生长过程，不论是外形还是生活习性，蝴蝶和毛毛虫都不相同，可是蝴蝶的美丽取决于幼虫的形态，而不是对其他蝴蝶的模仿。于是人们说："成长就是一个不断再生的过程。"

一、心理成长阶段

1.第一个心理发展阶段：0～6岁

在这个阶段，儿童的心理类型是一致的。这个阶段分为两个时期，第一个时期是0～3岁，第二个时期是3～6岁。

第一个时期：0～3岁。刚出生的婴儿脑子里没有知识，除了哇哇地哭以外，什么也不会做。由于我们不能直接对这个时期的儿童施加影响，因此到现在我们还不能了解他们的心理活动。这个阶段的儿童不能进入学校学习。当然，即使他们想去学校，也没有学校接纳他们。

---

[1]哈伍洛克·爱里斯（1859—1939），英国著名心理学家，终身从事人类性科学和性生理学研究。

第二个时期：3～6岁。这个阶段的儿童的心理类型没有发生多大变化，不过，儿童的人格已经出现，并且非常容易受到人们的影响。也许这种变化不是很明显，家长并没有感觉到。

政府教育机关对这一阶段比较认可，因为孩子到6岁时会发生很大的变化，他们可以理解他人的意图，可以过集体生活，最重要的是他们可以去学校学习了。这种变化很直观，人们可以清楚地看到。

2.第二个心理发展阶段：6～12岁

第二个心理发展阶段比较平稳，儿童稳定地发展着，他们表现得健康、快乐、积极向上。在这个阶段，儿童不仅在心理上与第一个心理发展阶段有着明显的不同，而且身体上的变化也很明显，比如换牙。儿童在6岁左右开始换牙，直到12岁乳牙全部脱落，恒牙取而代之。并且随着年龄的增长，身高也迅速增长。

对这个年龄阶段的儿童，心理学家罗斯·戴[1]这样说："在身体上和精神上表现出来的稳定，是儿童阶段后期的一个显著特征。这种稳定与成年时期非常相像。不难想象，如果一个外星人初次来到地球，在没有碰到成人之前，很可能以为那些10岁左右的孩子就是成人。"

可以说，这个阶段也得到了政府教育机构某种程度上的认可，因为世界上很多国家的儿童在12岁的时候就可以进入中学了，也就是说，6～12岁这一年龄阶段是儿童最适宜接受基础文化教育的时候，这已经成为全世界人们的共识。事实上，长期的教育实践告诉人们，这个年龄的儿童在心理上适合上小学，他们已经可以耐心地学习，认真地听讲，可以明白教师的意思了。可以说，这个阶段是儿童接受基础文化教育的黄金时期。

3.第三个心理发展阶段：12～18岁

在这个发展阶段里，孩子有非常大的变化，身体的基本发育已经完成，18岁以后，身体不再随着年龄的增长发生显著的变化。

---

[1]罗斯·戴（1927—），澳大利亚心理学家，确定并解释了非真实性知觉和婴儿物体永恒性的发生。

世界各国的政府已经认识到，12岁以后，儿童的心理发展已经进入一种不同的类型，于是这时候的孩子就可以进入中学接受一种全新的学校教育。

这个阶段也可以分为两个时期：一个是12～15岁；一个是15～18岁。与此相应，中学教育也分成两部分：初中教育和高中教育。通常情况下初中为3年，高中也为3年。这样的划分告诉我们，12～18岁这6年的教育一般分成两个阶段来进行。

这一时期儿童的教育问题一直是心理学家关注的焦点，因为12～18岁这个阶段与0～6岁这个阶段有着很多相似之处，心理变化非常显著就是其中之一。这个阶段不像前一个阶段那样简单，而且也不再平静。这个时期，在身体发育方面没有前一个阶段稳定，而且性格也很不稳定，有一种反叛倾向。

大学算是学校教育的最高级别了。大学的课程量要比高中的多很多，同时也更加丰富。但是，我们的高等教育与中小学教育并没有太大的区别：教学方式仍然是教师在讲台上面讲，学生坐在下面听，有时候教师提问，然后找个学生来回答。过去的小孩子，现在已经长大成人，可他们还是被父母、被老师当成小孩来对待。他们老老实实在教室上课，在家里听父母的，在学校听老师的，稍微有哪里做的不如父母意的了，就要遭到父母的责罚。

开发学生的头脑，使之成为全面发展、德才兼备的人，这才是教育的终极目标，他们将来要成为社会各行各业所需要的人才。但是人们不禁要问，总是待在教室里，没有社会经验，没有工作技能，他们能找到工作吗？他们能自己挣钱养活自己吗？我们该如何解释这种现象呢？其实原因很简单，有些大学生上课只听讲不思考，仅仅依靠听讲是不能使人成熟的，只有在实践工作中不断锻炼，积累经验，才能成为社会所需要的人才。

由于大学是学生的最高学府，这里的学生一定是智力出众、才华横溢的人，于是很多心理学家都给予大学生广泛的关注。但是随着心理学家对人类心理研究的深入，出现一种与之相反的认识倾向。他们认为教育最重要的阶段不是大学，而是0～6岁，这段期间是智慧形成的阶段，也是人的心理定型的阶段，并且这个时期对人格的形成有着重要意义。这种观点改变了人们对0～6岁孩子漠不关心的状况，人们开始创办各种各样的幼儿园，从而对孩子进行教育。

婴儿的大脑潜藏着巨大的创造力，而这些创造活动都是在无意识中完成的，无意识状态下的头脑有着大智慧。正是无意识智慧的帮助，婴儿才能不断地从周围环境中吸取知识。所以，人类的成长是一个从无到有，充满无数奇妙变化的过程。

二、学习声音和语言的阶段

语言是人们交流思想最为简单直接的方式和媒介，对语言的掌握为儿童开启与外界交流的大门，所以，婴儿学习声音和语言的阶段尤其要引起家长的重视。

婴儿周围有上千种声音，为什么他们却只学到了人类的声音？原因很简单，我们知道，在日常生活中，只有印象深刻的事物我们才不仅不会忘记，而且还愿意学习，随之融入其中。比如在听音乐的时候，人们脸上的表情会随着音乐的旋律而发生变化，除此之外，头、手、脚也会跟随着节拍活动。同样的道理，在周围那么多种声音之中，婴儿只学习人类的语言，说明人类的语言给婴儿留下了深刻的印象，而且还特别强烈，这就促使婴儿对它产生热情，在内心引起情感共鸣，进而促使他们发出与之相同的声音。婴儿在无意识中受到周围声音的感染，尽管人们很少看见他们的舌头、脸颊在动，但是，正是在这种静默之中，婴儿的每个器官都在学习发声。

婴儿学会了听声音之后，下一步就该学习说话了，这是婴儿出生后的第一件大事。婴儿刚出生的时候，任何声音对他们来说都是没有意义的，可是过不了多久，他们不仅学会了一些词语，知道了其中的含义，还掌握了句子和语言结构，于是听懂了人们说话，明白了人们说话的意思。这里要说明的一点是，掌握语句的顺序对理解语言有着非常重要的意义，词语的排列顺序决定了句子的意思。比如"玻璃杯在桌子上面"，表示玻璃杯的位置在桌子的上面。如果把语言顺序颠倒，说"上面桌子在玻璃杯"，人们就很难明白是什么意思了。

假如一个地方没有学校和教师，没有图书馆和书籍，那里的人也不知道学习是怎么回事，整天过着悠闲的生活。他们在无意识中学会了每一件事，掌握了所有的生活知识，却丝毫没有感到学习的负担。你们肯定会觉得这是在说梦话，其实这样的生活就发生在我们身边——婴儿的生活和学习中。

我们知道识记某件事情需要记忆力，可是，处于婴儿期的婴儿没有记忆力，并且婴儿也不具备理解语言顺序对其含义影响的推理能力。那么婴儿的认知力是如何发生的呢？这就是前面说过的那样：婴儿不是通过大脑来获取知识，而是通过天赋本能、心理能力来直接吸取知识的，婴儿有着与成人不同的学习方式：成人的学习方式是接受外界知识，然后把接受的这些知识传输进大脑，在大脑中把这些知识再储存起来，就像往花瓶里灌水一样，成人与知识并没有直接的联系；而婴儿在学习中发生了一个巨大的转变，他们学会了自己的语言，依靠心理能力获取知识，知识不仅进入大脑，而且还促成大脑的发育，建立了自己的精神世界，与知识之间存在直接的联系。这时候婴儿的心理被人们称为"心灵具有吸收力"。

婴儿这种独特的心理能力到底是什么样子，我们想象不出来。但是，这种能力的优势却非常明显。如果我们成人也有这种能力，那么就可以像吃饭、睡觉一样轻松地学习知识了。

三、学习动作的阶段

婴儿学习的另一件大事是动作。刚出生的婴儿要先在母亲的怀抱中度过一段时间。这段时间里，他们几乎没有太大的动作。等到孩子10个月大的时候，他们就能扶站得很稳，并且还能单独站一会儿；12个月大的孩子可以下蹲，能够扶着东西行走；15个月左右的时候，孩子就能很好地行走了。在这期间，他们整天开心地玩耍着，会被身边的每一件事情吸引，并且把它们装在大脑里。

　　婴儿的动作学习是有规律的，每个动作都有特定的学习期。比如手是婴儿学习动作的工具，儿童对动作的学习也是从手的使用开始的。如果母亲把手指放在刚出生的婴儿手里，他会很自然地紧紧抓住不放；2～4个月的婴儿喜欢吮手指，并用小手抚摸他所接触到的小被子、小衣服等，还想把它们拉入口中；6～9个月的婴儿可以手拿一个玩具敲打另一个玩具，放下或扔掉手中的物体；1周岁的婴儿就可以自己抓勺子吃饭，几页几页地翻书，并学着自己脱衣。

　　开始学习动作之前，婴儿无意识的心理发育已经开始了。在学习动作的时候，他们的大脑早已开始了对周围环境的学习。当婴儿学习第一个动作的时候，其心理活动就从无意识向有意识转变。只要对一个3岁的孩子进行观察，你就会发现他在反复不断地玩弄一些东西，这些游戏活动是有意识的，儿童的思维通过对玩具的研究，正在从无意识向有意识转变。从此，他们将逐渐有意识地行动，并且通过努力使自身得以完善。于是，婴儿从刚开始的无意识活动，逐渐变成有意义的"工作"。

　　对成人来说，婴儿的学习过程是神秘的，从这个过程中他们可以逐渐获得知识，然后形成自己的思想，并使之成为自己记忆的一部分，从而发展自己各方面的能力。这就是为什么6岁大的孩子突然之间有了思考问题的能力，并且能够理解父母说话的原因。

　　近几年来，对婴幼儿心理的研究拓宽了人们的眼界，现今人们已经认识到婴儿是在一种无意识的状态下获取知识的，而教育并不能直接进入这个过程。随着对儿童心理越来越深入的研究，人们对儿童的教育观念发生了彻底的变化：人们认为儿童需要正确的帮助，教育应该消除儿童天赋创造力的障碍，使这种能力充分发挥出来。于是，帮助儿童的心理发展，促进儿童自然学习能力的发挥，使这种潜能得到提高，这就是当今教育新的发展方向。

四、成长的阶段性特点

儿童的成长有一定的阶段性，是连续性和阶段性的统一。儿童成长的连续性不仅是指每个阶段内儿童的心理发展上量的积累，而且各个相邻阶段之间质的变化是连续的，各个阶段之间并没有明显的界线。需要注意的是，前一阶段的发展为后一阶段的更高层次的发展打下基础，因此前一阶段心理发展的好坏直接影响着下一阶段各种心理智能的发展水平。

因此0～6岁儿童心理发展的水平如何，对于人的一生来说非常重要。在关于儿童心理发展的敏感期的理论中，儿童大部分的心理发展的敏感期，例如语言敏感期、秩序敏感期、感官敏感期、对细微事物感兴趣的敏感期、动作敏感期、社会规范敏感期、书写敏感期、阅读敏感期等都处于这一时期。这一时期儿童的心理发展就像是为人生这座高楼打下的地基，儿童通过自身的内在生命力使得感觉、语言这些智力形成的关键要素都在这一时期完成。所以对这一时期的儿童的成长需要家长和教师给予更多的关注。需要注意的是，家长和教师给予孩子更多的关注，并不是要父母和教师对这一时期的孩子进行严格的管教和苛刻的训练，这是被当代教育理念坚决反对的。儿童通过自身内在生命力的驱动，自然就会完成生物进化所赋予人类的任务，而成人的管教和约束则阻碍了儿童这种内在生命力的充分发挥。

我们应重视儿童内在的敏感性，这种敏感性为儿童的心理发展提供了最初的动力和能量，儿童将自己选择和感知到的各种印象整理和排列起来为这种内在的力量服务，从而使自己的心理获得创造性的发展。这是一种自发的活力，虽然处在生命的开始阶段，但它却非常强大，应该受到家长和教师的尊重和帮助。这种生命的内在力量为"有吸收力的心灵"。儿童在这种"有吸收力的心灵"的驱使下学习，不仅与成人的学习方式不同，速度也非常惊人。儿童就是在这种能力的帮助下，才会从无到有地奠定了智力的基础。

对于0~6岁儿童的心理发育，成人要做的不是教育他们，而是给他们提供帮助。帮助他们并不是因为他们弱小，而是由于他们天生本能的创造力还没有发挥出来，还处于萌芽状态，他们需要我们成人细心地保护。这里尤其要说明的是，向他们提供的帮助并不仅仅是指儿童本身的生理需求，还要促进儿童心理能力的发展。如果能正确认识儿童的心理发育，延长儿童无意识的学习状态，在轻松愉快中学习到更多的知识，这对人类将是个重大贡献。

蒙台梭利箴言：

一个人从出生到成年，其心理成长要经历几个不同的阶段，父母要重视孩子在各个阶段的心理成长，尤其要重视0~6岁这段时间，因为这段时间是孩子性格形成的重要时期。父母要给予孩子正确的帮助，消除孩子在前进道路上的障碍，促进孩子各方面能力的发挥，使这种潜能得到最大限度的开发，让孩子轻轻松松地学习到更多的知识。

第七节　心灵的构建

　　孩子是父母爱的结晶，他们在爱的氛围中来到这个世界，出生后又被父母的爱所包围着。父母对孩子的爱，是一种自发的感情，是一种无私无悔的奉献，父母对孩子所作出的牺牲来自于他们的天性。实际上，父母对孩子的这种付出对他们来说恰恰是一种收获，生命的本性即是如此，这是父母的一种特殊的本能。

　　要了解孩子心灵是怎样构建的，我们应该先研究一下生产前胎儿的活动。19世纪，有些科学家曾认为在人的胚胎细胞里有一个微型的小人，然后渐渐长大。后来科学家在显微镜的帮助下才发现，胚胎内并不存在先天的人的雏形，人的胚胎是由受精卵一分为二，由二变四，这样不断地分裂繁殖形成的。胚胎学截至目前的研究结论是：只有细胞分裂到一定数目时，人的胚胎才初步形成。然后，各种器官再在胚胎里构筑。就像建造一栋房屋，在盖房子之前一定要积累许多砖块，有了必备的材料之后，才能构筑各种门窗。

　　胚胎学家们说："每一个细胞都是独立发展的，它们有着各自的目的。当它们进行活动的时候，围绕一个中心，后来它们不断地变化着，慢慢呈现出将要形成的器官的样子。它们有的变成软骨，有的变成神经，有的变成皮肤……当不同的器官独立形成时，他们就会结合在一起，彼此相互依存，缺一不可。就在这时，婴儿诞生了。首先是循环系统把全身的器官联系起来，然后是神经系统将它们更完美地连接，这个过程起始于一个中心，由这个中心完成一个个器官的构建。一旦各个器官形成，一个独立的生命体就出现了。"

仔细想一下，人类的心灵也遵循着这种发展路径。开始的时候，心灵并不存在，它只存在于新生儿的心理层面，然后围绕这个中心产生。在此之前，新生儿的身体也在不断地搜集资料，当这些材料积累到一定程度，就形成心灵。这一切正如孩子学习语言一样，从无到有，慢慢搜集，积少成多，最后出口成词，获知成句。同样，孩子的心灵器官也是各自独立发展的，比如说话、四肢的动作、辨认方向以及其他协调运动的能力都是如此，每一个都围绕着一种兴趣而发展。当所有的器官齐备，它们就结合起来成为心灵的完整实体。

如果我们不了解这个过程及其发生的顺序，我们就不会明白孩子的心灵是如何构建的。也许有些人要说，以前的人虽然不懂这个道理，他们一样养育出健康的后代。但是，随着社会的发展，我们现在生活的时代与过去不同了，大自然所赋予母亲的本能已经受到了压抑，甚至有些本能已经消失。过去，做母亲的用母爱保护着孩子，本能地自己走到哪里就把孩子带到哪里，并且为孩子的发展创造所需要的环境，但是现在的母亲已经失去了这种本能。所以，我们在这里强调母爱，这是因为母爱和孩子的自然发展一样重要，两者是相辅相成的。

••••••••●❧●••••••••

荷兰有一个慈善机构，它收养一些失去父母的孩子。这个机构有着很完善的管理体系，在这里孩子们不仅可以吃到营养丰富的食物，而且还可以受到有着最新理念、受过训练的护士的精心照顾。但奇怪的是，没多久这里发生了大范围的疾病，甚至导致有的孩子死亡，而当地那些由低收入父母照顾的同龄孩子却没有患这种病，而且比那些受到特殊照顾的孩子还健康。后来研究者发现，那些孩子是由于过早失去母爱，引发心理疾病而死亡的。后来那些受过训练的护士开始用母亲对待孩子的方式对待机构里的孩子，经常亲吻孩子，与他们玩耍，发自内心地爱他们。慢慢地，这些孩子恢复了笑容与健康，以后再也没有出现过类似的现象。

······ ● ❧ ● ······

从这个例子可以看出，心灵的构建，最重要的并非是丰富的物质基础，而是一种来自于亲人无私的关怀和爱护。孩子需要的是亲人的陪伴而非华丽的衣服和奢侈的玩具。这种来自亲人的关怀和爱护，就像是滋润孩子心田的阳光和雨露，为孩子的心灵提供养分。

个体心理发展是一个由量变到质变、不断矛盾运动的发展过程，也可以说心理的发展是一个阶段性的过程，此一阶段的发展为下一阶段的发展打下基础。婴幼儿时期孩子心灵的构建是孩子以后发展的基石，而在刚出生的早期阶段，父母在孩子心理发展上起着主要的作用。

所以说，我们要让母爱回归自然。母爱是一种伟大的力量，理应受到我们的重视。作为成人，我们必须重新拾起母性本能，要学会在孩子一出生就给予其心灵的保护。

蒙台梭利箴言：

心灵与身体相对应，是产生知识、情感、意志等精神作用的本源的物质。从这个定义可以看出，孩子心灵的成长比身体的成长更为重要。孩子在成长过程中，身体的变化逃不过父母的眼睛：个子长高了，体重增加了。一些孩子虽然身体在正常地发育，心灵的成长却远远地滞后。作为家长，为了使孩子的心灵得以健康成长，有必要知道怎样对孩子的心灵加以保护。

第三章

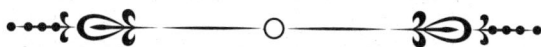

成长的烦恼

第一节　心理障碍

有一次，一位母亲向蒙台梭利请教一个令她困惑的问题，她的孩子今年4岁多了，她故意问了一个孩子已经知道的问题："樱桃是什么颜色？"让她没有想到的是，孩子怯生生地回答说："我也不知道，我去问问老师吧。"面对这位家长的困惑，蒙台梭利说出了自己的看法：这是孩子不自信、过于依赖他人的缘故。因为害怕犯错误，孩子就会想方设法逃避出现错误的可能，于是就把希望寄托在了教师身上，这样孩子在以后的成长道路上，遇到什么问题就会依赖他人的帮助而没有自己的主见。蒙台梭利认为形成这样的原因在于父母平时对孩子的管教过于严厉，从而使孩子害怕犯错。

在生活中我们发现，那些富有想象力的孩子并不是人们认为的班级里成绩最好的学生。事实上，他们中很少有人学习成绩优异。虽然他们大多学习成绩不好，但是没有一个人认为他们的智力出现了问题，反而会觉得巨大的创造性智慧使他们可以不拘小节。然而，心理有问题的儿童最明显的特征就是他们不能控制自己的思想，不能正常地引导智力的发育。在这种情况下，儿童丧失了勇气，总是处于幻想的世界中，试图撤退到自我之中。因此，与正常儿童的智力比起来，他们的平均智力水平比较低。由于心理有了问题，他们就像脱臼的儿童，如果父母想让他们身体恢复健康，就必须给予他们特殊的治疗和精心的照顾。但是，由于方法不当，有些儿童不仅没有得到精心的治疗，还常常受到威胁——一个畸变的心灵不可能被强制作用于某件事上，任何用这种方式来纠正它的企图终将引起一种令人关注的心理防御——尽管这种治疗对医治孩子的精神失调、促进他们的智力发育是必需的。

这种心理防御并不是普通心理学上讲述的那种，即外部行为表现出来的无精打采和不服从，而是一种意志完全无法控制的心理防御，它是一种潜意识的活动，会在无意中阻碍儿童理解和接受来自外界的观念和想法。

心理学家针对这种现象进行研究，最后把这种现象称为"心理障碍"，我们必须要了解它的重要性。儿童的心灵被罩上了一层薄纱，使得心灵的反应越来越盲目。通过这种防御机制，内在的心理保护好像在无意识地说："你说吧，反正我不听。我不让你进入我的内心，否则，我就不能建筑我自己的世界。"

这种心理防御使儿童采取了一些行动。随着时间的持续，儿童的自然功能似乎已经消失，这时就不是好坏的问题了。事实上，我们认为那些受着心理障碍折磨的儿童智力低于平均水平，比如说，他们不能掌握诸如算术和拼音之类的知识。如果聪明的儿童在许多学习科目上设置心理障碍，甚至反对任何的学习，那么他们就可能会被认为很愚蠢；如果他们多次留级，就会被认为是智力低下。在一般情况下，心理障碍并不是唯一的原因，与此同时它还被外界起作用的因素所包围，心理学家把这种因素称之为"抵触"。所以，开始的时候儿童对某一学科抵触，然后发展为对一般学习的抵触，再以后发展为对学校、教师、父母以及伙伴的抵触。这个时候，他们不再有爱心和热情，因为害怕会最终导致他们彻底逃避上学。

童年时期形成的心理障碍会陪伴人的一生。例如，许多人一生讨厌数学，他们不仅不能很好地理解数学，而且只要一听到数学这两个字，内心就会对它厌恶，于是更加不愿意接触它。这种情况在学习语法上也同样发生。

············●●❀●●············

　　有一位年轻的女子，她是意大利人，既聪明又漂亮。但是就她的年龄而言，她在拼写上面的错误实在是让人难以理解。她也试图纠正自己所犯的错误，但是任何做法都无济于事，错误好像还越来越多，即使阅读经典著作也没有什么效果。但是有一天，她写的意大利文既规范又正确，这就让人很困惑了。这件事虽然很蹊跷，但是有一点很清楚，那就是她本来可以把意大利文写得很标准，有把字母写好的能力，但是在她内心深处有一种巨大的力量，这种神秘的力量阻止她这种能力的发挥，于是在平日写意大利文的时候，她就错误连篇。

············●●❀●●············

　　当孩子在成长过程中，遇到一些心理障碍时，父母应该尝试着去理解孩子面临的障碍。通过和孩子的沟通，这种障碍自会消除。如果情况确实比较严重，父母可以去心理咨询诊所寻求专业心理医师的帮助。一般来说，在孩子成长的过程中，遇到一些心理障碍是很常见的。对此，父母大可不必悲观和恐慌，这是孩子在成长过程中必然会遇到的情况之一。

蒙台梭利箴言：

　　心理障碍会建造一堵封闭精神世界并把它隐藏起来的墙。

　　如果有了心理障碍，儿童的自然本性就会被引入歧途，导致所有可能成为儿童感兴趣和喜爱的对象暗淡无光和隐而不见，学习不能在儿童的世界中占有一席之地，还会导致儿童对世界的厌倦和抵触，儿童的心灵就像是被罩上了一层薄纱，心灵的反应越来越盲目。因此，家长应该正视儿童的心理障碍，给予他们正确的引导和照顾，帮助他们消除障碍，恢复健康。

第二节　娇生惯养

富裕人家的孩子正如他们的父母一样，被社会所提供的优越感包围，他们所受到的娇生惯养比平常孩子更甚百倍。毫无疑问，他们是生活在特殊环境下的一类孩子。也许人们会认为：教育他们比教育贫家子弟要容易得多。可事实并非如此。虽然这些孩子在生活上很优越，但物质上的富裕会带来精神上的贫瘠。他们不会轻易被花园中的小径、美丽的花朵和清幽的环境所吸引，他们往往对那些让贫穷孩子着迷的事物不太感兴趣，他们也不会选择那些本应能满足他们需要的物品，比如：有些孩子家里贫困，当给他们精致的玩具的时候，他们会迫不及待地跑过去。但是，娇生惯养的孩子就不会这样。因为他们已经厌烦了精致的玩具，他们不会对这些刺激立即作出反应。

········●&●········

通过和各国的幼儿教师们通信，蒙台梭利和世界各地的幼儿教育工作者交换了看法。一位美国教师给蒙台梭利写信，告诉她："娇生惯养的孩子相互之间抢东西。如果我试图拿一件物品给一个人看，其他人就会丢掉自己手上的东西，围着我争抢。过一会儿，当我拿出另外一种物品时，他们又都会为它而争吵。他们从一个物品到另一个物品，对任何东西都没有留恋。在许多情况下，这些孩子的运动是自发的、毫无目的的，他们只会满屋地奔跑，毫不在乎这样做带来的损害。他们碰撞桌子，掀翻椅子，踩在为他们提供的材料上。有时候，他们开始会在某个地方'工作'，然后跑开，拿起另一件物品，但接着没有任何理由地又把它丢掉了。"

一位法国教师给蒙台梭利写信道："我必须承认我的教学十分失败。这些娇生惯养的孩子在一项'工作'上最多只能集中几分钟精神，干事情没有持久性。他们就像一群羊一样，经常相互跟来跟去。当一个孩子拿起一件物品时，其余的人也开始索要这样东西。有时他们甚至在地板上打滚，弄翻椅子……"

一位来自罗马的一所招收富家子弟的学校教师写道："我们最关心的事情是纪律。这些孩子在学习时乱搞一通，并拒绝接受指导。"

••••••••● ✂ ●••••••••

面对这样的孩子该怎么办呢？

••••••••● ✂ ●••••••••

那位法国教师继续写下她所看到的：几天以后，那些孩子对起初不屑一顾的物品产生了兴趣，他们开始独立行动了。一个孩子如果被一件物品所吸引，他就不会对其他的东西分心。这些孩子开始寻找他们各自感兴趣的东西。

蒙台梭利曾经试图用学校里几乎所有的物品去激发一个娇生惯养的孩子的兴趣，但没能引起他丝毫的兴趣。一次偶然的机会，蒙台梭利给他看两块不同颜色的写字板，一块是红色的，一块是蓝色的，叫他注意这两种颜色。他马上高兴地接受了。结果，在一堂课的时间里，他认识了五种颜色。在以后的几天里，他拿起了过去所有瞧不上的物品，渐渐地，他对所有这些东西都感兴趣了。还有一个孩子最初只能持续很短时间的注意力，但当他对一件复杂的计算工具感兴趣之后，就摆脱了以往紊乱的状态。整整一个星期，他不断地摆弄这个东西，并学会了数数和做简单的加法。然后，他又开始玩一些较简单的材料，就这样他对所有的物品都感兴趣了。

蒙台梭利发现，娇生惯养的孩子一旦发现某种使他们感兴趣的东西，就可以摆脱他们以前那种不稳定性。

那位法国教师还就唤起儿童的个性作了下面的描述："有一对姐妹俩，妹妹3岁，姐姐5岁。这个3岁的女孩没有什么个性，她在所有的事情上都模仿她的姐姐。如果姐姐有一支红色的画笔，妹妹就会不高兴，她必须也有一支红画笔才行。如果姐姐吃苹果，妹妹除了苹果之外，什么都不吃……不仅如此，妹妹对学校的任何事情都不感兴趣，她只会跟着她的姐姐到处走，模仿姐姐所做的每一件事。然而，有一天，她突然对一些红色的积木很感兴趣。她拿起它们玩耍，并搭了一座城堡，后来她多次重复这项游戏，完全忘掉了她姐姐。姐姐不解地问她，"为什么我在画画的时候你却在搭城堡？"就在那一天，这个小女孩找到了自己的个性并开始发展，再也不是姐姐的翻版了。"

法国教师继续写道："圣诞节过后，我的班级里发生了巨大的变化。一切都变得有秩序起来，其实我并没有插手做任何事情。这些娇生惯养的孩子似乎完全被他们的'工作'吸引了，再也不像从前那么漫无目的地做事了，他们还会主动拿起以前感到厌烦的物品。过去只凭一时冲动去选择物品，现在他们会把精力集中在一些艰难的任务上，并学会努力克服困难。这些努力对他们的性格产生了直接的影响，他们成了自己的主人。班里有一个4岁的小女孩，这个女孩只要拿着水就会把它洒出来，不管是半杯还是一杯。但是，在她成功地完成了另一项令她感兴趣的练习之后，她就能自如地给正在画水彩画的同学送水，而且一滴水也不洒出来。"

••••••••● ❧ ●••••••••

在我们发现孩子真正感兴趣的东西之前，父母的经验可能无休止地重复着，目的都是为了让孩子的兴趣集中到某一件事情上。在兴趣集中的基础上，娇生惯养的孩子变得有个性了，神经质的孩子变平静了，有压抑感的孩子恢复了活力。

这些固定下来的成就具有一种巨变的特性，它预示着孩子以后的发展。就如孩子的牙，第一颗牙长出来了，其他的牙齿也会陆续地长出。反之也是如此，在儿童训练中的一个最初的错误会成为他以后生活中无数错误的根源。

蒙台梭利认为，对娇生惯养的孩子应该采取一种特殊的心理治疗方法，让孩子回到正常的状态中去。我们可以想象一下，正常的孩子在一般的家庭中，很早就能够学会克制自我，拥有独立的个人意识，不愿无所事事地到处乱跑，每天平静地生活和有秩序地活动才是他们的主要事情。当我们用这种眼光看待问题时，对这些特殊孩子采取回归正常化的治疗，就有一种人性皈依的感觉，开始的时候肯定比较艰难，而一旦恢复了健康状态，一切性格上的缺陷将完全消失。

蒙台梭利箴言：

娇生惯养的孩子的转变就是从专注自己感兴趣的"工作"开始的。通过这种有秩序的"工作"训练，这些娇生惯养的孩子将能够发挥内心的潜能，并不断加以完善。

第三节　依赖性与占有欲

在日常生活中，我们经常看到一些很依赖成人的孩子，不管父母去哪里，他们就跟着去哪里，寸步不离。孩子过分地依赖成人，缺乏独立能力，长大以后如何在激烈的竞争中生存呢？

其实，许多孩子都有依赖成人的缺陷。他们很软弱，心理承受能力不强，无法抵制成人的影响。他们常常以弱者的姿态出现，请求成人给予帮助，希望成人和他们一起做游戏，给他们讲故事，为他们唱歌，并且不允许成人离开。为了不让成人离开，孩子依赖成人的心理有时候就会以一种假象出现。比如，孩子会不断地问大人为什么。然而，如果你仔细观察就会发现，其实他们并没有在认真倾听大人的回答，而只是不断地重复自己的问题，不停地追问，自己却没有进行思考。对知识的好奇心其实是一种手段，利用不断地提问缠住他人，从而留在成人的身边。过分地依赖父母，好像把自己的整个生命都与父母绑在一起，于是父母变成了孩子的奴隶。

有的父母会认为，如果孩子依赖自己，那么自己就能很容易地控制孩子的思想，自己说什么孩子就怎么做，孩子不会让自己生气，从而省了很多心。在这种情况下，父母不仅没有看到依赖对孩子的巨大危害，反而觉得这对自己来说是件好事。父母有没有想过，照这个样子发展下去，孩子就会没有主见，放弃自己行动的能力，父母让自己怎样做就怎样做。久而久之，孩子就会对任何事情都漠不关心，这种冷漠最终会使孩子养成懒惰的坏习惯。

•••••••• ❧ ••••••••

一对夫妻45岁的时候才生了一个女儿，因此他们都非常爱这个女儿——每天早晨起床母亲都要给她穿衣服，晚上给她讲故事。自从生了这个孩子，母亲就不上班了，专门在家里照顾她。孩子鞋带开了，母亲弯下腰给她系上；孩子想要自己动手，可是母亲却认为孩子没有这个能力。后来，父母发现孩子越来越懒，什么事都依赖父母，甚至连吃饭都不愿意自己拿勺子，她总是张着嘴巴坐在那里等母亲来喂；如果母亲来晚了，她就哇哇大哭。

········● ❧ ●········

什么是懒惰呢？心理学认为懒惰是一种心理疾病，就如同身体机能的下降，活力的衰退。如果认识不到这一点，成人总会把自己的意愿强加给孩子，让孩子过分依赖自己，这样不但对孩子没有帮助，反而会阻碍孩子心理的发展。所以，父母要给孩子适当的自由，相信他们有能力自己把某件事做好，培养他们独立的能力。

除了依赖性，强烈的占有欲也是孩子的一种心理缺陷。经过研究，心理学家发现，一个人的心理畸变都是来自在爱和占有之间作出选择时所跨出的第一步。一个人作出了选择，他就得沿着这条道路走下去。孩子的本能就像章鱼遇到食物时触角向外伸展出去，抓住他急切想要的东西一样。这种占有欲会使他牢牢地抓住东西，不惜通过斗争的方式得到它，然后像保护自己的生命一样保卫它。如果这个东西没有被抓到，他会不惜代价毁坏掉也不让别人得到。

比如在生活中，我们经常看到孩子为了争抢玩具而发生争吵的场面，通过这种争吵的方式想要占有这个东西。有的时候甚至不惜毁坏自己想占有的东西，也不让别人得到。其实在孩子成长的过程中，他们对周围事物越来越感兴趣，就像流浪汉在饥饿时寻找食物，他们会寻找能滋养自己精神的东西，不断在活动中找到精神的营养品。

如果孩子喜欢周围的环境，他就会调动所有的热情，发挥出所有的潜能来积极适应环境，从而健康、快乐地成长。但是，孩子如果不喜欢周围的环境，那么他就会很失望。这类孩子很脆弱，不能独立、缺乏智谋、令人厌烦，有时候他们还会产生一些奇怪的想法，发展成为非社会的人。

如果孩子在活动中没有找到能够刺激发展的动力，他们就会把注意力转移到物品的占有上，就好像两个看不懂时间的孩子同时看到一只手表时，一个孩子说："它是我的，我要它！"另一个孩子就会大叫起来："不，它是我的，不是你的！"他们有可能会为这只手表打架，就算把手表毁坏了也在所不惜。

　　而那些性格内向的孩子有时候也会把注意力转向毫无价值的东西上，然而他们占有东西的方式和性格外向的孩子占有的方式不同。他们不善于争吵，一般情况下也不与别人发生对抗，他们会把喜欢的东西积聚和隐藏起来，他们被认为是收藏家，积聚的东西五花八门。我们经常看到他们的口袋里装着一些糖果或者小玩具就是这个原因。

　　心理学家阿德勒[1]对这种现象做了有趣的解释，他说："成人的吝啬在儿童时代就已经出现了萌芽。"孩子对很多东西都很留恋，尽管这些东西没有任何用处，但他们也不愿意扔掉。因此，父母千万不要忽视孩子的这种心理，不要认为这是孩子自然的本性。之所以发生这种情况，是因为他的本性发生了转移，占有欲的萌芽钻入了孩子的心灵。

　　父母要通过劝说的方式对孩子进行道德教育，告诉孩子不要依赖于他人，要会独立生活；要尊重他人的财产，不要对各种事物都要占有。

蒙台梭利箴言：

　　依赖性和强烈的占有欲都是隐藏在孩子身上的一种心理缺陷。父母关心、爱护孩子绝不是错，满足孩子生理和心理正常发育的需求，也是父母的天职。但是，对孩子的任何事情都亲自代办，会让孩子形成依赖心理。父母不给孩子提供一个适宜的生长环境，孩子无法找到活动的动因，就会产生强烈的占有欲。当孩子变得贪婪和自私之后，就很容易丧失自我，成为物质的奴隶。因此，父母应十分注意孩子的这种倾向，适时引导和教育，让孩子摆脱依赖和占有心理的困扰。

---

[1]阿弗雷德·阿德勒（1870—1937），奥地利心理学家，个体心理学创始人。

第四节　恐惧与自卑感

成人总是认为，恐惧对孩子来说是很正常的一件事，就像孩子容易羞怯一样。可实际上，恐惧是心理发生偏离的另一种形式。有些孩子很勇敢，面对危险从不害怕，但是有时他们也会被神秘的、不合逻辑的和无法战胜的惊恐所影响，这种心理也许是由于过去看到的某些强烈印象的东西产生的。比如，一些孩子可能非常害怕过马路，或者担心自己的床下藏着小狗，也有一些孩子看到毛茸茸的小鸡就吓得大喊大叫。这些恐慌的表现就好像精神病医生在成人中所发现的病态恐惧症，而这种症状在对父母过分依赖的孩子身上很容易发现。比如，父母常常利用孩子的无知，用胡乱编纂的妖魔鬼怪恐吓他们，以达到孩子听从他们命令的目的。可以说，这是父母用来对付孩子的最坏的一种手段，因为它利用无处不在的恐怖形象，使孩子内心深处天生对黑暗的恐惧又加剧了。

那么如何才能消除孩子心中的恐惧呢？

让孩子多接触现实，体验和理解周围环境，是帮助他们摆脱恐惧最好的方法。经过不断的重复接触，孩子就会发现，原来现实中的这些东西并不像想象中那样可怕。这样一来，孩子心中的恐惧感也就会慢慢消失。

恐惧的心态与面临危险出于自我保护的本能所产生的恐怖不同。与成人比起来，孩子身上出现的出于自我保护的本能所产生的恐怖要少一些，这并不是因为孩子比成人面临的危险少，甚至可以这样说，有时候孩子可以很自然地面对危险，并且实际上，孩子经常会使自己面临危险。农村的孩子会爬到树上，从树上跳下来或从陡坡上冲下来，好动的孩子会跳进海里或河里自学游泳。他们的勇敢行为还表现在无数次拯救他们的同伴中。

一天，加利福尼亚的一家儿童医院的盲童病房不知道什么原因着火了。这个病房里的孩子并非全部是盲童，有一些孩子还能看见东西。虽然这些孩子当时在楼道的另一边，但是他们还是冲进了病房去救其他的孩子。

当然，绝大多数的孩子并没有表现出任何英雄主义行为，虽然他们确实也想表达自己的意愿。还有一种被我们称为“谨慎”的孩子，他们尽可能地做到避免危险。比如，他们能够使用厨房里的小刀，用打火机点燃烟火，独自一人站在水池边，还会自己穿越马路。如果孩子已经学会了如何通过避免急躁情绪来控制自己的行为，这样他们就可以过一种更平静、更健康的生活。因此，我们要帮助孩子保持一种谨慎的心理，这种谨慎能够使他们认识和避免危险，从而能从容地面对和解决一些问题。

作为父母，我们不仅要帮助孩子消除其内心的恐惧，还要帮助他们克服自卑心理。殊不知，自卑是孩子发展道路上的最大障碍。

心理学家经过长时间的观察研究发现，在孩子成长过程中，虽然有些父母对孩子取得的进步很高兴，但是高兴之余，总有一种神秘的力量在支配着父母的言行，使父母不信任自己的孩子，不相信孩子能把事情做好。举个例子：当一位母亲看见孩子端着一杯水在走路，她就会担心水溅出来烫着孩子或是杯子被孩子摔破，于是她就会走到孩子的面前，把孩子手里的杯子夺过来。这个时候，孩子心中肯定有一种失败感，他会认为自己什么也干不了，是个无能的人。相反，如果母亲在一旁鼓励他成功把杯子拿到目的地，并且成功以后，对孩子进行表扬，那么孩子肯定就会觉得自己什么都能干，做起事情来有充足的信心和勇气。

········●●❦●●········

　　有一天在"儿童之家"，一个孩子正在用字母玩具拼字。这个时候，意大利皇后来到他面前："你能拼写出'意大利万岁'这几个字吗？"这个孩子好像没有听到皇后的话，仍然平静地忙活自己手中的拼写字母的玩具。当时，在场的教师们都希望孩子能尊重皇后的要求，希望他暂时停下手头的游戏，去执行她的指令。然而，孩子并没因为她是皇后就响应她。过了一段时间，孩子完成了手中的事情，把用完的字母玩具放回原处，然后从容地拿出字母拼写出了"意大利万岁"这几个字。这个孩子只有4岁，但他却已经能够控制自己的情感和行为，对于周围发生的事，充满自信地去完成。

········●●❦●●········

　　事实上，孩子并不像成人想象中的那么无能，他们可以支配自己的情感和行为。然而现实中，很多孩子的潜能都没得到充分的发挥，不能自由地支配自己的情感和行为，一直处于大人的压制之下。作为成人，许多父母不仅一直低估了他们，而且还随时准备给予他们打击和压制，孩子的自卑感就是这样形成的。

　　因此，父母必须要改变想法，承认孩子的能力，允许他们按照自己的方式做事。与此同时，还要学会换位思考，不能仅仅从自己的角度考虑问题。比如看到孩子在玩游戏，有的父母就会打断他们，认为这段时间孩子可以多读一些名著；当到了散步的时间，有的父母就不由分说地拉起正在看动画片的孩子去散步。正如我们知道的，一个人行为的连续性依赖于心中早已设计好的计划。成人刻意打断孩子的这种连续行为，会让孩子感到很沮丧，孩子会觉得自己什么事情也做不了。孩子不是大人的影子，有自己做事的方式。如果父母没有考虑到孩子的需要，按照自己的方式去要求他们，不尊重孩子，会让孩子觉得自己所做的一切都没有意义。

一个人自卑的最大根源是他认为自己没有能力做好某些事情，就像一个残疾的人不会愿意和一个健康的人赛跑，一个普通人也不会愿意跟职业拳击手对决，因为在心灵深处，他们觉得自己不行，他们没有那种获胜的勇气和信心。同样的道理，平日里成人对孩子的轻视，使孩子感到自己很无能，不敢采取任何行动。"那件事你做不了，尝试一下对你也没有什么意义"或者"你这个笨蛋，你不知道自己不能做那件事吗"这样的话语不仅打断了孩子行为的连贯性，阻碍了孩子的发展，而且对孩子来说，还是一种侮辱。

成人的种种做法让孩子的内心开始萌发自卑感的幼芽，使孩子认为自己是个无能的人。于是他们就会慢慢陷入冷酷和恐惧之中，自卑感就会油然而生。这种心理障碍可能深深地扎根于他的心中，伴随他一生。除了使孩子产生自己是无用的或者永远都比别人差这种想法以外，自卑感还会导致诸如胆怯、迟疑不定、面临困难退缩、经常流泪、绝望痛苦等。

蒙台梭利箴言：

一个心理健康的孩子最显著的特点之一就是能够把握自己的行为，小心谨慎地处理自己的事情。在孩子感到恐惧的时候，尽量想办法去排除他们的恐惧心理。父母要经常地鼓励和赞扬他们，这样当孩子遇到困难或恐惧的时候，他们才能从容地、自信地面对和解决它们。

第五节　说谎

　　3岁的小男孩格利兹和母亲去朋友家做客。回来的时候，格利兹的手里拿着一个沙皮狗毛绒玩具。母亲看见后，问他："这个毛绒玩具是哪里来的？"格利兹回答说："是玛丽送给我的。"可是，到了第二天，玛丽的母亲对格利兹的母亲说，玛丽非常喜欢的一只毛绒玩具不见了，她正在着急地找呢！原来格利兹没有经过玛丽的允许就把毛绒玩具拿回家了。于是格利兹的母亲立即就让儿子把玩具狗拿出来，还给玛丽，并向玛丽道歉。回到家以后，母亲生气地责问格利兹："为什么要撒谎？"

　　其实回答这个问题并不难，孩子说谎有很多种原因。实验研究表明，为了避免惩罚是孩子说谎最主要的原因。这种避免惩罚的说谎对孩子来说是一种自我保护。心理学家研究发现，说谎可以说是孩子心理畸变的最坏表现。欺骗就像是一株枝繁叶茂的大树，它的枝叶会朝着四面八方扩散，从而影响孩子的一生。

　　在现实生活中，当父母发现孩子撒了谎后，只知道批评孩子，却忘了这种谎言背后的原因——说谎只是孩子在成人攻势下所做的自我保护。可以说，说谎是幼儿期出现的一种智能现象，随着孩子的成长，它渐渐变得有条理。随着思想的成熟，孩子会放弃这种不良的做法，可以奇迹般地使它消失。与现实生活的恰当接触、精神自由以及对美好事物的向往和追求，都可以使孩子的心灵变得更加纯洁。

　　不管欺骗是经常还是偶然，都与孩子有意识的自我保护有关。撒谎对孩子来说，就像是一件隐藏心灵的外套，隐藏事实的真相以及自己的真情实感，从而扭曲孩子纯洁的心灵。但是有些谎言是正常的，正常孩子在日常生活中也会说谎。孩子在描述某种东西时经常产生幻想，这种虚构可以被认为是给真实的东西添枝加叶，它也可能是采用一种艺术的形式，就像一个演员把自己投入到角色中，于是谎言就产生了。这样的谎言展示了孩子的想象力和创造力，与孩子因为懒惰和不愿意尝试探索真相而说的谎完全不一样。

・・・・・・・・● ❧ ●・・・・・・・・

　　有一个3岁的小女孩告诉老师，她母亲调制的蔬菜汁不仅有益健康，而且美味可口。每次到家里做客的朋友都说母亲调制的蔬菜汁很好喝，他们从没有喝过这么好喝的饮料。后来这位老师到这个小女孩家去家访，顺便想请教一下这位母亲是如何制作这种饮料的。但是，出人意料的是，这位母亲说她从来没有做过这类东西。

・・・・・・・・● ❧ ●・・・・・・・・

　　这个小女孩在说谎，但是她除了编造故事以外没有任何其他的目的。有时候谎言也可能是巧妙推理的产物，这是孩子所擅长使用的手段。

・・・・・・・・● ❧ ●・・・・・・・・

　　一个小男孩，他母亲把他寄托在一个幼儿园里。幼儿园里的老师对这个小男孩都很好，照顾得很周到，只是校长有些严厉。这个小男孩在幼儿园里待了一段时间以后，就开始向母亲说："幼儿园里的老师非常严厉。"听到儿子这样说，于是母亲就去幼儿园里向校长询问一下情况。后来经过和校长的交谈，母亲发现，原来幼儿园里的老师对儿子都很好，非常疼爱他。从幼儿园里回来以后，母亲就质问这个小男孩："你为什么说谎？"儿子却这样说："我不能说那位校长严厉啊！"

●●●●●●●● ✖ ●●●●●●●●

从这个例子我们可以看出，这个小男孩的行为并不是没有勇气指责校长，而是他屈服于传统的势力或者权威。孩子在适应环境方面，有很多类似的狡猾手段。

心理学家通过研究分析，对潜意识的隐瞒作了解释，认为人类生活中的谎言是由成年人的羞耻心和对一些事情的虚构而构成的。一个人正是凭着自身说谎的能力，才能生存在一个跟他自然情感不一致的世界中。孩子利用狡猾的说谎手段，巧妙地与大人周旋。

面对说谎的孩子，父母应该怎么办才好呢？通过上面的论述，父母应该明白，孩子说谎是出于一种自我保护的本能，大多数时候并非是刻意为之的，对父母撒谎不过是一种为了逃避惩罚而自然出现的本能反应。如果发现孩子在说谎话，父母不能就此抓住说谎不放，对孩子进行劈头盖脸的训斥。最好的处理办法是仔细分析孩子说谎的原因，针对这些原因来引导他，从而使孩子认识到说谎的错误之处并加以改正。

就像本节开头的小男孩格利兹一样，他的母亲不应该抓住他为什么说谎这个话题不放，而应该耐心地引导格利兹，让他知道没有经过别人的同意就随便拿别人的东西是不对的，这样的行为会受到别人的指责。等孩子明白这个道理后，就会牢牢记住这个教训。而父母一味地严厉指责，反而会激起孩子的反抗心理，从而形成另外一些不良的习惯。

蒙台梭利箴言：

当发现孩子说谎的时候，父母要明白，对孩子来说，说谎并不是什么罪大恶极的恶行，它只不过是孩子逃避成人惩罚的一种本能。如果孩子说了谎，父母要针对事情本身来寻找孩子说谎的原因，从而正确教育孩子，让孩子认识到错误并及时改正。

第六节　贪吃的心理

　　经过研究和分析，现在已经证实许多身体的疾病都根源于心理问题，即使某些与身体密切相关的不良习惯，也有早期的心理根源，比如消化不良。一些孩子由于身体强壮或是好动，体能的消耗很大，这就促使他们吃很多东西。孩子的胃口越来越大，而且也没有节制，于是就造成了消化不良和饮食过量，因此他们不得不经常去看医生。

　　从古至今，如果一个人渴望得到比身体所需要的更多的食物，那么人们就认为他有一种恶习，而且这种恶习会带来很多坏处。这种不良习惯会导致人对食物正常敏感性的退化，而对食物的正常敏感性应该局限于所需要的食量范围之内。这种敏感性是所有动物共同的特征，因为身体的健康由人类出于自我保护的本能所决定。实际上，个体存活的本能有两个方面的意思：一方面是适应环境，避免危险；另一方面是对食物的摄取。在动物世界中，后一种本能更为突出。对食物的摄取本能是所有动物物种最显著的特征之一，但是不管它们吃得多还是少，每种动物都有一定的限度，这是大自然赋予它们的本能。

　　人类有贪食的坏习惯。人毫无顾忌地吃东西，使得自己吃的东西多于需要的量，而且对食物不加选择，有时候还会吃对身体有害的东西。因此我们说，人的心理一旦发生畸变，那他就丧失了保护身体健康的敏感性。这在心理畸变的儿童身上就可以找到证明，一旦发生心理畸变，他们很快就会表现出营养失调的症状。儿童一看到食物，就被它们的外表吸引——他们仅仅出于外在的味觉来选择食物。出于摄取食物、保护自己的本能，从而使那种内部能力降低或者消失了。在蒙台梭利的"儿童之家"发生过一件惊人的事，那就是在这里儿童摆脱了心理畸变，回到了正常状态，他们对食物却失去了渴望。从此以后他们不再贪食，反而关心起自己的姿态是否得体，是否能够正确地吃东西了。到了吃晚饭的时候，年幼的儿童坐在可口的饭菜前，不像原来那样马上狼吞虎咽地吃起来，而是把大部分时间都花在用心地整理餐巾，瞧着刀、叉和匙，努力回想使用这些东西的正确方法上，有的儿童甚至帮助比他们更小的伙伴。有时候，他们对这些事情的观察如此细微，以致放在他们面前的食物都已经变凉了。由于没有能够帮上大人端菜，而仅仅坐在饭桌前吃饭，有些儿童看上去很伤心。

很多儿童拒绝吃饭，有的时候这种态度非常坚决，以致给家庭和学校造成了很大的困难。这种情况发生在贫穷家庭出生的儿童的身上更让人担心，因为他们本应该在愿意吃的时候就可以吃个饱，充分地摄取营养。对食物不感兴趣使儿童体质下降，并且很难用药物治愈。值得注意的是，不能把拒绝进食与儿童没有胃口导致的消化不良相混淆。儿童消化不良是由于消化器官的功能出现了异常，从而导致儿童没有胃口，食欲不振，而儿童拒绝吃东西是其心理原因。在某种情况下，这很可能是一种防御机制，出于自我保护的本能。比如：成人想让儿童吃得快一点，就强迫他按照成人的节奏进食，但是儿童有着与成人完全不同的节奏。这个事实现在已经得到儿童专家的认可。他们还发现，儿童并不是把他们所需要的东西一次吃完，而是慢慢地进食，并且在这个过程中会有多次、长时间的停顿。

同样的情况在断奶之前的婴儿身上也出现过。在吃饱之前，他们会离开乳头一会儿，如果成人以为他这时已经吃饱了，那就错了。孩子离开乳头一段时间仅仅是为了休息一下，休息完了以后，他会再回来吃奶，这是他间歇的节奏。由此可以知道，当成人违反规律，强迫儿童进食的时候，儿童处于对自身保护的本能，内心就会建构起一道屏障，拒绝吃东西，与之反抗。然而，有一些情况与这种自我保护的本能不同，由于体质上的原因儿童缺乏食欲，脸色苍白，没有得到任何治疗、缺乏新鲜的空气和充足的阳光，只有大自然能治愈他对食物的习惯性抵触。根据进一步的观察我们发现，造成这种情况的原因是由于在他身边有一个他极其依赖的成人，而这个成人完全支配着、约束着他。要想治愈这种儿童，办法只有一个，那就是让抑制他的这个成人离开，并给他提供一个适宜的环境，让他能够自由主动地发展。只有这个办法，才能消除造成他心理畸变的、对成人的依赖。

人们已经认识到，心理活动与生理现象，比如摄食，有一定的联系。中世纪意大利哲学家托马斯·阿奎那[1]准确地指出了贪食和智能之间的关系。他认为，贪食会使一个人的判断力变得迟钝，最终让人无法正确认识现实。可是，在儿童身上，却出现了与之完全相反的情况：心理紊乱造成了贪食。

由于生理和心理密切相关，因此，身体疾病的出现总是涉及心理原因，而不正常地摄取食物为各种疾病打开了大门。有时候一个人的疾病只是一种表象，它仅仅是一种想象出来的病，事实上它完全是由于心理原因引起的。在理解这些病态的过程中，心理分析学家为我们作出了巨大的贡献。他们指出，一个人可能在疾病中找到庇护，这种疾病并不是模仿出来的，它可能伴随着体温升高和功能不正常等现象，有时候症状会更为严重。事实上，疾病并没有真正存在，而是由于潜意识的心理紊乱，这种紊乱支配了生理规律。借助疾病，自我逃避不愉快的处境。这种疾病抵制任何形式的治疗，只有当这个自我从想逃避的境地解脱出来时，疾病才会消失。就像克服心理畸变一样，只有把儿童放在一个能使他们以正常的方式生活的自由环境中时，他们身上的疾病才能够彻底消失。

[1]托马斯·阿奎那（约1225—1274），中世纪哲学家和神学家，自然神学最早的提倡者之一。

我国古代的中医理论认为，人的情绪对人体健康具有非常大的影响，有喜伤心、怒伤肝、忧伤肺、思伤脾、恐伤肾、惊伤胆的说法。而现代的大脑科学的研究也表明，心理的正常情绪是由位于大脑的杏仁核和纹状体等核团区域控制的，这些核团分泌和调控五羟色胺和去甲肾上腺素等化学递质，调节生理上的功能和水平。个体心理上的变化会影响人体内某些内分泌激素的含量，从而引起生理上的变化。在西医的发展历史上，曾经有一个专门的心理疗派，这个疗派认为治疗生理上的疾病可以通过改变患者的情绪体验来实现。虽然这种医学理论已经不为大多数现代人所接受，但其中还是含有一定的合理成分的。

　　因此，对于儿童的某些生理疾病，家长并不仅仅是带儿童去医院治疗就可以了，而应该认真分析儿童生病的原因，特别是儿童心理上的某些异常之处，以及产生这些异常的原因。必要的时候还应该向专业的心理咨询专家求助。

蒙台梭利箴言：

　　孩子的心理发生畸变会影响他的身体健康，从而产生一系列的生理疾病。要想把孩子的疾病彻底治愈，就不要再抑制、压迫孩子。只有使用这个办法，他们的疾病才能够彻底消失。

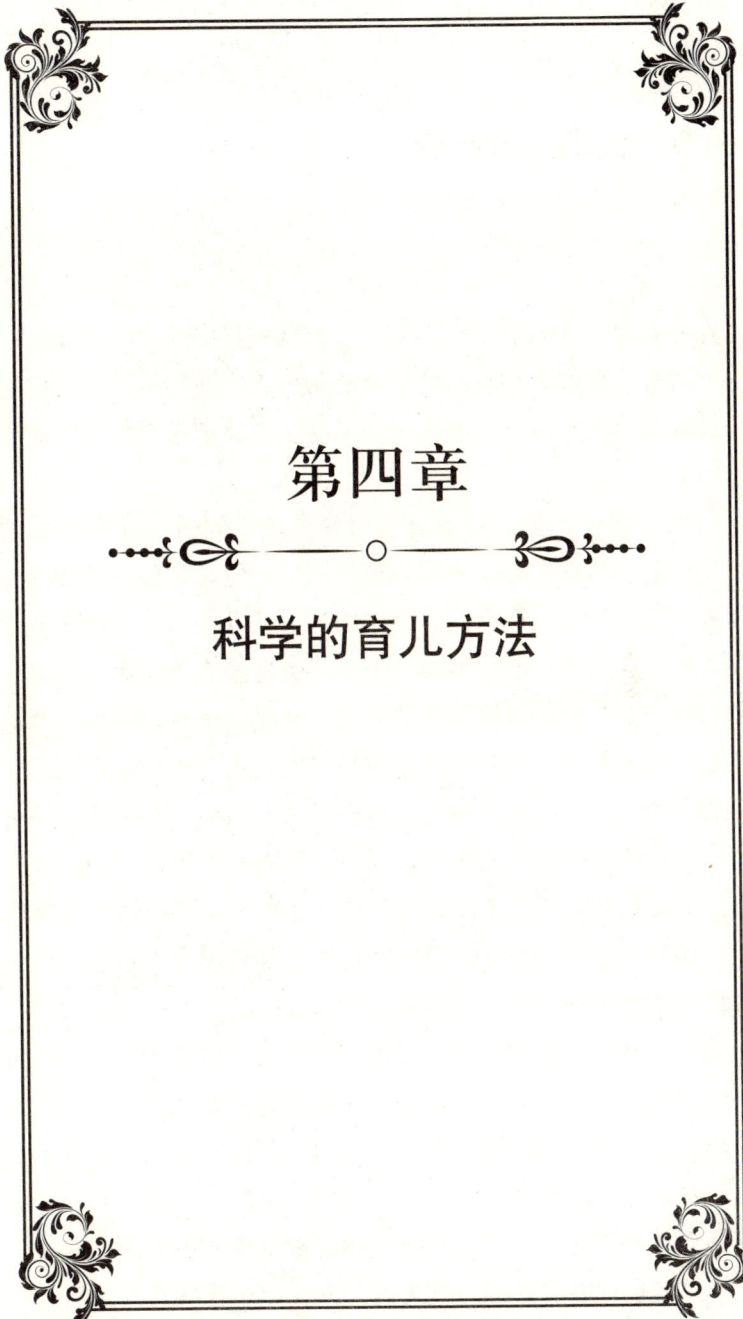

第四章

科学的育儿方法

第一节　认识儿童心理

在养育孩子的问题上，会有一个重要的现实摆在父母面前：面对这个拥有着微妙的心理活动却无法与成人沟通的孩子，究竟应该怎样去认识他呢？很有可能父母在无意之中就把孩子脆弱的心理生活破坏了。

发展心理学作为了解儿童的科学方法，它对于儿童发展的分期、儿童发展的规律看似非常合理和实用，然而这种理论却受到了蒙台梭利和一些育儿专家的质疑。因为以往发展心理学的研究都是从成人的视角来进行的，同时还不可避免地带有研究者自己的价值判断。每一个儿童的不同寻常的反应，都是一个有待解决的理论问题，每一次儿童的哭闹和执拗都被解释成其内心对无法理解的外部环境的防御机制……蒙台梭利和那些育儿专家们不赞成这种心理研究的取向。因为对于儿童来说，成人的环境是很不适宜的，成人环境里的很多规则对儿童来说是一种很大的发展阻碍，而这些阻碍是出于对儿童的防御而建立起来的，这种防御机制使儿童的性格在成人的眼中变得古怪。

当儿童心理的发展受到了阻碍，他们就开始发脾气，表现出愤怒和不合作的态度。但儿童的真正的内心感受却被这些表面现象隐藏了起来。各种自我实现的努力被发脾气、执拗等表面现象遮盖了起来，而成人却看不到这些。

蒙台梭利认为，儿童的个性是由许多特性所组成的。而这些特性的外部表现往往看起来互相矛盾和冲突。个性就隐藏在这些冲突的背后，它是精神生命的胚胎从无到有，按照一个精确的心理发展模式发展起来的。而一个充满活力、尚未被认识的儿童就隐藏在这些表面现象之下。儿童必须从这些障碍中解放出来，获得自由。而教育的最迫切的任务就是去深入了解儿童，让儿童可以自由地去发现未知的东西。

成人的秘密往往是在潜意识中被道德所压抑着的某些东西，而儿童的秘密却因为没有道德规则的干预而几乎暴露在周围环境之中。心理专家在帮助解决一个成年人的心理问题时，就像是在帮他解开潜意识中纠结在一起的乱麻。而儿童却不一样，如果我们要帮助一个乱发脾气、性格执拗的儿童，就要给他提供一个可以自由发展的环境。儿童正在努力创造着自我，处于从不存在到存在、从潜在到现实的艰难发展的过程之中，儿童的这个发展过程是简单的，能力发展得越强就越用不着努力去展现自我。因为在一个自由的环境里，儿童的心灵会把秘密自动地揭开。

因此，蒙台梭利认为，认识儿童的秘密在于发现和解放儿童，并对儿童的生活方式进行有效地改善。另外，要给不断成长的儿童提供一些必不可少的帮助，清除儿童成长道路上的障碍，创造适合于儿童成长的环境，为儿童能够自由活动提供保障。

蒙台梭利箴言：

儿童的心理世界和成人的心理世界是完全不同的，儿童的心理秘密在于，儿童的精神生命在从无到有的生长过程中，受到成人世界的束缚，从而掩盖和阻碍了儿童自我努力成长的步伐，成人应该把自由还给儿童，为儿童的成长创造一个自由的环境。

第二节　无逻辑、无目的的实践

　　人们在认识过程中要借助概念、判断、推理等思维形式来理性地认识客观现实，成年人就是依靠这种逻辑思维来认识客观世界的，也是按照符合逻辑的方式来行动的。可是这种逻辑思维并不是人一生下来就具备的，刚出生的婴儿不具备逻辑思维。蒙台梭利认为，在儿童能按照像成人那样，以一种清晰的合乎逻辑的方式行动之前，他已经开始为自己的目的而行动。而在成年人眼里，他们使用物品的方式是不可理解的，是无逻辑、无目的的活动。这样的情况通常发生在1岁半到3岁的儿童身上。

········· ✎ ·········

　　有一个18个月大的男孩，有一天，家里面没有人，只有小男孩一个人在屋子里玩耍。玩着玩着，他看见了角落里母亲刚洗干净的一叠桌布，这些桌布刚刚被烫平，整齐地堆放在一起。小家伙很好奇，走到放着桌布的角落里。他很小心地拿起一块桌布，用小手压在桌布的上面，为的是不使整齐的桌布散开，然后拿着这块桌布走到房间斜对面的角落，把桌布放在那里的地板上，说："一块。" 然后，按照刚才来的时候那样又返了回去，这说明他受到某种特殊的敏感性的指导。当穿过这个房间之后，他用同样的方式拿起第二块桌布，捧着它小心翼翼地沿着同样的路线走过去，把它放在刚才放在地板上的那块桌布的上面，又说"一块"。他重复着这一项"工作"，把桌布都拿到斜对面的角落然后再返回来，直到把所有桌布都拿到另一个角落为止。然后，他把这个过程反过来，又把所有的桌布一块一块地依次放回原来的地方。虽然这堆桌布堆放得有点倾斜，不再像最初放置的那么整齐，但实际上，小男孩仍然把它们折叠得相当好。对这个孩子来说，他很幸运，因为在他这个漫长的搬运过程中，屋子中一个人都没有。儿童不知道听到多少次成人在他们背后大声呵斥："停下！停下！别玩那东西！快放下！"为了教训孩子不要碰那些东西，成人不知道打了多少次他们细嫩的小手！

·········● ❧ ●·········

使儿童入迷的另一项"基本工作"是拧下瓶盖子，然后再把它盖上，尤其是一种可反射出各种色彩的雕刻玻璃瓶上的盖子时，这种情况更加严重。取下瓶盖子，然后再盖上瓶盖子，如此往复，这似乎是他们喜欢的一项"工作"。还有儿童喜欢的一项活动就是把盒子的盖子拿起来再扣下去，或者打开橱门再关上。儿童和成人为了一些东西经常发生冲突，这完全可以理解，因为它们对儿童有一种天然的吸引力。但是由于这些东西要么就是母亲或父亲桌子上的东西，要么就是房间家具的一部分，因此父母禁止儿童碰它们。当儿童和成人发生冲突的时候，儿童就可能发脾气，被父母认为是不听话的孩子。但是事实上，儿童并不真的想要这样一个瓶子或墨水瓶，只要父母给他一些可以进行同样活动的替代品，他就会满足。

与之相类似的基本活动，它们没有逻辑性的目的，都可以被看作是人类最初阶段的最微弱的活动。

让儿童独立做一些事情，这个想法按理来说应该很容易被接受。但是成人的心里有根深蒂固的障碍，于是这个想法很难实现。一个成人，即使他表面上同意儿童的要求，让他可以自由地触摸和到处搬运东西，但是他无法抵制禁止儿童行动的内心的冲动，这种冲动导致他最终还是会去支配儿童。

·········● ❧ ●·········

纽约有一位年轻妇女，她有一个两岁半的儿子。有一天，她看见她的儿子正在把一只装满水的水桶从厨房拿到客厅里，她发现孩子非常紧张，缓慢地穿过房间。这位母亲马上说："小心点！小心点！"这个水桶很重，母亲觉得必须帮助他了。于是她拎起水桶，把水桶拿到孩子想要拿到的地方。但是，这个孩子很伤心，认为母亲不信任他，感到受了屈辱。母亲承认是自己给孩子造成了痛苦，但是她觉得，自己的做法是正确的啊。后来她说："虽然我知道孩子正在做的事情是对的，但是，我觉得这些事情把孩子搞得精疲力竭，并且又浪费了很多的时间，而我可以在一刹那就把事情做好，所以我有必要帮助他。"当这位母亲向蒙台梭利征询意见的时候说："我知道我做得不对。我想了想我自己的做法，发现我这样做是处于保护自己财产的本能，对孩子很'吝啬'。"蒙台梭利问她："你有像杯子那样漂亮的瓷器吗？给你的孩子一件轻巧的东西，看看到底会发生什么事情。"这位母亲采纳了蒙台梭利的建议。后来她说，她的孩子拿着杯子小心翼翼地走着，每走一步都要停一停，最后把杯子安全地放到了目的的。在孩子拿杯子的过程中，这位母亲有两种心情：一是为她儿子的"工作"高兴，另外是为她的杯子担心。在这个过程中，母亲也有想去帮助孩子拿杯子的冲动，但是最后，她还是让儿子完成了这项"工作"，因为这项"工作"是她儿子非常渴望要做的，对他的心理发展是十分重要的。

还有一个小例子。一位父亲把一块抹布放在一个14个月大的小女孩手中，允许她做些清洁卫生工作。她坐下来，用抹布擦了许多明亮的小东西，看着自己的劳动成果，这个小女孩非常高兴。但她的母亲却很反对这样做，因为在她看来，清洁卫生的工作对如此幼小的儿童来说是件不相干的事情，小女孩现在没必要去做。

•••••••• ● ✿ ● ••••••••

一个对孩子"工作"本能重要性不理解的成人，会对儿童"工作"本能的第一次展现感到惊叹不已。成人认为他们必须作出某种巨大的牺牲，这种牺牲包括尊重这些与自己的日常生活不相符合的行为，改变自己生活中的习惯。在成人的世界里，儿童就是社会以外的人，但是要完全把儿童排除出成人的环境，就像我们成人不许他学习如何说话那样，会阻碍他的生长。

为孩子准备一个适宜的环境，使他可以更好地展现自己。当孩子说第一句话时，我们并不需要为他准备任何特殊的东西，因为他的咿呀学语在家里人听来是一种令人愉快的声音。但是，当孩子小手的"工作"不连贯的时候，他们就会寻找与"工作"目的相适应的工具。我们常常可以发现，孩子在活动中所花费的精力要超出我们的估计。

········● ❧ ●········

　　有一张照片，照片上一个英国小女孩拿了一只大面包，面包非常大，以至于她双手无法拿住，不得不把面包紧靠在身体上。她挺着肚子走路，因而都不能看见脚下的路况，都不知道自己的脚该往哪儿踩。在这张照片中，还有一只狗伴随着她，她一直在这只狗的视程范围内。照片中小女孩的后面是一群注视着她的成人，他们都很紧张，似乎已经到了就要奔上去帮助她的那一瞬间，但他们都在克制自己不要冲过去帮助孩子拿面包的冲动。

········● ❧ ●········

　　有时候，在适宜的环境中，幼小的儿童在"工作"中展现出的精确性，使我们成人赞叹不已。儿童在无逻辑、无目的的活动中，通过不断地尝试，得到许多知识，自己也在尝试中获得了信心。如果成人为儿童营造这样一个环境，那么儿童世界将产生更加有益的社会作用。

蒙台梭利箴言：

　　成人以自己惯有的逻辑思维行事，而儿童刚开始的活动是没有逻辑性和目的的，成人以自己的行为方式要求孩子和自己的一致，这样的做法是不对的。殊不知，儿童在无逻辑、无目的的活动中的尝试，可以锻炼自己行动的精确性和活动技能，还可以培养自己的自信。父母要给孩子提供一个适宜的环境，要尊重孩子的每一次尝试，让孩子自由地飞翔。

第三节　性格的形成

关于性格，很多人经常在谈话、写作和思考时用到这个词，然而大部分人对这个词的概念却说不出一个确切的定义。其实，从公元前的希腊到现在，从泰勒斯到弗洛伊德，人类历史上的思想精英们都在尝试着给这个简单的词下一个确切的定义，然而却往往得不到大家的一致认可，诚如心理学家弗洛姆[1]所说的那样："对于性格的问题，人类始终处在试验阶段。"虽然如此，这也并不能说明性格问题是无法研究的。现代心理学对这一概念下的定义是：性格是个体在对现实的稳定的态度和习惯了的行为方式中表现出来的人格特征，它表现个体的品德，受人的价值观、人生观、世界观的影响。这些具有道德评价含义的人格差异，称之为性格差异。性格是在社会生活中逐渐形成的，同时也受个体的生理因素的影响，是人格差异的核心。性格也有好坏的区分，能最直接地反映出个体的道德风貌。

在生活中，我们可以看到不同性格类型的人，有的人喜欢与物打交道而不喜欢与人交往；有的人和别人相处融洽并能自然地表达情感，待人处事圆滑，给别人以仁慈、乐于助人的印象。人与人之所以不一样，其原因大都是因为他们成长的生活方式和环境的不同。事实上，0～3岁是孩子性格形成的关键时期。

在蒙台梭利的"儿童之家"里，教员们为每个孩子都准备了一份档案，档案里详细地记录着孩子身体和心理发展的情况。学校接

---

[1]艾瑞克·弗洛姆（1900—1980），美籍德国犹太人，人本主义哲学家和精神分析心理学家，毕生致力于修改弗洛伊德的精神分析学说，具有世界影响力。

收的孩子通常都有一些缺陷，只要方法得当，这些缺陷是可以矫正的。下面我们简单介绍一下有关性格缺陷的问题。

一、儿童性格缺陷

孩子性格上的缺陷种类很多，通常蒙台梭利将影响孩子发展的性格缺陷分为两大类：一类是那些积极主动克服障碍的孩子表现出来的缺陷，另一类是那些在障碍面前表示屈服的孩子表现出来的缺陷。

第一种类型的孩子情绪反复无常，经常表现出愤怒的情绪并有暴力倾向。这种类型的孩子的共同点是情绪不稳定，遇到事情喜欢大喊大叫；不服从大人们的命令，具有毁灭性的本能的倾向；自私，有很强的占有欲，有的时候还抢同伴的玩具；贪吃；行为缺乏目的性，无法集中自己的注意力；喜欢幻想；喜欢捉弄别人。

第二种类型的孩子通常表现得很软弱，遇到事情总是很被动，态度也比较消极、懒散；遇到困难时总喜欢哭，希望用这种方式得到大人们的帮助；独立性差，喜欢依赖父母，在一些困难面前显得很害怕；喜欢寻求大人的帮助，同时还希望让他们高兴。这种类型的孩子还喜欢撒谎，还喜欢偷东西。

心理上的不健康通常会引起身体上一些问题，生病是常有的事。例如，有的孩子厌食，一点东西都不吃；有的孩子贪食，总是在吃东西，没有吃饱的时候；有的孩子经常做噩梦，半夜里被吓醒，醒后再也睡不着，失眠，害怕黑暗；有的孩子还会贫血或患有肝病等。最让人忧心的是，这些孩子有时在神经方面还出现问题，精神也经常会紊乱。上面提到的这些疾病主要是由于心理不健康引起的，所以仅仅依靠药物治疗，效果肯定不会很好。

不论是哪一种类型的孩子，都会让父母头疼。面对这些孩子，父母的做法通常有两种：一是自己想办法解决问题，采用打骂的方式，有的时候甚至以断绝孩子的饮食等方法对孩子严加管教，来迫使孩子向他们屈服；另外一种做法是想办法摆脱这些孩子，他们给孩子请来保姆，把孩子完全交给保姆管，或者是把孩子送到学校，交给老师就算完事了。这些孩子就成为有父母但没有父母之爱的"孤儿"。

父母的这两种做法都是不对的,这样做不仅不能弥补孩子性格上的缺陷,反而会适得其反,使孩子的问题日趋严重。可是,我们仍然不从自身找找原因,而是一味地抱怨说:"为什么你总是惹我生气呢?"最后,无奈的父母只好放弃努力。

与第一种类型的孩子相比,第二种类型的孩子经常扮演着被遗忘和忽视的角色,他们不会引起人们的关注。有的父母甚至错误地认为:这些孩子很听自己的话,是个好孩子;虽然对自己很依赖,但是他们不给自己找麻烦,是一种乖巧的表现。有些父母甚至还这样说:"与父母贴心的孩子以后会疼父母的!"可是随着时间的流逝,父母发现,由于对父母的依赖,事事都听从父母的安排,孩子的动作越来越缓慢,神情也越来越呆滞,有的孩子甚至连走路都走不好。最后,父母只得承认孩子心理有问题,只好去找医生,寻求帮助。

如果我们能正确对待孩子们创造性的活动,那他们的许多心理问题就不会产生了。父母在孩子婴儿期的一些错误做法造成了孩子性格上的缺陷。我们不能忽视孩子在婴儿期的成长,我们要让孩子在婴儿期就得到足够的机会充实大脑。孩子性格出现缺陷的另一个原因就是,孩子们缺少创造性的活动。不能创造性地活动,孩子一样不能得到充分的发展。他们要么独自待在家里,自己一个人玩耍,除了睡觉什么也不做;要么就是大人们什么也不让孩子干,替孩子做完所有的事情。所有的事情都由父母包办的最大弊端就是孩子对什么都不感兴趣,时间长了,他们都不知道自己能干什么了,从而丧失了自信。

孩子这两种不同的类型都是性格上的缺陷。大人厌烦也好或者喜爱也好都无法使这些的缺陷得以纠正,反而会让孩子性格上的缺陷恶化。那么到底该如何治疗孩子性格上的缺陷呢?

二、抓住0～3岁的关键期

对儿童心理进行研究的心理学家认为，孩子性格之所以存在缺陷是因为在性格发展最关键时期（0～3岁），孩子内心的需求没有得到满足，长期生活在一个不利于智力成长的环境里，他们的内心处于一种长久的饥渴状态。对于孩子性格上的种种缺陷，无论父母怎么说教、威胁，还是利诱，都将无济于事。就好比对待一个饿了好几天的流浪汉，我们想让他心情好起来，只需要给他一些食物就可以，我们骂他是个笨蛋，或者打他一顿，或者对他说教一番，这些做法都于事无补。

事实上，当孩子对某件事情感兴趣，被某种"工作"吸引的时候，他们性格上的缺点就会像云雾遇见阳光奇迹般地消散。孩子一切所谓的坏的习惯都没有了，在我们眼前的只是孩子热情专注地"工作"着。

其实，性格正常与不正常的孩子区别的关键所在就是注意力集不集中。一旦孩子集中注意力，父母将发现：往日孩子身上那些不正常的现象都消失了，这些孩子大都展现出自己好的一面来。这可是很多父母只有在梦中才可以看见的场景啊！然而，这些改变并不需要父母做多少努力，因为几乎全部都是孩子自己来完成的。我们要知道，孩子有一种完善自我愿望的本性，在适合的环境中，凭借自己的不断努力，最终战胜自我，克服性格上的缺陷！

治疗孩子性格缺陷的最好办法，就是把孩子放入能够引起他们兴趣的环境里，并且提供给他们感兴趣的"工作"，这个时候，孩子就会全身心地投入到"工作"之中，进入一种忘我的状态，在"工作"中获取营养和快乐。但是父母要记住：让孩子做他们愿意做的事，不要强迫孩子做不愿意做的事，不要强迫孩子必须听自己的话。人不仅需要物质上的营养，更离不开精神上的养料。如果孩子能够决定自己应该做的事，并以此来完善自己的性格，那么一切都会正常。即使曾经出现过什么问题，现在也会消失。他们将不再做噩梦，不再厌食，他们的一切都将恢复正常，因为心理缺陷得到了矫正。

孩子性格的发展是自发的，我们不能教给他们。虽然我们可以利用父母的权力来迫使孩子服从我们，但是却不能够强迫他们必须按照我们的意愿成长和发展。我们所能做的只是科学地教育，给他们提供一个适宜发展的生活环境，协助他们顺利完成这个过程。要知道，孩子的发展一旦受到阻碍，势必影响未来的性格。

有的老师总是这样说："上课的时候我在用心地讲课，用浅显易懂、幽默的话语吸引他们，可是不管我怎么讲，他们就是不好好听讲。"其实不是孩子不想学习，而是注意力不集中，使得自己无法学习。那就要求他们先集中注意力吧，可是这时候已经晚了。打个比方，我们现在要求这些孩子，就好像是在对没有手的人说："好好写字！"这种能力是在婴儿期形成的，此时我们无法再要求他们具备这种能力了。

既然这样，父母该怎么办呢？有的人就会这样回答："对孩子要耐心，在日常生活中处处给他们树立一个好的榜样，时间久了就该好了。"然而，直到我们变成了一个老人的时候，他们仍然没有改变注意力不集中的缺点。这是为什么呢？我们把希望寄托在耐心上面，以为时间一长就会有所收获。可事实上，仅仅付出时间和耐心是不会取得什么效果的。作为父母，只有好好利用0～3岁这一具有创造性的关键期，孩子的性格才会自主形成，才会更好地适应社会。

前面讲过，0～3岁这个时期对性格的形成有着重要意义。如果儿童在这一时期受到影响、伤害或者是其他不良的影响，性格就会发生偏离，由性格异常带来的缺陷会在儿童的心理和智力上留下痕迹，从而影响孩子的一生。如果在这一时期，孩子的身心因自由空间得以健康成长，他的性格就会发展得比较完善和健全。

一个人心理成长的每一个阶段之间都有着微妙的联系。0～3岁正是塑造孩子性格，培养其对周围事物适应能力的关键时期。如果一个孩子在3岁之前性格上有了缺陷而没有得到及时治疗，等孩子到6岁的时候，他身上就会出现一些不正常的特征，而且这种缺陷已经根深蒂固，在以后的日子里很难再改正了。6岁以后，这些缺陷就会影响到儿童第二个阶段的发展，甚至影响孩子的判断力。在这样的孩子身上，就不会表现出这个年龄本该有的道德水平，而且智力水平也可能会低于正常人，无法形成自己的性格，无法正常学习。在最后一个阶段，这些缺陷还会带来更多的问题，最终使得这个孩子变成一个对社会没有用处的人。不仅如此，孩子适应社会的性格只能通过自我实践才能得来，成人对儿童性格的发展只能通过说理和劝告，只有这样，才能对他们的思想加以影响，而父母的命令在很多时候不仅无法改变孩子性格，反而会让其性格朝相反发展。

因此，如果不能顺应孩子的天性、本能，无论多么聪明能干的父母都无法教出孩子的性格，因为孩子的性格不是可以随便打造的。父母所能做的就是在遵循孩子的自然天性的前提下，进行科学的教育、巧妙的引导，让孩子在成长过程中不受到干扰和阻碍。如果能做到这些，孩子自己就能够培养自己的性格，并将自身的性格完善和健全。从这个意义上讲，孩子的性格在很大程度上都是靠自己形成的。

我们人类是一个整体，如果我们平等看待孩子和自己的话，就会发现，虽然世界上的人各不相同，但是在内心深处有一点是相通的，那就是人人都有一种自我不断向前发展的倾向。这种倾向虽然没有被人们意识到，但它却在潜意识里影响一个人的生活。无论如何，人类总是朝着好的方向发展。

三、完美性格趋向

下图中心标识"完美"的圆圈代表着在性格上基本达到了完美状态的人。他们不但身体强壮，而且有着更多的精力，对生活充满热情，积极主动，充满自信，有着刚强的意志，有着辉煌的成就，对社会做出了伟大的贡献。这不仅仅因为他们有天赋，还由于他们有一对明智的父母为之提供良好的生活环境。比如，一位探险家在南极探险的时候，遇到了很多困难，但是他并没有退缩，因为一种强烈的进取精神在支配着他。相对来说，这名探险家就是一个完美的人。

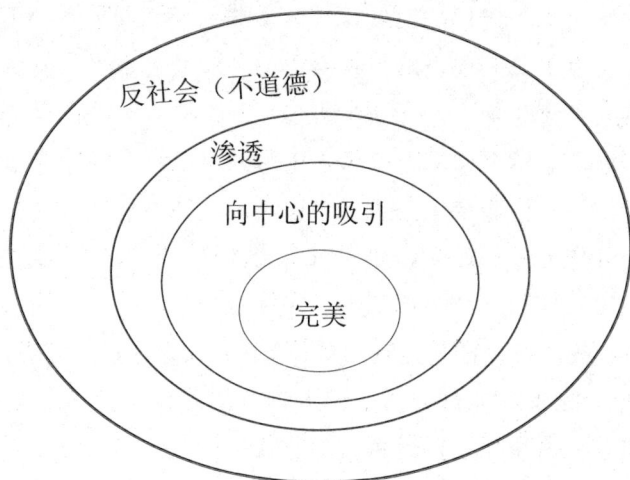

人的性格趋向完美示意图

中心外面标识"向中心的吸引"的圆圈代表着性格较为坚强并且有追求完美倾向的人。没有任何强迫因素，内心里有各种愿望，并且是自发的。这些人不会去偷东西，不偷东西不是因为怕蹲监狱，而是他们的品质高尚，根本就没有拿别人东西的想法；他们远离武力和强暴，并不是因为有国家法律的约束，他们并没有刻意地遵守着道德规范和法律信条，他们的美德来自追求完美的本性，他们从内心里追求完美。毫无疑问，这些人群在性格形成阶段都是发展比较完善的。

第三圈标识"渗透"的圆圈代表着比较软弱，处于摇摆不定状态的人。这些人在某种程度上存在着不足，他们离不开安慰和支持，诱惑对他们很有吸引力，有时候使他们惶恐不安，就好像脚底下有一个深不可测的陷阱一样。这些人有可能向中间渗透，成为完美的一部分，也有可能向外部渗透，失足成为危害社会的人或罪犯。这些人如果不做出努力就有堕落的危险。因此，父母要给予他们支持，帮助他们防止堕落。

最外面的圆圈代表着性格存在严重缺陷，超出正常范围的人。这些人具有反社会的本性，其中一部分由于缺乏生存能力而成为流浪汉，另一部分由于危害社会而成为犯罪分子。这一小部分的人不能适应生活，可以想象，在他们婴儿时期的成长过程中肯定遇到过很多的障碍，就是这些障碍造成了他们偏离正常的人格轨道，滑入堕落的深渊。

在实际生活中，取得巨大成就的都是那些性格发展完善的人，性格完善的人有一种向完美方向发展的倾向，而性格存在缺陷的人就有向反社会方向发展的可能。我们可以想象一下，来自第三个圆圈中的人对第二个圆圈中孩子的教育多数会起到一种负面影响，他们的说教很难让孩子一步步接近完美的人格。

一个人的性格就是在0～3岁这个最富创造性的年龄阶段里塑造而成的。如果孩子的良好性格在这一阶段没有得到形成，也许就很难形成了，因为它错过了最适宜"发芽"的时期。此后，大人们灌输再多的恐吓和道德教育都可能无济于事。

因此，教育的目的应当是要为孩子的发展扫除障碍，给他们提供一个适宜发展的生活学习环境，在合适的时间促进人类的自我完善，使人类本能的力量充分发挥出来。

蒙台梭利箴言：

性格决定命运。优良的性格品质是人成长的最关键因素，一种积极进取的性格，对于成功的人生有着非常重要的意义。孩子性格的发展需要自身的努力，其源泉来自于自身的潜能，做父母的需要给他提供一个合适的生活环境。

第四节 运动的重要性

只有运动，生命才不会停止。

在学校里，我们更注重智力教育，而忽视了运动的作用。其实，在重视孩子心理发展的同时，我们还要保证孩子身体不断运动。因为体力活动或运动在儿童心理发展过程中有着非常重要的作用。身体各种功能的运动，与诸如食物的吸收、呼吸等植物性的生命运动是不同的，如果不把两者加以区别，就会产生严重的错误。然而在实际生活中，人们把运动仅仅看作是机体在呼吸、消化和血液循环等方面功能正常运行的辅助物。

可以说，运动伴随着一切机体活动，但是我们如果仅仅从身体的角度来考虑运动就错了。运动对人的身体很有好处，每个人都应该进行足够的锻炼，使肌肉处于一种健康状态。当人们处于这种状态时，就为能够参加某种特殊活动创造了可能。但是如果肌肉没有得到足够的锻炼，生命力就衰弱了。如果本应该可以正常发挥作用的肌肉总是处于休息状态中，那么不仅身体的机能，就连心灵的机能都降低了。事实上，运动除了让人身体健康以外，还能激发一个人的勇气和自信，唤起人们的巨大热情，从而帮助人们树立远大的理想。它对人的心理有一种深刻的影响力，从某种程度上说，这些心理的影响比纯粹身体方面的影响要深远得多。

蒙台梭利认为，儿童是通过个人的努力和在活动中运动才得到发展的。因此，儿童的发展既依靠心理的因素也依靠身体的因素。最重要的是，人类在与客观现实接触的同时，会获得一种抽象印象，将它们保持清晰和明确，从而使人的心灵和外在世界联系起来，并形成某种观念和自我表现。因此，在一定程度上说，从外界获得感性材料有利于儿童智力的发展。

要认识到运动的重要性，就应该对运动和精神之间的关系有所了解。事实上，每个器官都有自己特有的功能和作用，并可以永恒地行使这种功能，完成各自需要的任务，虽然它们跟神经系统有联系，但并不依赖于意志。细胞和组织每时每刻都在熟练地做它们自己特殊的工作，但是它们并不能从事工作以外的其他事情。而这些细胞和组织与肌肉的本质差别就在于构成肌肉的细胞和组织虽然也有自己特殊的工作要做，它们并不能独立行动，他们需要命令。没有这种命令，他们就行动不了，就好像在等待长官命令的士兵。

在不需要外界命令的细胞中，有分泌乳汁或唾液、供氧和细菌作斗争的细胞，以及通过它们之间的协调工作和不停顿地工作以维持整个机体健康的细胞。这好比各个劳动者为社会的福利作出贡献而进行的努力一样，他们不同的分工对整个机体发挥作用来说是必不可少的。

跟这些不自觉的细胞和组织的固定活动相比，一个人的肌肉活动应该是自由的，并且它能对大脑的每一个命令都迅速作出反应，然后迅速服从，这是通过长期的锻炼和实践得到的结果。只有在这时，那些因为共同活动才能执行命令的各种肌肉群才能按他们应有的功能一起发挥作用。

因此在执行大脑发出的指令时，一个人的机体必须不断地进行十分复杂的动作。由于只有通过运动，意志才能得以实现，因此，当儿童企图把意志付诸行动时，我们应该帮助他。儿童有一种自然的欲望，那就是渴望能够自主地掌握和运用他的运动器官。如果不能这样做，就不能使他的智慧表现出来。

在培养儿童的运动能力和对运动的兴趣方面，主要是通过一些体操训练来完成的。蒙台梭利认为，传统学校的体操是一种集体性的肌肉训练，其目的是让儿童根据口令学会一套动作，其形式有一系列固定的动作，违反这些动作或动作不规范将会受到嘲笑和惩罚。这种体操运动的指导精神是强迫性的。她认为这样做是不合理的，因为体操应和一般的肌肉训练一起，促进生理运动（走路、说话、呼吸等）发育和保护这些运动正常发育。以此为目的，她设计了一些不同的体操项目，例如自由体操——一种不使用任何器械，在指导口令下的自由游戏，其目的是为了练习平衡感；教育体操，就是一些种植、饲养等劳动课程，它可以锻炼各种运动之间的协调；呼吸体操，是一种调节呼吸运动的项目，目的是为了让儿童学会科学的呼吸节奏，有助于儿童养成良好的说话习惯。

在蒙台梭利的学校里，最有趣和意料不到的一项发现是，儿童喜欢并十分勤勉地独立完成他们的"工作"。自由行动的儿童不仅企图从他的环境中搜集感官印象，并且也表现出喜欢精确地进行他的活动。这时候，他的精神似乎悬浮于存在和自我实现之间。儿童是一个发现者，在寻求他自己的适宜形式方面，他是一个有着无限发展前景的人。

蒙台梭利箴言：

运动除了让孩子身体保持健康以外，还会对孩子产生一种精神上的影响。它不仅能够激发人的勇气，还可以让人时刻保持着自信，积极进取，乐观向上，同时还能激发人的远大理想。父母要充分意识到运动的重要性，经常让孩子参加体育锻炼。

第五节 "安静"的训练

在"儿童之家",蒙台梭利曾经遇到这样的事情：

.... ● ✿ ● ....

学校里的一个老师前不久生了一个女儿，到现在已经有4个月大了。有一天，老师抱着这个小婴儿出来散步，正好被蒙台梭利看见。这个小婴儿裹在褓褓里被母亲抱在怀里，她的小脸红扑扑、胖乎乎的，当她看见蒙台梭利时，特别平静，一点没有闹。她的这种安静给蒙台梭利留下了很深的印象。她想让班里的孩子们也体验一下这个婴儿的安静，于是就让母亲自己先在院子里待会儿，而自己抱着这个小女孩走进了教室。

当蒙台梭利走进教室后，抱着小女孩对孩子们说："看，她多么安静啊！"然后开玩笑地跟孩子们说："看她，一点也不乱动，你们能做到吗？"话刚说完，蒙台梭利就惊奇地发现，所有的孩子都站在自己的位子上一动不动的，而且脸上带着一种紧张的神情，好像都在专心地听她讲话，领会她说话的含义。于是她继续说道："听，她的呼吸多么均匀、平静，你们就不会像她这样呼吸。"神情紧张、一动不动的孩子开始屏住呼吸了。那时候，教室里出奇的安静，就连窗外的微风吹动书本翻页的声音听起来都是那么的真切，这个婴儿好像把前所未有的安静氛围带到了教室，这是以前没有发生过的。

这项活动吸引了班级里的所有孩子。孩子们在那里一动不动，哪怕是最小的动作他们都不敢做，因为他们担心任何动作都有可能打破这份宁静，他们要专心致志地体验着这份安静，并努力保持着。那个时刻，所有的孩子都屏住自己的呼吸，表情庄重，像是专注的思想家在思考问题。孩子们的表现主要是来自一种内心的愿望，而不是激情的冲动这些外在的东西，这份安静令蒙台梭利感动。就在这种极其安静的氛围中，渐渐地，孩子们听到了轻微的声音，就像是远处的滴水声和天空中飞翔的小鸟的啼叫声那样清脆。这个时候，蒙台梭利学会了用这种方法进行"安静"的训练。

有一天，蒙台梭利忽然想到可以以安静为标准检测一下孩子们的听力情况。于是她就像医院里检测听力的医生一样，在不远的地方低声叫孩子们的名字，谁听到点名后就走到她面前，但是走路的时候，不能发出任何声响。有40多个儿童参加这次检测，由于人数比较多，等到喊到自己的名字需要很大的耐心。于是，蒙台梭利准备了一些水果糖，作为给每个走到面前的孩子的奖励。可是，当给他们发糖的时候，他们都拒绝了，心里好像在说："在这个活动中，我们体验到了快乐，现在心里正在高兴呢，不要分散我们的注意力好吗？"

最后蒙台梭利意识到，尽管吵闹的环境里很难听清楚什么声音，但是儿童天生就对安静很敏感，而且对叫他们的轻微声音也很敏感。他们会蹑手蹑脚地慢慢走过来，小心谨慎地不制造任何声音。在以后的教学过程里，蒙台梭利清楚地认识到，在儿童成长的过程中任何错误都是可以避免的，就像在安静的情况下可以避免发出声响一样。教师只是用语言教育儿童是很难获得学习效果的，而每一项练习活动都能够促进儿童的行为达到完美的程度。

通过学习，孩子们已经可以绕过各种东西却不碰它们，轻快地走路也不发出响声。经过学习后的孩子变得更加敏捷和机灵。由于自己很好地完成了这些动作，孩子们很高兴。他们发现了自己的能力，并在生活的实践中得到了练习，从而获得了更为持久的生命力。

········●❀●········

通过"安静"的训练，一方面可以使孩子认识到安静是一种美德，在安静中思考问题，能够集中自己的注意力，更好地发挥自己的内在生命力。另一方面，在"安静"的训练过程中，还可以使孩子知道自己是生活在一个集体的环境中，自己的行为要向他人负责，进而认识到当个人身处一个集体之中时，需要遵从集体的约束，并且可以训练孩子的自我约束能力。明白了安静对于孩子的重要意义，家长和教师就应该时刻注意和满足孩子对安静的需求。

大人们都知道，儿童是喜欢吃糖果的，可是在一次检测中，孩子们却都拒绝了蒙台梭利给他们的糖果，对此蒙台梭利感到很难理解。于是她又做一个实验。最后，花费了很长时间才弄清儿童拒绝糖果的内在原因。

·········● ✂ ●·········

星期一去学校的时候，蒙台梭利准备了一些糖果，可是他们要么拒绝接受，要么把糖果放在衬衣的口袋里不吃。蒙台梭利以为把糖果放在衬衣的口袋里不吃的孩子也许因为家里条件不好，他们要把这些糖果带给家里人，所以就对他们说："这些糖果在学校里吃，袋子里剩下的那些你们带回家给家里人吃。"但是当蒙台梭利把给他们家人吃的糖果给他们的时候，他们仍然把这些糖果放进了口袋里，并不吃它们。

后来听一位教师说，班上有一个小男孩生病了，这位老师去他家里去看望他。看见老师来家里看自己，小男孩心里特别高兴，为了表示感谢，小男孩打开一个小盒子，从里面拿出来一块糖给老师吃，原来这块糖是几个星期前蒙台梭利发给他们的。这个小男孩把这块糖放在盒子里很长时间了，一直没有舍得吃。

·········● ✂ ●·········

原来儿童对礼物是很珍惜的，这种现象在儿童身上是极为普遍的。在儿童的内心世界里，这是一种自然的表现。因为没有人会教育孩子假装放弃糖果，也不会有人认为儿童不需要玩耍，也不要吃糖果。

当然，不是所有礼物他们都珍惜的，他们有时候会拒绝一些他们认为没有意义的东西。儿童在自发地拒绝来自外界无用的奖赏的同时，精神世界得到了升华。

这里有一个小例子。

‥‥‥‥● ❧ ●‥‥‥‥

有一天，老师给孩子们发饼干，饼干上有各种各样的动物，孩子们都没有吃，只是一边看着一边说："这是小老鼠，这是老黄牛……"

‥‥‥‥● ❧ ●‥‥‥‥

小鸟能够自由地飞翔，野兽能够快速地奔跑，夜莺能够婉转地歌唱，蝴蝶能够长出漂亮的翅膀，这些都需要他们在幼儿阶段就做好充分准备。如果没有在秘密的鸟巢、洞穴或孤独的茧中所做的努力，这样的景观我们就无法欣赏得到。自然界的万物在形成过程中都需要一个宁静的环境。

孩子精神的发育也是一样，他们也同样需要找到一处温暖安静的环境。只有在那里，才能保证他们的营养，为以后的发展做准备。因此，在孩子幼小的时候，大人们应该尽量地向他们提供一些跟他们的内在需要保持一致的物品，从而以最小的代价尽可能地充分发展他的潜能。这也是教育的根本目的所在。

"安静"是一种自律也是一种修养，"安静"的训练可以为孩子的发展创造合适的环境，安静的环境能够培养孩子专心致志的学习习惯。对孩子进行"安静"的训练还可以锻炼孩子的意志力，让孩子学会安静，对孩子一生的学习都非常重要。

蒙台梭利箴言：

当孩子尝试做一些事情的时候，父母不要去打扰，不要去分散孩子的注意力。给孩子片刻的安静，让孩子在安静的环境中进行思考，在实践中不断锻炼，多加练习，变得敏捷和机灵，从而达到完美的状态。

第六节　属于孩子的生活节奏

　　做父母的不明白儿童需要不时地运用他的手忙活着看起来似乎完全没有意义的事，他们只把这种行为当做是儿童动手能力的一种展现。这其实是一种误解。成人注意的往往是行为外在的终极目的和行为的效用。对于成人来说，他们往往会根据自己的理智观点来确定采取何种手段。"最大效益法则"是一条理所当然的自然法则，这使他们采取最直接的手段，用尽可能短的时间达到目的。当父母看到孩子费尽了力气在做一些看似无用的活动时，他们就会忍不住去替他完成。因为这些事情在父母那里可以瞬间完成，而且做得非常完美。

　　在成人的眼里，儿童喜欢做的事情往往是琐碎的、一无是处的。当孩子发现自己的小椅子歪了的时候，就会站起来，用力把椅子扶正，即使摔倒了、磕着了也无所谓。大多数父母这时就会抱起孩子，用手一提，把椅子放在了正确的位置。其实这并非是在帮孩子，而是在无意中阻碍了孩子的成长。因为在孩子看来，放正椅子是一件非常具有建设性的事情，这是在与一个力量无穷的巨人战斗。当孩子固执地做着一些父母不可理解的事情时，父母往往会变得恼怒，进而阻止孩子按照自己的意愿自由去做。

　　我们可以称这种大人和儿童之间完全不同的"工作类型"为"节奏不同"。当我们和一个腿部有疾病的人一起走路时，会为同伴这种颤颤巍巍的动作感到焦虑，因为这种动作与我们的自由行动之间形成巨大反差。我们会千方百计用自己的走路节奏去代替他的节奏。父母对儿童的行为与此有点类似，父母无意识地就干预了儿童这种自然的、缓慢的、不慌不忙的活动，他们像赶苍蝇一样，驱散这种烦恼。而当儿童快速地做某件事时，大人往往就会乐于旁观了。父母能够忍受充满生气的儿童造成的无秩序和混乱状态，因为在这里面父母会注意到某种十分清晰和可以理解的东西。而当儿童节奏迟缓时，比如刚会走路的孩子，走得慢时，父母会看得焦急，最简单的办法是抱着孩子走，用自己的行动节奏来取代孩子的节奏。这样做是不合理的，因为父母并没有从儿童的心理需求出发，而是取而代之。有的时候，孩子会渴望父母的怀抱，但也有时候，他们需要的是活动的自由。

蒙台梭利指出，节奏并不像人的某种观念一样可以发生突然的改变。它更像是一个人的体形，是一种个人的内在特征。当他人的节奏与我们相近时，我们会感到一种由衷的亲近感，而当我们因与他人的节奏不同，而被迫去接受他人的节奏时，则会感到压抑和痛苦。当儿童的节奏和成人表现出不同的时候，成人往往就会对此进行干预，成人会用自己的节奏来阻碍和干预儿童的自由行动。当成人这样做的时候，他们并没有意识到自己已经成了阻碍儿童自然发展的最大障碍。

蒙台梭利箴言：

每个人都有属于他自己的生活节奏，孩子在自己的行动中体现并塑造着自己的性格。孩子要按照自己的节奏生活，而成人的强制干扰会阻碍他愉快地成长。

第七节　天性至上

人格特质是指个体所具有的神经特性，它支配着个人的行为，使个人在变化的环境中给予一致的反应或行为。人格特质不仅包括智力和外形上的特性，还包括将两者结合后的表现，而这种综合表现从心理学上是无法解释的。

对于孩子的活动过程，我们可以用一幅曲线图来表示：画一条平行线，平行线表示孩子处于休息状态，平行线以上的部分表示孩子有纪律地活动，平行线以下的部分表示孩子在随意玩耍或没有规律地活动；再画一条曲线，围绕平行线上下波动，曲线的方向则表示时间的长短，而曲线和平行线之间的距离表示活动的程度。用这样的方式，我们就可以将孩子的每一个活动用图形清晰地显现出来。

下面介绍一下蒙台梭利创办的"儿童之家"里的教师是怎样用这种方法来测量孩子的活动的。

当孩子进入教室后都会先安静一会儿，然后才开始做事。所以，曲线是先向上画出，说明孩子是在有规律地活动。孩子玩累了，活动开始变得有点混乱，这时候曲线就被画到水平线以下，一直下降到他的活动没有规律的部分。接着，孩子会玩一个新的游戏。比如，孩子会先玩带孔的积木，接着拿起蜡笔，认真画一段时间，过了一会儿，他又去逗弄坐在旁边的小姑娘。我们知道这时的曲线就该再一次画到平行线的下方了。后来这个孩子和小伙伴吵架，这时候的曲线将继续停在平行线的下方，表示活动没有规律。再后来孩子觉得玩累了，他随手拿起玩具玩来玩去，觉得挺好玩，于是渐渐专心地玩了起来。等到孩子玩烦了，又不知道接下来要玩什么的时候，他就很不开心地走到老师的身边。

　　他的活动曲线虽然无法显示出孩子是怎样玩一种东西的，但"儿童之家"里大多数无法专心的孩子，都与活动曲线的描述很吻合。在一般情况下，孩子不能把注意力集中在一件事情上，总是漫无目的地玩会儿这玩会儿那，把老师准备一天用的玩具不一会儿就玩遍了。孩子这种毫无秩序的行为，在"儿童之家"是很普遍的。

　　没过多长时间，"儿童之家"的教师又重新替这个孩子画了一张活动曲线图，发现他有了些专注的表现。从孩子的这张活动曲线图上，你可以清楚地看出孩子的活动状况。

　　针对上面的那种情况，一个年轻没有经验的教师应该怎么样来处理呢？一个容易心软而且对心理学理论稍微有点有了解的教师会认为，在日常的练习上，孩子已经花费了很多的时间，他们肯定是累了。所以，为了让孩子好好休息休息，教师会带孩子们到操场上去玩会儿。等孩子们在操场上玩耍了一段时间以后，教师再把孩子带回教室。此时，孩子们比没出去玩之前更好动，更没有办法专心完成教师交代下来的任务，孩子们会从一种游戏换到另一种游戏中。其实在这个过程中，孩子出现了"假累"现象，而且这种现象会一直持续下去。

　　在上述情况下，很多教师都不会认为自己是错的，都会以为自己是为孩子着想，孩子没有理由不对自己的选择感到满意，而事实上，这种做法确实是错误的。

　　我们知道，孩子做事情都是随性而至，玩了一会儿之后，他就开始烦躁起来。教师对此常常感到无可奈何，他们感觉自己用尽了各种办法，可是似乎没有一个办法管用，孩子不但无法继续做原来的事，现在反而变得更加不安起来。这些教师努力地迎合着孩子，希望孩子们安分地完成自己手上的"工作"，可实际上他们对孩子缺乏信心，并没有尊重孩子的权利。这些教师虽然尽心尽力地制订着每一项教学计划，但是他们并没有意识到，经常性地指导孩子做事，不仅不会帮助孩子，反而会阻碍孩子的发展，妨碍孩子天赋本能的发挥。

如果教师能够尊重孩子们的自由，对孩子有信心，相信孩子自己可以完成自己的事；如果教师能够把自己的想法放在一边，不要求孩子一定要按照他的想法办事；如果教师能够谦虚一点，不要以为孩子的想法总是不可行的；如果教师耐心一点，我们相信他一定会看见发生在孩子身上的奇迹。

还有一点值得教师注意，新选择的活动必须能够吸引孩子的全部注意力，使孩子全身心地投入其中，不可使重新选的活动比之前的容易，否则孩子的心情会更加不安、更加不能平静。当完成"工作"之后，孩子的两眼会闪闪发光，看起来平静又充满了活力，似乎有了新的动力。

休息的真正含义是什么呢？对我们来说，休息并不说明我们要完全松懈不动。当我们静止的时候，全身的肌肉会比较僵硬；而只有真正放松的时候，身体才能得到歇息。这样说来，我们只有大脑得到休息，才能获得精神上的平静。

人的生命是神奇的，只有聆听孩子内心的声音，我们才能帮助孩子选择他真正需要、真正喜欢的"工作"。在没有压力的学习环境下，孩子会变得快乐、友善和自信。这个时候，他会很乐意与平日里害怕的教师聊上几句，也对从前熟视无睹的东西感兴趣。总之，就好像孩子的心灵被打开了，感觉变得敏锐了，生活变得丰富了，而且对集体活动更加感兴趣了。面对生活上那么多的新事物，孩子必须储备足够的精力。作为一个精神不振、感情贫乏的孩子，教师的教学对他是不会有效果的。这样的孩子既没有自信也没勇气，就算大人真的能教会他们什么，最终也会让他们感觉到很疲劳。

然而在生活中，我们不得不承认这种现实：我们对孩子的教育方式很糟糕。不按照孩子内在发展的需要，总是要求孩子必须服从某个人，不给孩子发展其潜能的机会。试想，在成人的强行要求下，孩子怎么会成为自己的主人呢？其实我们真正该做的是引导孩子找到那条通往他内心世界的道路，而不是一再使孩子受挫。

孩子在上课时专心听讲就不会和同桌说话，这样也就能发自内心地遵守课堂纪律。在教学上很成功的教师都有着一套与孩子沟通的特殊方法。举个例子来说：孩子注意力集中了，就能从"工作"中得到平静，也能自发地去遵守纪律。在教学方式上得法的教师，都会延伸出一套特别的沟通方式。例如，一位教师可能会问另一位教师："你们班上孩子们最近表现怎么样？在课上还说话、有小动作吗？"那位教师可能回答："嘿！你记不记得从前那个很淘气的小男孩？现在在课堂上特别遵守纪律。"用这种方式与孩子沟通的教师，他对孩子接下来的发展大多已经心中有数。

教师的一句话也许就能让孩子变得很守纪律，一个能够自律的孩子就这样走上正常心理发展的道路。能够自我约束的孩子会变得习惯"工作"，就算没事可做、不知道如何是好的时候，他整个人看上去也都是充满活力的。

孩子越是能够掌控自己，自律地"工作"，"假累"的时间也就会越短，"工作"结束后平静的时间就会增长。虽然这段时间里"工作"好像告了一段落，但是另一项观察外在世界的"工作"在孩子的脑子里才刚刚展开。他在观察周边正在发生的事情，并在脑子里对这些事情进行加工思考，从而发现一些新的情况。

孩子要做到专心，需要经历三个步骤：第一步，准备好有具体目标的"工作"；第二步，满足孩子的内在发展要求；第三步，解答疑问。有了这三个阶段，当孩子对心里的疑惑有了答案的时候，他的外在表现就发生改变，因为孩子能领悟到他从来没有经历过的事情。孩子会变得非常听话，而且他所表现出来的耐心几乎使人无法相信。更让人惊讶的是，在这之前谁也没有教过他做事需要耐心。

我们知道，如果孩子的平衡感不好，他就会因为害怕跌倒而不敢向前迈步，更不敢随随便便挥动他的胳膊。但是孩子一旦学会了保持平衡，他就要跑，要跳。同样的道理，孩子的心理发展也是如此。精神上不平衡的孩子是没有办法专心思考的，同时他也不能控制自己的行为。如果这个孩子不能依照自己的意愿行事，他又怎么能够听从他人的话语呢？此时把他人的意志强加给他，对他来说就是一种折磨。生物学家认为，一个人需要拥有极大的力量才能适应环境。生物学家所指的这个力量是什么呢？其实就是一种让人顺应自然规律，试着融入周围环境的重要力量。实际上，这种力量早已存在。

其实，大多数好心办错事的父母，就是因为对孩子的这种内在的顽强生命力缺少认识，或者认识到了，却不相信孩子这种内在生命力的顽强程度。因此最好的教育，就是遵循孩子天性的发展来进行教育。

孩子不仅要得到健全的发展，还要在精神上达到平衡，只有这样，他才有能力去服从别人。自然界中，只有强者才能适应环境；同样的道理，只有在精神上坚强的人，才懂得顺应和服从。因此，我们必须尽可能地让孩子按照他的天性发展。只有这样，孩子才能够茁壮成长。

蒙台梭利箴言：

父母要做的第一件事就是让孩子按照他的天性来发展，在此基础上获得人生的经验与感悟。只有这样，他们的创造潜能才能在自由成长中得到全面的挖掘。

第八节　让孩子自然发展

自由是教育体系中不可动摇的基础，那么我们该怎样对待这个问题呢？

有些父母为了不让婴儿稚嫩的小腿变成罗圈腿，就用绷带将他们的腿捆绑起来；为了保证婴儿将来能学会说话，就抢先将他舌头下面的韧带割断；为了防止婴儿的耳朵凸出来难看，就一直给他们戴着帽子。还有的父母，为了让自己的孩子长出一只挺拔俊俏的鼻子，就不时地捏捏婴儿的鼻尖。更不可思议的是，某些母亲不知从哪弄来的秘方——将小金耳环穿过婴儿的耳朵，因为她们听说这样可以增进宝宝的视力。

如今，这些愚蠢可笑的做法在大多数国家都不用了，不过在某些国家依然存在。实行此种做法的父母虽然从心理上渴望自己的孩子将来成为优秀的人，但这样却不知不觉地损害了孩子的成长，这些都不符合孩子自然成长的法则。

事实上，一旦引入自然的教育理念，孩子的成长就会发生意想不到的变化。虽然这种理念不会教你如何让孩子的鼻子变得俊俏挺拔或者耳朵保持竖立的完美形状，也不会教你如何让婴儿出生后立即走路的方法，但却可以告诉你如何遵循自然法则，在孩子成长的路途上，少设置一份障碍和伤害，多增添一份理解和尊重，从而让孩子健康成长。

因为自然本身就决定着头、鼻子及耳朵的形状，所以不用把孩子舌下的韧带割断，孩子也会说话；孩子的腿不用捆绑也会自然长直。所以，我们务必要遵循这样一条原则——尽可能地把一切留给自然。如果婴儿得到自由的发展，他就会长成更为协调的身体，还能造就更为健全的机能。在时机还未成熟之前，千万不要强迫孩子走路，只要孩子年龄一到，各种机能发育成熟，他自然会自己站立起来，并学会走路。

让人庆幸的是，很多年轻母亲已经开始抛弃这些让孩子误入歧途的错误做法了。抛弃这些做法之后，我们发现孩子并没有变为残疾。事实上，孩子的腿比以前长得更直了，他们走得也比以前更加平稳了，并且更加健康地成长。

在孩子心理活动方面，父母帮助孩子形成良好的性格，开发孩子的智力，学会表达感情等，这些都是必要的。我们常常自问：我们该怎样帮助他呢？就像母亲经常捏孩子的鼻子或用帽子固定他们的耳朵那样，我们能用这些特殊的方法去束缚他们吗？事实上，人的性格、智力、情感是与身体的成长同步进行的。如果我们缺乏这种认识，那我们除了任人摆布外还能干什么？

物质决定着精神，自然在掌控着一切。因此，我们必须得坚持不为孩子的自然发展设置障碍这一基本原则。同时，我们要全面地看问题，不要单方面研究什么因素最有助于培养孩子个性、智力和情感。

归结起来，其实就是一个问题，那就是我们怎样给予孩子更多的自由。只有遵循不为孩子的自然发展设置障碍这一自由的原则，我们才能为孩子设计出一套科学的、有利于身体成长的方案。也只有在一种自由的情境中，人的感官发育才能达到最完美的状态，就像孩子走路的姿势会在其先天能力基础上达到尽善尽美。只有自由，才能使孩子的性格、智力与情感得到最大限度的发展。同时，这种自由要求我们教育者应该以一种平和、宁静的心态去面对孩子成长中出现的各种奇迹，从由各种假设责任所带来的痛苦中解脱出来。

我们成人总是自以为是地认为自己的观点和理念是正确的，以为自己有足够的能力和经验去引导孩子的一切。然而孩子是独立的个体，能够自我完善，他们应该有精神上的自由，因为自然的创造力比我们更能塑造孩子的精神。当然，这并不意味着我们要对孩子的精神世界予以忽视或放任自流。反省自己所做的一切我们就会发现，虽然我们不能塑造孩子独特的性格，不能对孩子的智力和感情给予直接的影响，但是孩子们在成长过程中表现出来的不良行为正是由于我们的无知或是忽视了自己的职责所造成的。因此，自由的原则并非放任，而是引导我们积极有效地照顾孩子。

蒙台梭利曾经说过："在教育孩子的问题上，成人最容易忽视的地方就是孩子的内在生命力。"成人往往意识不到孩子内在生命力的存在，即使意识到了，也会低估孩子的这种内在生命力。孩子的这种内在的生命力是大自然为让人类保全自己而赋予的一份厚重的礼物。

让孩子自然发展，家长就不应该对孩子进行过多的干涉，把自由还给孩子，相信孩子可以通过内在生命力给自己制订合适的目标和步骤。一味地限制和约束孩子，按照自己的想法为孩子制定目标，不利于孩子形成对自我的正确认识。

蒙台梭利箴言：

在教育孩子方面，父母应该让孩子顺其自然地发展，让孩子自由地选择他的生活方式和生活目标。在孩子成长的过程中，父母要不断地观察和了解孩子的心态，少设置一份障碍和伤害，多增添一份理解和尊重，从而让孩子健康地成长。

第九节　爱的智慧

什么是爱？爱是一种结果，不是冲动。爱的动力是本能，是生命的创造力在创造的过程中产生了爱。在儿童的意识中充满了爱，儿童通过爱来实现自我。

人们按照自己的规律去工作和生活，营造万物之间的和谐氛围，并以爱的形式得到觉悟。可以说，这一过程是人们健康的标志，是对自我解放的检验。

蒙台梭利认为，儿童在敏感期内与周围的环境联系起来的那种难以抑制的冲动，我们可以将之想象为是他对环境的一种热爱。这种爱不是我们平常认识的一般概念的爱。儿童之爱是一种能够理解和吸收的智慧之爱，这种爱引导儿童去观察世界，并在此过程中塑造自己。我们可以引用但丁的话称之为"爱的智慧"。

爱在现实中发挥了儿童以一种热情和敏锐的方式去观察环境特征的作用。而对于成人来说，这种能力已经渐渐被忽略了。儿童能够敏感地观察到他看不到的东西，记住他人忽视的事物的细节和特征。人们不禁要问：这样的敏感是爱的特征吗？难道一定有爱才能发现它们吗？是的，因为儿童用爱去观察，从来不会对细节无动于衷，所以对成人视而不见的东西，儿童往往能看到。

我们成人总认为儿童天生就对环境中的乐趣产生了爱，但是我们并没有站在一种精神能量和伴随儿童创造过程的心灵美的高度去看待它。

儿童的爱是纯洁的，他们的爱是为了满足自己从环境中获得印象的需要。大自然赋予他们领悟的能力，他们通过观察事物吸收自己成长所需要的东西，并使它成为生命中的一部分。

儿童爱的对象首先是成人，儿童从成人那里不仅得到所需要的物质，而且得到许多关爱。在儿童的眼中，成人是可敬的，成人的嘴就像一口喷泉，从这口喷泉中涌出的话语对儿童有神奇的催化作用，使他们掌握了语言。

成人用自己的行动来教导儿童，原本一无所知的儿童从成人的言谈举止中学习如何走入生活。因此，儿童在成人面前非常敏感，以至于他们的生活和行动都被成人影响和支配。成人的话就像是雕刻在儿童脑海里似的。因此，成人在与孩子讲话前一定要考虑和权衡，因为儿童正在如饥似渴地向成人学习。

儿童从内心深处愿意服从成人。但是，如果成人为了自己的利益，要求儿童放弃自己发展的本能时，他们就不愿意服从了。成人的这些要求就像在孩子长出乳牙时不让乳牙生长一样。儿童只能任性和反抗，这种任性和反抗正是自身创造性的欲望和对成人之爱的冲突表现。但是成人却无法理解，他们不去探寻儿童任性背后的真正根源，更无法想到是自己对儿童的发展造成了阻碍。

孩子爱我们，他们对其他东西的爱都不会超过对我们的爱，但是爱我们并不代表可以无条件地服从我们，这一点我们必须要记住。我们常自认为对孩子有着深沉的爱，人们常说"可怜天下父母心"，"老师爱学生就像爱自己的子女一样"。同样，我们认为教孩子去爱是我们的责任，教孩子去爱父母、爱老师、爱动植物、爱身边的亲人、爱所有的一切等等。

孩子希望有大人在身边，希望受到关注，他会因此而感到开心，会说："看我，和我在一起吧。"他们希望晚上睡觉的时候大人都能守在他们身边。我们外出吃饭时，连吃奶的孩子也要和我们一同去，不是因为他对食物有兴趣，而是为了要和我们在一起。成人往往忽略这种爱，随着孩子的长大，这种深厚的爱会渐渐减少甚至消失，到那个时候，还有谁会像这个小生命一样爱我们？还有谁会在上床睡觉时充满深情地对我们说"晚安"？还有谁会在吃饭的时候如此渴望陪伴在我们左右？如果我们还是无知地去阻止孩子的这种爱，我们将永远也找不回同样的爱了。

我们总是对孩子说："我没空！别烦我！不行，我很忙！"实际上，我们心里想如果不想方设法改变孩子，那么我们就会变成他们的奴隶，我们就无法做自己喜欢做的事，所以我们认为如果孩子每天早上去把酣睡的父母吵醒，那是一件多么让人不开心的事情，因此我们请来保姆，因为保姆会竭力阻止孩子这么做。

但是，为什么孩子一醒来就去找父母呢？除了爱没有别的原因。太阳刚升起的时候，孩子就会从自己的床上爬起来，迈开或许还不稳健的步子去找还在熟睡中的父母，仿佛要去告诉他们："天已经亮了，你们要学会健康地生活呀！"但是他们不是说教，他们只是去看自己最爱的人罢了。

或许父母房间里的窗帘还拉着，遮住了窗外明媚的阳光，室内黑暗，孩子虽然害怕黑暗，但是还是步履蹒跚地走进房间里，轻轻地碰一下还在熟睡的父母。父母被惊醒了，然后会低声埋怨："不是告诉过你很多次了吗？别这么早叫醒我们！"

孩子只能委屈地回答："我不是想把你们叫醒，我只是轻轻地抚摸你们，想亲吻你们而已。"在他的心里，实际上是想说："我并不想把你们吵醒，我只是想让你们更有精神。"

是的，孩子的爱对于我们多么重要啊，但是父母似乎已经对生活麻木了，需要一个小孩将他们唤醒，用那种成人早已经失去的活力去振奋他们。成人们需要一个特别的人在每个早晨对他们说："起来吧，开始新的生活吧，要更好地生活啊！"

蒙台梭利曾经在多个场合表达过同一句话："成人应该向儿童学习。"当成人的世界充满了生活的琐事、工作的压力，那种快乐、简单而又自由的心境就在不知不觉中丢失了！或许在某个雨后的傍晚，当你的孩子充满惊奇地对着满天的蜻蜓兴奋不已，你才会想起在某一个遥远的过去，自己也曾经为了这些大自然的创造而惊奇万分。而现在的自己呢？城市冷漠的繁华已经榨干了我们成人身上的一切诗意的幻想，当我们匆忙地行走在拥挤的街道上时，谁还会在意路边草地上盛开的鲜艳的牵牛花呢！

是的，我们应该更好地生活，感受爱的抚摸。如果少了孩子的这种爱，成人将会变得多么颓废呀！如果不努力自我改造和更新，周围就会形成一道坚固的屏障，使我们变得麻木不仁、毫无激情。

爱是一种智慧，是一种父母和孩子之间最自然和最牢固的纽带。让孩子学会爱的智慧，首先需要改变的就是父母自己的思想和言行，用一颗感恩的心去看待世界，用友善和热情去融化冷漠，打破隔阂。只有这样才能为孩子营造一种平和的氛围，而如果父母总是满腹牢骚、自私自利，是无法让孩子体会爱的真谛的。

蒙台梭利箴言：

孩子是教我们如何去爱的精灵，他们滋润我们的心灵。不要忽略孩子给予我们的如此深厚的爱，不要因为自己眼前的利益而拒绝这种爱。爱的期限只是短短的几年，随着孩子年龄的增长，这种爱便一去不复返，再也寻不回来了。

第十节　儿童教育的意义

随着现代社会生产力的提高，物质文明也得到了极大的发展。然而随着现代社会的发展，在培养孩子的目标上出现了前所未有的矛盾，这让很多父母都感到无所适从。一方面，大家都在谴责社会变成了唯利是图、拜金主义横行的社会，而另一方面却是父母、学校从小就开始对孩子灌输的"赚钱才是硬道理"的教育目标。在培养孩子想要成为什么样的人上，父母起着非常重要的引导作用。因此，父母应该首先就对金钱形成一个理性的认识。一方面，金钱可以使个人的物质生活变得更加丰富多彩，为进一步追求精神修养提供物质基础。但另一方面，如果把金钱看成是生命的终极意义，则有可能使人变成物质的奴隶，从而变成一个唯利是图、为达目的不择手段的人，这也就丧失了做人应该有的尊严。

········● ✄ ●········

在公元前4世纪的希腊城邦街头，有一个言行非常奇怪的叫做第欧根尼的人，他邋里邋遢，喜欢在大白天提着灯笼四处向路人的脸上照。当有人问他为何要这样做时，他回答道："我想试试能否找出一个真正的人来！"因为，在第欧根尼看来，人所需要的其实非常简单。而大多数的人们被金钱、名誉等太多的东西束缚住了自己的心灵，失去了做人的意义。他曾宣扬说："要像狗一样活着。"作为自己的财产，他拥有一只破木桶用来睡觉之用，此外还有一件斗篷、一个面包袋和一只棍子。

一次，征战中的亚历山大大帝听说第欧根尼是一位非常有智慧的人，就前去拜访这位"比乞丐还穷的人"。当亚历山大找到他时，他正在木桶里睡觉。亚历山大站在他的木桶前问道："请问我能为您做些什么吗？"第欧根尼抬起睡眼惺忪的眼说："如果你一定要为我做些什么的话，请往旁边站一下，你挡住了我的阳光。"

·········● ✂ ●·········

虽然第欧根尼的思想没有具体可行的地方，但他表明了一种很简单的思想：拥有的越多，快乐就会越少。其实人这一生，快乐幸福才是应该追求的最终目的，而教育的作用就是为达到这个目的而提供各种手段。具体到家庭幼儿教育上，家长和教师对孩子的教育目标应该是培养快乐、聪明而又有活力的孩子，为孩子将来的发展奠定好基础。如果家长和老师对孩子从小就灌输一种金钱至上的观念，必定会扭曲孩子的价值观，这样反而会离真正的目标越来越远。

一、快乐

快乐是一种心态，是一种不为外界环境的挫折和内心的喧哗与骚动而影响对生活的态度。快乐是幸福的感受。对于家长和教师来说，把快乐作为教育孩子的目标，首先就是让孩子热爱"工作"。在前面的章节已经介绍了有关本能观的知识。其中有一句话是说"工作是人的本能之一"。这里的"工作"与成年人的工作是不同的，是指儿童成就自身的活动。这是儿童的一种本能，家长应该创造条件让孩子热爱"工作"。例如培养孩子喜欢"工作"的习性，可以和孩子一起做一些孩子力所能及的家务活动，在活动中培养孩子的各种能力。其次，快乐的前提应该是一种乐于助人的品德。我国有句俗语说"助人乃快乐之本"，说的就是这个道理。再次，快乐还应该包含一种进行美的创造的能力。能够欣赏和创造美的人对生活是不会感到枯燥和乏味的。

二、聪明

聪明，是一种能够适应环境，在环境的变化中获取自我完善所需的各种资源的手段。现代社会竞争激烈，知识的增长速度也在不断提高。因此，有必要让孩子学会在复杂的环境中认清自己的目标，运用自己的长处来求得生存和发展。让孩子变得聪明需要父母在孩子出生后就开始培育，抓住儿童感觉发展的敏感期，进行一系列的感官教育和开发。可以通过使用各种用来开发孩子感官的教具，来使孩子的变得耳聪目明。通过对事物形状、颜色、材料、重量等各方面的感官练习，可以使孩子学会总结其中的共同点和相异之处。此外语言的练习、数学能力的练习，对于开发孩子的智力也是必不可少的。

三、有活力

所谓有活力，是指儿童在完成各种活动时所表现出来的一种主观能动性。要想使孩子充满活力，一个重要的先决条件就是，保证孩子的充分自由，对孩子的活动不做过多的干涉。此外，还可以通过培养孩子对各种活动的热爱来实现。这需要父母在平时注意培养孩子的心手协调能力、走路时的平衡能力、熟练穿衣脱衣的能力等等，通过这些活动，孩子会感受到自己内在生命力的呼唤，从而变得主动和热情。

· · · · · · ● ✿ ● · · · · · · ·

在"儿童之家"的一次颜色练习课上，蒙台梭利和教员们帮助孩子们用彩色蜡笔给树的轮廓线填充颜色。在画树干的时候，一个小朋友拿起了红色的蜡笔，一位教员看见了就想要去阻止他，表情就像要质问他："有树干是红色的吗？"蒙台梭利阻止了这位教员，而是任由孩子去填充他认为的颜色。蒙台梭利认识到，这个孩子还没形成对颜色的自觉注意。在之后的几天里，蒙台梭利经常带着孩子们在"儿童之家"附属的庭院里玩耍，那里就像是一个优美的植物园。在玩耍的过程中，蒙台梭利留意着那个孩子的活动，一次这个孩子跑着跑着突然停了下来，仰起头看着天空说："呀，天空是蓝色的！"后来，老师又给了孩子们一些风景轮廓线，让孩子们去填色，蒙台梭利注意到这个孩子有次选择了棕色的蜡笔去填充树干和树叶，再后来，他把树干和树枝填成了棕色，而树叶却使用了绿色的蜡笔。这就是蒙台梭利的教育特色，她不说"你去观察……"而是带着孩子们游戏，让孩子在欢快的游戏中去发现事物。通过这些游戏，可以唤醒孩子们对事物的观察能力和方法。而如果一开始就采取斥责的语气说"不对，你错了"，就会让孩子把老师的论断记在心里，而不是去自己获得对事物的认识，这样反而会影响孩子探索的欲望和内在的活力，从而阻碍孩子内在生命力的自由发展。

还有一次，当蒙台梭利走进"儿童之家"的时候，一群五六岁的孩子围了过来，对蒙台梭利的新衣服产生了兴趣，大家开始纷纷触摸蒙台梭利的手和衣服，说道："这是光滑的，这是天鹅绒的，这是粗糙的……"于是有更多的孩子围了上来。一些教员感到很尴尬，想要过来干预孩子的这些行为，来为蒙台梭利解围。蒙台梭利示意那位教员保持安静，自己也一动不动地站在原地任由一轮一轮的孩子们触摸和议论。蒙台梭利感到非常欣慰，对这些小家伙们自觉流露出来的智力活动赞叹不已，因为成功的教育就是给孩子带来自觉的进步。

••••••••〰••••••••

蒙台梭利箴言：

对孩子的教育目标的制订关系到孩子将来成为什么样的人，这是父母需要特别重视的地方。父母对孩子的教育，应该避免拜金主义对孩子的侵蚀，要把孩子培养成快乐、聪明而又有活力的完美孩子。

第五章

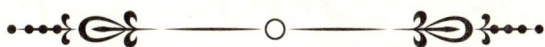

守护孩子的精神乐园

第一节　精神生命的成长

20世纪以来，随着医学卫生事业的巨大发展，人们对自身身体的认识达到了前所未有的深刻程度：宏观上看，人体内整个器官的移植手术已经成为事实；微观方面来说，破解人类的遗传基因密码也似乎将要实现。正是由于这方面的原因，医学的研究重心一直在人类的身体方面，而关于人类的精神健康，似乎仍然笼罩在团团迷雾之中。而社会物质文明的发展也似乎并没有给人类带来精神的长足进步。

蒙台梭利认为，要想提高人们的精神生活，改善人类的精神生命，就必须从研究儿童的大脑与周围环境的关系之谜开始，让教育在精神领域充当医学在身体领域的职能。儿童的大脑有一种天然的吸收能力，它能够从周围的环境中吸取丰富的养分，来促进自己精神生命的生长。

在经济学上有一个概念叫"边际效应"，说的是当消费者逐次增加一个单位的某商品的购买时，所带来的单位商品的效应是逐次递减的，哪怕整体的效用是增加的。通俗点说就是，假若有个人在空腹状态下的饭量是4碗面条，虽然只有吃完4碗面条才会感到满足，但当他吃第一碗面条带给自己的快感是远远大于第二碗的，而吃到第四碗或许就是勉强才吃下去的。我们向往某事物时，情绪投入越多，第一次接触到此事物时情感体验也就越强烈；但是，第二次接触时，会淡一些；第三次，会更淡……以此发展，我们接触该事物的次数越多，我们的情感体验也越为淡漠，一步步趋向乏味。

像经济学上的"边际效应"一样，在与环境的互动过程中，人类的大脑不断从周围环境中吸取养分，来促进我们的精神生命的增长。因此处理好儿童时期与周围环境的关系对精神生命来说就显得尤为重要。而最重要的一个阶段就是婴儿刚出生的那一时期了。因此，我们应当加倍重视婴儿出生头一年的精神生命的发育。

与其他动物不同的是，刚出生的人类没有与生俱来的行为能力，我们各种能力的培养都需要外界环境的参与。因此，保证婴儿不与周围环境产生隔阂，促进婴儿探索环境的乐趣是非常重要的。一般把婴儿出生的头一年大体分为两个阶段，这两个阶段精神生命发育的重点是不同的。

第一个阶段很短暂，就是婴儿出生的最初几天。这一阶段的重点是让婴儿产生对母亲的依赖感，因此可以称之为母子相依阶段。婴儿出生前一直生活在母亲的子宫里。那里温暖、黑暗而又宁静。出生后，为了不让这个新生命对环境感到过于突兀，医院育婴室的布置也应该在温度、湿度、光线、声音方面尽量和婴儿出生前相一致。有育婴室的医院会把母亲和婴儿安置在用蓝色玻璃修建的房子里，里面光线柔和，温度也受到严格的控制。在这样的环境里母亲可以和婴儿进行亲密地交流和接触，而不会受到衣物的阻隔、气温的限制等。

对待新生儿，很多父母的做法是，马上把生下来的孩子放进水里洗澡，给他穿保暖衣服，蒙台梭利认为这是不正确的。因为刚出生的婴儿已经有了知觉，成人应该尽可能少触摸他们，而应该用柔软轻薄的鸭绒被轻轻把他们托起，放在一个没有杂物、温暖而又光线暗淡的房间里。无论是抱起还是放下，动作一定要轻，为了防止细菌，应该杜绝闲人进入，亲人和医生也应佩戴口罩进入。这样做一方面是为了给新生儿创造一个适应新环境的过程，另一方面也是为了方便母婴之间的交流。因为在母亲和婴儿之间有着特殊的纽带，从还在母亲肚子里开始，母子就互相感觉到对方的存在了，在与母亲的交流过程中，婴儿从母亲那里获得一种力量来帮助自己适应陌生的外部世界。也可以说，出生改变的只是母亲和婴儿的位置，婴儿从母亲的体内到了体外，而其他方面的联系和交流并没有多大改变，这与人们普遍认为的婴儿一出生，就与母亲分开了是不同的。

在意大利有句谚语说："做大人越富越好，做孩子越穷越好。"富人的孩子虽然能够得到很多的玩具，贵重的礼物，宽大舒适的房间，但另一方面，父母为了自己的安逸舒适，往往会把孩子托付给专业的保姆；而穷人就不同了，虽然得不到那些华丽的物质上的东西，但因为贫穷，母亲总是把孩子带在身边，这样在无形中就加深了母子之间那种与生俱来的交流活动，进而符合自然对人类精神生命发展的要求。

当然，孤立婴儿，使他与外界除了母亲外尽量少接触的养育方法是只适用于刚出生的婴儿的，当他度过了这个母子相依的阶段就要进入下一个阶段——独立阶段。

这里的独立阶段并非说要孩子开始在生活上就向着不依靠父母的目标迈进了，而是说，当新生儿经过母亲的引导，能够适应环境之后，开始自己的探索之旅。他通过自己的大脑和感觉器官去感知和吸收外部的环境养分，来滋养自己的精神生命。

蒙台梭利认为，新生儿对独立的获取就是一系列的征服活动。首先，新生儿充分运用他们的感觉器官。因为骨骼还没有发育成熟，新生儿是无法自由活动的，他们能做的就是充分运用自己的感觉器官来感知周围的环境。新生儿都有一双明亮、闪着好奇之光的眼睛，他不停地打量着自己周围的世界。

把动物的感觉器官与人类的做一个详细的比较会有助于我们了解新生儿对环境的学习和吸收机制。眼睛是心灵的窗户，把人类的眼睛和动物的眼睛做一下对比就很能说明问题了。从构造上看，眼睛就像是一个照相机，它把外部的光线吸收进大脑形成影像。虽然构造原理一样，但由于不同生物的眼睛对环境中的敏感源不同，因此对周围的环境的认识就不一样。猫是一种习惯在夜间捕食的动物，因此它们的眼睛对移动的物体非常敏感，一旦发现移动的猎物，就会迅速出击，而它们对静止的物体却没有什么辨别能力。这样的现象也体现在昆虫身上，有很多昆虫只是对某些特定的颜色感兴趣，它们只会在具有这些颜色的植物里觅食，而对其他的颜色的植物视而不见。还有的昆虫，眼睛只是用来确定方位的。动物眼睛的这些局限性也决定了这些物种的生存数目和生存范围。而人类的眼睛却不同，新生儿会灵活主动地去观察周围环境，通过对环境刺激的反应形成某种心理反应，人格就是在对环境作出反应的过程中形成的。

另一方面，儿童对外界环境的反应与动物也有相似之处，那就是尽力融入环境之中。在大自然中，有很多昆虫善于通过伪装来混入环境之中，以便躲避天敌和捕获猎物。尺蠖会用自己身体末端的触角把自己固定在树枝上，乍看上去和一段树枝并无区别。非洲乞力马扎罗山下草原上的豹子浑身是斑驳的花纹，只要一潜伏进草丛之中就很难辨认。这些动物的行为，可以使自己尽力吸收周围环境的特点，使自己融入周围环境里，成为环境的一部分。我们人类和环境的关系，其实也是如此。周围的环境会给儿童留下深刻的印象，这些印象会对儿童的生理和心理都产生影响，从而适应环境。

要知道，儿童看待自己周围环境的方式是和成人有着很大区别的。一般成人看到一件新奇的事情，会说这太新奇了，然后就去忙自己的事情了，这些新奇的事物往往在成人的记忆里留不下太深的印象。儿童则不同，因为周围的一切都是新奇的，这些环境刺激会在他们幼小的心灵里留下深刻的印象，正是通过这些印象，儿童开始逐步地塑造自我，并且在婴儿出生的头一年这种作用尤其重要。每个人独有的个性、习惯、人格、文化倾向等等都是儿童通过自己内在的力量在环境中获取的。"阿韦龙野孩"的事例就充分说明了儿童的这种内在力量。因为从小生活在森林之中，没有一个同类同伴，导致后来被解救出来的阿韦龙野孩不会说话，爱吃生肉，不喜欢穿衣服，无法融入这个陌生的人类世界。但他拥有一些别的同龄孩子都没有的技能，他可以不穿鞋子在森林里健步如飞，可以徒手在草地里刨挖植物的根茎。在原始森林的环境里面，他是一个通过自己的努力生存下来的成功者，然而到了文明的人类社会他却无法生存下去。可见环境对儿童的塑造有多么重要。

既然如此，什么样的环境才是最适合儿童成长的环境呢？这个问题是没有准确答案的，因为在不同的文化环境里对人的成长要求是不同的，每个人都是在他自己所处环境中成长，儿童要自发学会一门语言，就必须生活在这种语言环境中。同理，要获得某项精神素质，也就必须生活在具有这种素质的人中间才行。虽然如此，还是有一些通用的指导原则的，在这些原则的指导下，可以使婴儿更好地吸收周围环境，而不会阻碍婴儿对环境的吸收。

首先，父母应该保证儿童与周围环境的充分接触。在过去，人们对婴儿的爱护，只表现在了生理方面，为了让他安静地睡觉，我们把他隔离起来，放进一个幽暗、安静的房间里，就像对待一个病人那样。蒙台梭利认为这种做法是错误的。把婴儿和母亲隔开，单独放进育婴室，由专业保育员看护，会阻碍婴儿与母亲之间母子相依的关系的建立。同时，在育婴室里的婴儿每天面对的就是周围的白色布罩和保育员，而这些是无法满足婴儿对新环境的渴望的，这样一来也就阻碍了婴儿的最佳发展状态。因此当父母布置婴儿的房间时，就应该进行精心地考虑了。建议父母在布置婴儿房和婴儿车时，首先应该符合安全和卫生的原则，此外还应尽可能在房间里布置一些色彩鲜艳的图片，婴儿车也应该宽敞舒适一点，让小宝贝可以随时观看四周的环境。在语言学习上，也应该特别注意。一些经济条件好的家庭往往会雇佣保姆来照顾孩子，保姆的工作是只要婴儿吃饱、睡觉、不闹就行了。在保姆那里婴儿是很难对语言形成深刻的印象的。把婴儿留给保姆是违背自然法则的，而和母亲在一起，婴儿可以分享母亲的世界，他是最好的听众。母亲和婴儿在一起似乎有说不完的话语，尽管只是一些咿咿呀呀没有多大意义的单词，但就在这些话语中，婴儿理解着母亲的爱护和指导。因此，尽管带着孩子外出会有诸多的不便，但父母还是应该尽可能地把他带在身边。这样父母做些什么、说些什么就成为孩子周围环境的一部分。虽然他不可能明白父母这样做的含义，但这些行为作为刺激，会在婴儿的潜意识里留下印象，从而在潜移默化中慢慢形成自己的认识。

其次，在保证儿童与周围环境的充分接触的过程中，父母还应该在保证安全的同时，给儿童以充分的自由。因为儿童与环境的关系并非是被动的，他们不会接受环境里的一切刺激，而会有选择性地接受，他们有一种与生俱来的探索的渴望。细心的父母会发现，婴儿哭闹有时并非是饿了的缘故，当他无法自由活动，对自己周围单调的环境感到厌烦时，他就会用哭声来表达自己的不满。儿童的潜能是无法在一种囚禁状态下得到最大限度的发展的。

蒙台梭利箴言：

身体的成长并非儿童的全部，更重要的是精神生命的成长。其中，在生命的头一年，对精神生命的成长尤其重要，婴儿需要在母子相依阶段和独立阶段来为自己的精神生命奠定基础。因此对待这一时期的儿童，父母需要保证他们与环境充分接触的同时，还要给他们充分的自由。

第二节 "以小见大"

当前心理学研究的重要内容之一就是发现人的本能，看看哪一种本能在生命发展过程中起主导作用。后来，人们开辟了这个新的研究领域，根据目前所取得的成果，我们已经证实某些本能的存在，并对未来进一步的研究方法作了指导说明。

但是，这种研究只有在正常的儿童身上才有可能。所谓正常的儿童是指生活在适宜于他们正常发展的环境里的儿童。因为在这种情况下，人性才能够清楚地展现出来，个性才得到正常的发展。无数的经验使这个对教育和社会具有极其重要意义的真理清楚地呈现出来。很明显，如果人拥有一种跟我们所知道的不同的本性，那么，这些本性也应该有一种不同形式的组织。教育的作用就是使成人社会正常化。

不过，这种形式的社会变化应该取决于儿童和青少年的需要。在儿童和青少年的世界中，我们可以有新的发现，并且这个世界能够引导社会变成一种正常的状态。由于父母对儿童的压制使这个世界形成了巨大的空缺，因此希望凭借理论的改革或个人的努力就能够填补这个空缺，是不现实的。如果儿童不能按照自然的规律发展，发生心理偏离，那么人将永远不正常，由此导致的错误也将无药可救。事实上，这种能够帮助填补这个空缺的能量潜藏在儿童身上。

现在重新开始思考"了解你自己"这一格言。"了解你自己"是生物科学的出发点，生物科学对人的身体健康作出了巨大贡献。

虽然人在身体卫生方面向前跨了一大步，但是在心理领域，人还没有"了解自己"。人最初对"了解你自己"的生理研究是通过解剖人的尸体，而人最初对"了解你自己"的心理研究则是通过对新生儿的观察。

这种研究对文明的进步是必不可少的。如果对儿童正常化这个问题没有解决的话，所有的社会问题将难以解决。对成人来说，这样的话也适用，成人面临着关于"了解你自己"的自我认识问题，即认识指导人心理发展的规律。然而，那些试图获取力量和权威的人可能迷恋于某种利益，而利益在被正确对待之前可能变得十分危险。这就是为什么任何利益、任何发展都可能会增加对世界的困扰的原因。比如说机器，虽然机器的发明促进了社会的进步，但是同时它被用于战争，成为破坏和聚敛财富的工具。物理学、化学、生物学取得的成就以及交通工具的改善，使世界被破坏的危险性进一步加剧，从而增加了人们的痛苦。因此，我们不应该对外部世界抱有幻想，我们要认识到，人类的正常发展才是社会的基本需要。只有这样，物质的进步才能给人类带来真正的福音和更高级的文明形式。

儿童的心理影响着未来的世界，我们要把儿童当成未来生活的主宰。无论谁给社会带来利益，都必须对儿童加以保护。在这一点上，儿童是神秘的、强有力的影响未来的力量，我们应该对此进行思考。

蒙台梭利箴言：

儿童的心理影响着未来的世界，隐藏着人性的秘密，早期的毫厘之差都会导致日后生活的重大偏离。成人的幸福是与他在儿童时期的生活紧密相连的。

第三节　孩子的自尊心

在处理儿童顺从和意志的关系的过程中，成人往往忽视了一个对儿童的成长极为重要的因素：孩子的自尊心。孩子往往因为自己的能力不足而被失去耐心的父母和教师责备，虽然成人的责备往往是出于爱护之心，却会严重伤害孩子的自尊心。

心理学家认为："自尊是个体对自我总体知觉的评价，包括能力和价值两个重要元素。"它与个体的心理卫生、行为习惯、学习成绩和社会适应情况有关。

自尊心是人类特有的思维活动，是促使个体向上的内在动力。幼儿期是孩子自我意识的形成时期，在这一时期，孩子们的意识结构开始分化，开始注意别人对自己的评价，形成对自己的看法。孩子的自尊心是孩子健康成长的重要心理因素，如果损害、挫伤孩子的自尊心，孩子就会失去前进的动力和勇气，从而带来不良的后果。美国著名儿童心理学家詹姆斯•杜布森[1]曾经说过："有千百种方法可以让孩子失去自尊心，但重建自尊却是一个缓慢而困难的过程。"

•••••••●❧●•••••••

20世纪60年代，一些美国的儿童心理学家曾对1万名1岁左右的孩子进行了调查和测试，这些孩子身上散发出来的内在活力让这些心理学家们惊叹不已，这些孩子几乎个个都是天才，他们仿佛天生就有着非凡模仿能力和创造力。但是，在10年后，这些心理学家对这1万名儿童的回访却发现，90%的孩子变得平庸了，那种以前的活力不见了踪迹。是什么原因导致

---

[1]詹姆斯•杜布森（1936—），美国著名儿童心理学家。

了这种情况的发生呢？心理学家百思不得其解。在随后和孩子父母的沟通中，心理学家找到了问题的答案。因为，从这些父母的谈话中，可以发现他们养育孩子有一个共同之处：对自己孩子不如别人的地方大加批评。有很多父母对自己的孩子提出了许多无用和不切实际的要求，一旦孩子没有达到父母的这些要求，父母的批评就随后而至。心理学家指出，这些批评扼杀了孩子本来充满活力的自尊心。当孩子反复从父母那里听到自己是个"笨、懒、不求上进"的孩子时，就会变得不自信、害怕和回避。

········● ❀ ●········

很多父母认为孩子还小，根本没有什么自尊心，从而忽略了对孩子自尊心的保护。在生活中，我们经常能看到这样的场景：在大街上，大人正对着孩子大声呵斥："你这个孩子，一点儿也不懂事！你看谁谁，又听话，又聪明，你怎么就不向他们学习呢！"有的孩子也许会扮个鬼脸或赌气不理父母，可有的孩子就会有一种极度的排斥或逆反心理，即使孩子口中不说，可心里也必定十分难受。对孩子喋喋不休的批评，会阻碍孩子发挥自己的内在生命力，使其一点一点地丧失了自信。

很多父母在平时的生活中，很容易因为一件小事而轻易否定自己的孩子。殊不知在这样不经意的言谈中，孩子的自信就一点一点地丧失了。而且这样的影响是深远的，自信一旦失去，就很难恢复。心理学家对自信的解释是：自信是一个多维度的心理系统，是个体对自己的正面肯定和积极确认的程度，属于自我知觉的范围。因此当父母频繁地针对孩子的行为习惯、智力水平否定时，会让孩子认为自己处处都不如别人，从而慢慢失去了自信。

········● ❀ ●········

在一次生活实践课上，蒙台梭利给孩子们上一堂怎样擤鼻涕的课。在示范了手帕的各种叠法和擤鼻涕的各种姿势以后，蒙台梭利把叠好的手帕从口袋里拿了出来，轻轻地擤了一下，她认为自己这个滑稽的动作一定会让孩子们哄堂大笑，可结果发现，孩子们都在满怀敬意地、认真地看着老师的每个动作，直到蒙台梭利示范完毕，把手帕叠好放进口袋，教室里才发出了长久而又热烈的掌声。这让蒙台梭利感到非常吃惊。经过仔细领悟，蒙台梭利才认识到了在孩子们非常有限的社交生活中的敏感之处。对于用手的协调性还不完善的孩子来说，擤鼻涕是一件很困难的事情。然而正是在擤鼻涕这种卫生习惯上，孩子们最容易受到成人的责备，他们的辱骂和嘲讽往往会让孩子对擤鼻涕产生一种肮脏和无能的感觉。可他们却从来没有教过孩子怎样去擤鼻涕的问题。所以当蒙台梭利教孩子们擤鼻涕的时候，才会产生那么大的反响。

通过这件事，蒙台梭利认识到，对于孩子的自尊心，成人往往无意之间就忽略掉了。当孩子的自尊心受到伤害，就会变得脆弱和压抑。而对孩子自尊心的尊重，则会换来孩子的依赖和喜悦。来到"儿童之家"的参观者会发现孩子们非常自尊自重，孩子们会自发地热情欢迎来访者，并自豪地向他们展示自己的学习成果。

有次，一位教育长官通知蒙台梭利将要有大人物来"儿童之家"访问参观，请蒙台梭利事先和孩子们准备一下，而蒙台梭利的回答却是无需准备，顺其自然！

然后，蒙台梭利对孩子们说道："孩子们，明天将有一位客人来我们这里参观，我希望大家被他看成是最棒的孩子"。

访问过后，那位陪同前来的教育长官说："这次访问非常成功。有的孩子请客人坐自己的椅子，有的孩子向客人礼貌地问候早安。客人离开时，大家一起鼓掌欢送。那位社会名流对您的教学成就非常满意。"

蒙台梭利生气地质问这位长官："我已经说过要顺其自然了，你为什么还要叫孩子们做这些虚伪奉承的表面文章呢？"

这位长官非常委屈地说："我什么也没做啊，这都是孩子们自发的行为啊。"

接着，这位长官又非常敬佩地感叹道："在现场，我开始还怕孩子们会做出让访问者尴尬的事情呢，可孩子们的表现，让我大开眼界，而您的教育方法是最伟大的。"

事情过去了很长一段时间了，蒙台梭利还是怀疑这位教育长官对孩子们的迎接访问做了某些指导和排练，直到后来，蒙台梭利才领会到，是孩子们有自己的尊严，他们希望通过真诚友好地接待来向客人和老师证明自己的自尊和自信。

这时，蒙台梭利发现，孩子们过去刚进"儿童之家"时的那种羞怯和淡漠已经消失得无影无踪了，取而代之的是一种自尊自爱的活力。反思自己的教学方法，蒙台梭利意识到是自己给了孩子们宝贵的尊重。事情就是这样简单，来自教师的尊重让这些孩子的心灵与周围环境之间的一切障碍都消失了。孩子们的生命力就像是春天田野里的鲜花，在温暖的阳光下自由自在地开放着，散发出醉人的芳香。

••••••••● ✿ ●••••••••

生活中有很多父母常常因为一时之气而强烈批评孩子的一些行为，这会严重伤害孩子的自尊心。孩子的自尊心对他的成长很重要，但又非常脆弱。保护孩子的自尊心不受伤害是父母应该尤其注意的地方。有句俗语说"好孩子是夸出来的"。自尊心对孩子养成自信的性格，主动地解决问题地行为方式有极大的影响。自尊心不受伤害的孩子更有利于形成对自己的正面评价，面对困难和陌生环境也会主动地去探索和尝试解决问题。

蒙台梭利箴言：

有的时候，孩子们的成长并不需要父母太多的设计。孩子们需要的是父母的鼓舞，需要的是父母对自己努力成长的尊重。父母的尊重可以为孩子们抹去前进道路上的许多障碍，而他们取得的成就将会令父母刮目相看，事情就是这么简单。

第四节　易受暗示的人格

当看到婴儿费尽力气爬着去拿不远处的模型，成人往往会一笑置之，随手就把那个模型递给了孩子。蒙台梭利认为，这种成人代替儿童行动的做法是不利于儿童的自然发展的。更值得成人反思的是，成人不仅仅会在无意中代替儿童行动，还容易把自己的意志也强加给儿童。

........●❧●........

在罗马的一所精神病医院里，精神分析师夏洛特医生的实验引起了轰动。他发现通过催眠可以实现对精神分裂症患者的人格替换。这项试验改变了人们传统的看法，在这之前，人们普遍认为个人是自己行为的主人。夏洛特医生的试验则否定了这种看法，通过催眠，可以使被催眠者接受催眠师设定的人格而放弃自己的人格。

........●❧●........

心理学对人格的定义是：人所具有的与他人相区别的独特而稳定的思维方式和行为风格。人格是指一个整体的精神面貌，是具有一定倾向性的和比较稳定的心理特征的总和。人格的形成是个体从出生那一刻开始，在与周围环境的互动中，潜移默化地形成的。儿童时期正是人格形成的关键时期，在这一时期，由于儿童的自我创造性极易受到暗示的作用，成人的一些意志会悄悄潜入儿童的意识之中，从而使儿童的人格发生变化，从而影响儿童的人格按照自然的状态去形成。

如果用过分热情和夸张的动作来为儿童做示范，就会压抑儿童根据自己的意志进行判断和做出行动。成人施加给儿童的这个自我，会因为其强有力的作用而取代和改变儿童尚未成熟的自我。

·········●💋●·········

一次，蒙台梭利看到一个大约2岁的男孩，他正在把自己的一双脏鞋子放在铺着洁白床单的床上。于是蒙台梭利冲了上去，拎起鞋子放在了门后的角落里，生气地对小男孩训道："这么脏的鞋子，不能放在床上！"说完，就用手仔细地拂去掉在床上的泥土。当时，蒙台梭利并没有想要真心训斥这个孩子，只是觉得，应该爱护干净整洁的环境。可后来她发现，无论在哪里，只要这个小男孩看见鞋子都会跑过去把鞋子拎起来放在门后，并说："它们太脏了。"

·········●💋●·········

还有一个类似的例子。

·········●💋●·········

一位年轻的妇女收到了一个包装精美的礼物，打开盒子一看，是一打带有刺绣的精美手帕。这位年轻的母亲拿起一条手帕抚弄着4岁女儿的脸颊，还吹着一只小喇叭，逗女孩开心，边吹边说："多么美妙的音乐啊！"此后的一段时间，小女孩只要一看到手帕，就会兴奋地喊道："多么美妙的音乐啊！"另一次，小女孩和祖母在花园里玩耍，看着园丁在给旁边的玫瑰花浇水，就想起花园里的人工喷泉。当她把手伸向喷泉的开关想要打开它时，又忽然把手缩了回去。祖母鼓励小女孩继续做，小女孩说："不能这样做，保姆说不能打开水龙头。"从这件事中可以看出比起祖母的鼓励，保姆自以为是的禁令更为有效。

·········●💋●·········

这些例子都说明了一个同样的问题，儿童的自我意识极易受到成人的暗示，这是因为，儿童心理存在内在敏感性。在观察周围环境的时候，儿童很容易被环境中新奇的东西吸引，同时儿童也会去关注成人对这些事物的态度并加以模仿。儿童的这种特点就像是一把双刃剑，一方面，儿童可以从成人那里学会处理事物的正确方式。但另一方面，如果成人并没有意识到自己可能产生对儿童的示范作用，可能会用自己习惯的快速节奏去做完这些事情，在这个过程中成人就会通过暗示把自己的人格强加给儿童。

●━━━●━ㄨ ━●━━━●

　　有一位教授曾在蒙台梭利的学校做过一个心理学的实验，并用胶片把过程录了下来。实验分为两个场景，目的是识别有身心缺陷的儿童和正常儿童对同一物体的不同反应。

　　在第一个场景里，放着一张摆着许多不同物体的长方形桌子，其中包括了一些蒙台梭利设计的直观教具。一组儿童被领到了桌子前面。很快，他们就被桌上的各种物体所吸引了，于是每一个儿童都开始"工作"了，他们拿起一件东西摆弄起来，之后放下再拿起另一件，不知疲倦，脸上带着充满活力的微笑。

　　另一个场景出现在影片的下半部，第二组儿童同样被领到桌子前面，他们不时地扭头向四周观看，在桌子周围懒散地站着，几乎没有人拿起桌子上的东西玩耍。

　　很多读者一定认为，上半部的那些儿童肯定是正常儿童，而下半部的儿童一定是那些存在身心缺陷的儿童。可答案却出乎所有人的预料，富有活力地从一件物体玩到另一物体的第一组场景中的儿童正是那些有身心缺陷的儿童。而那些正常的儿童却长时间地站着一动不动。他们的行为方式表明正常儿童的标志就是有分寸地行动和考虑周到的安排！

●━━━●━ㄨ ━●━━━●

　　这位教授的实验结果几乎完全颠覆了人们对正常儿童和有缺陷儿童的看法。在一般人的印象中，只有聪明的儿童才会像影片中的那些缺陷儿童一样充满了活力和好奇心。这个实验向我们揭示了一个道理：虽然正常儿童也会充满好奇，但他们的行动却是沉思的、缓慢的，每做出一项行动决定，都会被自我意识和理性所指导和控制。这种儿童的兴趣一旦被外界的物体激发起来，就能够自由运用，只有经过自我控制的、有节制的活动才是有价值的。因此，通过某种方式到处乱走乱摸去感知周围环境并非是一种生命活力的表现，重要的是通过控制自己的感觉和运动器官去运用它们，用自己的自我认知去指导自己的行为。

观看了这个实验，蒙台梭利说道："选择用一种深思熟虑的方式来行动，实际上是正常的，它是儿童的内在秩序的敏感性的一种表现。"对儿童内在秩序的观察可以通过其有条不紊的外部行动来进行。当个人的内在秩序缺乏稳定时就会失去有效控制自己行为的能力，从而容易受他人意识的暗示，成为被环境所支配的牺牲品而失去了自己的个性。就像是失去了舵手的帆船，只能在大海上随波逐流。个人有条不紊的行动是无法靠他人的意志来完成的，自己内在的意志力才是行为的决定因素。因为节奏的不同，成人总是用自己的节奏去影响和代替儿童的节奏。这种对儿童意志的暗示和剥夺，就是一种分裂儿童人格的行为。人格的不完整则导致了儿童内在秩序的缺失，而培养儿童内在的秩序则需要周围的成人对自己行为的反思。

婴幼儿时期是儿童人格开始形成的时期，在这一时期，儿童人格的各种心理结构成分，比如性格、能力以及对自我的认知等都开始发展，每个儿童面对相同的场合、相同的情景，对相同的事件都有自己独特的反应。父母和教师应该注意这一时期儿童人格易受暗示的特点，认识到它的脆弱性，不要把自己的意志强加给儿童。

蒙台梭利箴言：

儿童时期是人格形成的关键时期，这一时期的发展为以后人格的发展奠定基础。同时这一时期的孩子也因为其内在秩序敏感性的不稳定，容易受到成人行为的暗示。成人会在无意中把自己的意志强加给孩子。这就提醒父母在处理孩子的关系时，不能独断专行，影响孩子人格的自然发展。

第五节　意志与顺从

心理学家指出，在儿童的人格形成过程中，父母应该注意处理好两个方面的关系：意志和服从。意志是人有意识、有目的、有计划地调节和支配自己行为的心理过程。而服从则是指个体遵从他人的命令来行动。在大多人的想法中，这是两种对立的行为模式。具体到教育儿童的问题上，则是关于教育应该遵循和培养儿童的自由意志还是教育就是让儿童无条件顺从教师和家长的问题。蒙台梭利认为，意志和服从并非是两个非此即彼的对立关系，成人应该尊重儿童的意志，在儿童的意志形成和完善过程中发挥有益的影响。

蒙台梭利指出，在人类的认识领域中，理论学说纷繁复杂，各种理论之间存在着互相对立而又自圆其说的情况。综合各方面的理论，蒙台梭利形成了自己的关于儿童意志形成和发展的看法。蒙台梭利认为，人的意志并非是与生俱来的，而是在成长过程中通过获取生活经验而慢慢形成的。

一些性恶论者认为儿童生来是不服管教且有暴力倾向的，如果不对儿童的这种倾向严加管教将会对个人和社会造成严重的不良后果。蒙台梭利认为儿童的这种不服管教的行为，并不是儿童意志的表现，因为这些行为不具有目的性，就像成人的发怒一样，是心理失去控制的表现，因此也不是有意识的行为。人的主观意志并不一定导致混乱和暴力，那只是在一些情绪极其波动的情况下才会有的表现。而在正常状态下，意志总是驱使人去做对自己有益的事情。人的行为是有目的性的，做某件事是要解决某些问题，如果发现自己的行为与主观意愿不服，就会运用自己的意志力来控制行为。因此，儿童的意志是促进各种天赋能力的发展，使自己在意志的自然指导下，形成完善的人格，而成人是不应该将自己的意志强加给儿童的。

儿童遵从自己的愿望，选择自己想要做的事情，经过多次摸索和练习，来形成自己的行为风格，并将这种风格固定下来。这样就从一种原始的本能冲动演变成一种有意识的行为。

与成人的想法不同的是，儿童对这种有意识的行为，自己也能够有所觉察。

••••••••● ℳ ●••••••••

一位贵族小姐来到蒙台梭利的"儿童之家"参观，她想通过与孩子的谈话来了解学校的情况。于是她走到一个正在摆弄教具的小男孩面前，问道："小朋友，能不能告诉我，这就是指导你们游戏和学习的学校吗？"

小男孩的回答出乎了这位小姐的预料："不，女士，这不是指导我们的学校。我们只是在这里做自己喜欢做的事情。"

••••••••● ℳ ●••••••••

小男孩的回答表明他已经意识到了"指导"和"喜欢"的区别。和人类的其他能力一样，意志作为人的一种能力，是只有在经过不断的尝试和实践才慢慢发展起来的。成人应该做的不是去压制儿童的意志，而应努力保护和开发这种发展意志的能力。修建一座摩天大楼需要经过选址、设计、选择材料、装饰等等许多步骤，而毁坏它却非常容易。儿童的意志的形成与修建摩天大楼一样，这种能力是极其宝贵的，需要成人的重视和保护。

有句歌颂教师职业的话说"教师是人类灵魂的工程师"，说明教师在塑造儿童性格中的重要作用。但蒙台梭利认为，儿童心理的建筑师既非教师也不是父母，而是儿童自己！父母和教师的工作只是辅助性的，真正要看的还是儿童自己的意志取向。当然父母和教师的辅助性工作也是不可或缺的，特意说明这一点是为了让成人意识到自己在塑造儿童心理过程中的作用，避免在不经意间就毁掉了儿童的意志。

其实，我们在教育问题上还存在着很多的偏见。大家普遍认为教育可以通过讲授知识道理和树立榜样来实现，但事实并非这样。儿童完善的个性来自于自身各种能力协调发展的结果，而父母和教师所要做的就是保障儿童的这种自由。

而在有些家庭里，父母只是去告诉孩子应该做什么，禁止做什么，任何违背这些戒律的行为都要受到相应的惩罚，遵从这些戒律则被认为是好孩子。这种摧毁儿童意志力的行为，取得了极大的"成功"。

除了制定各种纪律来约束儿童的意志，有些父母往往还会将自己作为榜样来让儿童学习。传统的教育理念告诉他们：教育孩子，首先要自己做好，他们就会以自己为榜样。这些父母的这种教育模式可以给孩子一些道德准则，但却没有给孩子留下发挥想象力的余地，无意中将孩子的想象力扼杀殆尽。

这种传统的教育理念将教育变得简单了，这些父母也开始批量复制一个个类似的儿童，就像上帝按照自己的模样创造众人一样！

幸运的是，很多教育家开始对此进行反思。卢梭的自然教育、裴斯泰洛齐的民主主义教育都为争取儿童的自由和权利发出了呐喊。凭借着先辈教育理念的启示和鼓励，蒙台梭利在尊重儿童的自由的问题上又向前迈进了一大步。蒙台梭利反对以前教育中在教育儿童之前先摧毁儿童意志的做法。她认为教育应该做的是保证儿童的自由，使儿童的意志力得到充分发展。蒙台梭利指出，意志力和服从意识是并不对立的，而是相辅相成的关系。意志力是发展的基础，而服从意识则是在意志力的基础上所作的选择。没有服从的社会是不可想象的。当然这里的服从意识，并非成人的意识，而是儿童自己自然发展起来的意识。服从在生活中是很常见的，只是在生命的最初几年，服从意识有一个从无到有的发展过程，对自己意识的服从则是走向成熟的标志。

通过对"儿童之家"里的孩子的观察，蒙台梭利发现，儿童的服从意识和个性发展是同步进行的。起初，这种服从意识接受本能的指导，随着精神生命的成长，则最终接受意志力的指导。在观察中蒙台梭利发现，服从并非儿童按照父母的意愿去做某事那样简单。它的发展需要经历三个阶段。

　　第一个阶段，从胚胎发育到1岁。儿童在这一时期的行为主要受本能的支配，显得很任性，有时候很听话，有时不听话，而这些喜怒无常的反应，没有什么值得推敲的理由，往往与婴儿的生理需求有关。

　　第二个阶段，1岁到3岁。这一阶段的儿童的服从意识的行为决定于自己的能力。在这一时期，儿童的无意识状态逐渐消退，开始慢慢具备意识能力，从而能够实现自我控制。儿童对于自己能力范围内的事则服从自己的意志，而超出了自己的能力就会反抗了。就像没有人会服从用耳朵吃饭的命令一样，因为谁也没有这个能力。

　　3岁以下的儿童的心理发展还没有定型，因而也不能有意识地选择，如果成人要禁止这一时期的儿童去做某件事，往往只能强制性地呵斥。不过服从并非就意味着否定。它可以是对他人意愿的满足，也可能是为了证明自己有从事某些活动的能力。儿童这一时期的服从行为和他学会走路有很多相似之处。当他开始学习走路时，往往是从努力学会站立开始，然后会努力向前迈步，跌倒了再站起来，经过几次不断的尝试才学会这种行走的能力。

　　在这一时期，儿童具有某种能力，但并不意味着他一定会服从意志，成人据此就认定他是在故意闹别扭，进而对他严加呵斥，这样做很容易阻碍儿童的发展。著名的瑞士教育家裴斯泰洛奇就曾经遇到过类似这样的事情。有感于以往传统教育剥夺儿童意志的情况，他提出了父爱教育理论。他同情儿童的处境，要求教师对儿童的错误行为持宽容的态度，应该像父亲爱儿子那样对待儿童的不服从行为。就是这位提倡民主的伟大教育家，也往往无法忍受儿童的反复无常：他们有时听话，有时却像故意和大人过不去。他认为儿童掌握了某种能力就应该以后一直如此。但是蒙台梭利指出，其实这是因为儿童在这一时期，形成的各种能力还不稳定，所以才会表现得时而听话，时而反抗。就像一位刚毕业的经验不丰富的提琴师，他有可能在一场表演中非常出色，也会在另一场表演中拉错了曲调，这是他经验不多、技术不纯熟的缘故。

这一时期的儿童控制力有了很大的发展，他不但能够顺从自己的意志，还可以领会别人的意图，通过自己的行为表达出来，服从他人的意志，传统的教育观点往往认为这就是好孩子的最高境界，但他们并不知道儿童意志力的服从还有第三个阶段。

第三阶段，3岁到6岁。这时的儿童会渴望顺从，当然只是顺从他认为优秀的人。当儿童能够自由使用某些能力的时候，他们也并没有就此停止发展，而是还要向更高层次发展。他们似乎真的在向教师和父母看齐，仿佛能感到优秀的人的感召。其实这是一种向自己认为的优秀的人学习的愿望。这种愿望能给儿童带来很大的学习热情，于是他们等待他们所认为的优秀的人来发号施令。当儿童有一天忽然认识到一个成人的能力超出他的时候，他就愿意顺从了，这就是成长。对此这里有一个生动的例子。

•••••••• ❧ ••••••••

一位女教师从事儿童教育工作已经有10年之久了，在管理班级方面也有着丰富的经验，孩子们都乐于听从她的吩咐。

一次，她对孩子们说："请大家把各自的东西收拾好……"她才说了一半，孩子们就开始收拾起书包和课本等东西，直到老师又把后半句"在下午下学之前"说出来，孩子们才停了下来，有时候儿童就是这样顺从。这位优秀的女教师说，这样的事情很常见，孩子们都乐意顺从。但她却对孩子们的顺从感到压力，因为也有可能自己的某些命令会影响孩子们的发展，因此，每次在课堂上讲话之前，她总会斟酌再三。

一次，她看到自习课上的孩子在教室里打闹喧哗，就想在黑板上写下肃静这两个字。没有想到的是，当她刚写下第一个字，教室里就鸦雀无声了。不过值得一提的是，时刻考虑自己的言行以免给孩子的发展产生负面影响的责任感，这是作为一名教师或父母的宝贵素质。

••••••••• ✃ •••••••••

蒙台梭利认为，顺从应为人类社会带来益处，如果没有顺从，社会生活就会变得杂乱无章。而帮助孩子学会顺从自己的意志力也是教师和父母需要特别关注的。前面我们讲过，蒙台梭利曾经创造了一种"静默游戏"来培养孩子的这种意志力。一开始，蒙台梭利要求所有学生都保持安静。这样，孩子们就会产生一种群体意识感。随着游戏的重复，孩子们安静的持续时间就越来越长。于是蒙台梭利就在这个游戏的最后加上另一个游戏，叫做"点名游戏"。就是在安静中，轻轻喊孩子们的姓名，听到的孩子就安静地会站起来，尽量不弄出声响。这样等到游戏结束，第一个站起来的孩子就需要保持站立的姿势很长时间，而最后一个孩子则需要很长的时间等待老师的点名。通过这样的游戏，孩子们的意志力就有了很大程度的提高。

了解了儿童顺从意志力的三个阶段，父母就能够理解孩子在不同时期的"怪异表现"了，从而更好地认识自己的孩子。让孩子顺从自己的意志，一方面父母应该采取措施，促进儿童各种能力的发展；另一方面，父母也不能干涉孩子意志的自由发展。

蒙台梭利箴言：

　　顺从和意志的关系是父母需要特别处理好的，这对孩子性格的形成有着极大的影响。在生命的前6年里，顺从和意志的关系发生着变化，决定这种变化的是儿童能力的发展。据此，蒙台梭利总结出了儿童意志发展的三个阶段。这样的阶段划分可以更好地帮助父母去认识自己的孩子。

第六节　把握选择的智慧

世界上的所有事物既有自己的独特之处也有其自身的局限，人的心理活动、对内部或外部世界的认知活动以及参与改进世界的行为都是建立在选择的基础上的。

人类通过感官接受外部世界的刺激，这些刺激传到大脑里并储存起来形成记忆。而我们关于世界的认识就是在这种不断地接受外部刺激并作出反应的过程中形成的。在这个过程中，有一个最重要的步骤是不可忽略的，那就是大脑的选择机制。在思维形成的过程中，首先，感官会对各种刺激进行选择，将这些经过初步筛选的信息传送给大脑，大脑在此基础上去对一部分刺激作出反应，形成一个完整的反射弧。至此，对事物的一项认识就完成了。其中，选择起着很重要的作用。只有在选择的基础上，大脑才能够将注意力集中在特定的事物上，经过意志的努力，就可以在众多可能的反应中选择一个最有价值的行动。

因此，可以说选择是人类的一项高级智力活动，智力通过选择将注意力集中在某些特定事物上，从而避免了大量无用的刺激。每一个健全的大脑都会进行一项去粗取精的活动，舍弃那些多余的东西，将独特的、清晰的、重要的东西保存下来。如果我们人类没有这项独特的选择机制，注意力就会处于漂浮不定的状态，接收到刺激时，也不会作出相应的反应，智力也就不可能形成。

在我们的日常生活中，如果没有对接收的信息作出选择，就无法认识事物。选择是人对一个事物的概念以及对事物进行判断和推理的基础。例如，我们观察一个圆柱体，我们可以说它是一个支撑物。但当我们对圆柱体下这一结论时，就是经过了一系列选择的结果了，因为圆柱体还可以有其他的一些特征，比如，它的横截面是圆形，它由碳酸钙组成，是白色的，重有20吨等等。但或许这些特征对我们的推理没有用，所以我们把它支撑物体的作用作为圆柱体的特征。可以说，选择是推理的前提，如果我们人类没有选择的能力，推理也就无法形成，形成对事物的认识从而也无从谈起。意志力的培养就是要通过选择和推理，使个人的内在冲动和外界环境的条件取得一个平衡，最终养成有自己的独特倾向智力习惯。

通过前面的章节我们知道，智力的形成是儿童通过对环境的观察和反应，逐步积累起来的。如果只是一味地观察和模仿他人，而没有经过自己的选择和扬弃，那么大脑就会像被打碎撒了一地的玻璃，零碎而毫无用处。而经过选择，我们就会根据形状、颜色和大小对这些碎玻璃进行整理和归纳，从而拼接出绚丽的图案。

英国著名哲学家伯特兰·罗素先生曾经说过："幸福来源于丰富多彩。"正是智力活动使我们所生活的世界变得不单调乏味，通过智力活动，我们可以对世界有所发现，享受发现和完善自我的乐趣。面对自己的痛苦和灾难，不幸的人可以运用自己的智力去分析产生不幸的原因，从而获得自救和解放。在我们与这个世界的联系活动中，智力使受伤的心获得平静。智力的这种伟大作用是需要通过自身的艰苦探索来实现的。

· · · · · · · · · ● 🙞🙜 ● · · · · · · · · ·

一位来自罗马的父亲带着自己的小女孩来向蒙台梭利求救。这是个不幸的孩子，幼年时期失去了母亲，又因学习问题而痛苦不堪。她对老师枯燥无味的讲课充满了厌烦，时常感觉疲惫不堪。因为担心孩子的身体，父亲就让孩子休学两年，把她带到了风景优美的乡下，在那里小女孩度过了两年无拘无束的快乐时光。之后，父亲希望小女孩完成学业，就又把她带回了罗马，于是两年前的症状就重新出现了。面对这种情况，父亲感到万分焦急，有时父亲会尝试着和小女孩进行沟通。"你怎么了，孩子，是学校的同学欺负你吗？"小女孩总是茫然地回答："不是，我也不知道是怎么了。"绝望的父亲带着女儿来向蒙台梭利求救，当时正在医学院求学的蒙台梭利欣然接受了看护孩子的托付。她希望自己的新的教学方法可以对小女孩有所帮助。

一次，蒙台梭利带着小女孩学习有机化学，她突然欣喜若狂地盯住蒙台梭利说"我明白了"，两眼闪闪发光。接着，她跑向教室外面，拉着父亲的手说："爸爸，我开窍了，爸爸。"蒙台梭利和小女孩的父亲都感到无比惊讶，由于有机化学带来的小女孩智力上的喜悦竟能彻底改变她，这让蒙台梭利感到欢欣鼓舞。蒙台梭利意识到，因为智力受到压抑，生活竟会丧失这么多的乐趣！

• • • • • • • • ❧ • • • • • • • •

孩子智力上的进步会带给他们无比的快乐，这些快乐是玩具和糖果无法给与的，是这种智力的快乐将我们人类从悲伤与黑暗的孤寂中拯救出来，也是这种趋于快乐的选择赋予了我们生活的激情。

蒙台梭利箴言：

选择是人类的一种高级智力活动，也是智力形成的重要步骤。父母应该多观察孩子与周围环境的互动，在这种观察中理解孩子的选择。

智力活动是人类的一项独特能力，是上天送给人类的礼物。它充实了我们的生活，使我们所生活的世界变得丰富多彩。

第六章

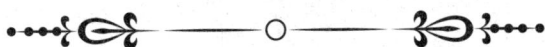

能力的培养

第一节 天才的秘密

哈佛大学心理学教授霍华德·加德纳[1]说："天才的类型和各个方面的情况都不相同，天才这个词只是来描述思维有超常表现的人，而不是用来讨论天才的范围和品质的。"所谓天才，就是他们总能在平常人不注意的地方发现意外的事物，在人们以为不可能的情况下看出种种的可能。他们用和平常人不一样的方式思考问题，去发现，去探索，或者以深刻的方法去表达。具有这种能力的人能使复杂的事物简单化，使未知变成可知；他们能察旧知新，能以全新的方式重新组合信息。可是，不管把天才的概念描述得多么简明扼要，或者定义得多么准确，它仍然是一个跟宇宙一样充满神秘的定义。

我们不得不承认天才的存在对人类有着重要的意义。他们的思想会对社会生活产生巨大的影响，并为人类的幸福和社会的进步作出巨大的贡献。伽利略发现"摇摆的等时性"定律就是一个很好的例子。

⋯⋯⋯•❧•⋯⋯⋯

有一天晚上，伽利略静坐在比萨教堂里，看到悬挂在教堂中央上空的吊钟被教堂一边敞开的窗子吹进的风刮得左右摇摆。他赶紧把窗关上，心想，吊钟马上就不会动了，可是吊钟仍然有规律地摇摆着。这时他突然感觉到："这吊钟在摇动时的距离虽然不相等，可是它所需要的时间或许是相等的。"于是他马上按着自己的脉搏，口中默默数着数儿，经过多次验证，他得知吊钟左右摇摆一次所需要的时间是相等的。后来，

---

[1]霍华德·加德纳（1943—），世界著名发展心理学家，"多元智能理论"创始人。现任美国哈佛大学教育研究生院认知和教育学教授、心理学教授。

伽利略把这种摇摆特性称为"摇摆的等时性"定律。

········● ✂ ●········

这个吊钟在教堂里不知摇摆了多少年，而看见的人也不知有几千几万，谁也没有发现什么秘密，然而，伽利略却因此产生联想，开始研究。他利用他发现的定律，制造了一个适当长度的摆锤，用来测量脉搏的速度和均一性。后来，伽利略又制造了钟表，发明了天文钟。这一发现对人类来说是多么重要啊！钟摆使人类开始计算时间，也使天文学家计算宇宙有了开端。

········● ✂ ●········

当我们研究瓦特的生平时，更是惊叹不已。他是一名物理学家，又是一位心理学家，还是一位数学家，德国和英国的大学都授予过他荣誉称号。一个对人类作出了如此卓越的贡献并为自己赢得口碑的伟大人物，只不过因为他发现了被开水蒸汽推动的壶盖。"蒸汽的力量可以推动壶盖，也必定能够推动活塞，因此，它可以成为机器的动力。"就是那样一个小小的壶盖成了推动人类历史发展的动力，让人类的生活发生了巨大改变！

········● ✂ ●········

经过多年的观察和实验发现，尽管天才的创作为我们带来了幸福，使社会得到了进步，但是他们的这些劳动并不是人们想象的那样让人望而却步。英国心理学家贝恩布里奇说："天才们最基本的特点就是具有很强的联想能力。"可以说，天才有一种在意识上将事实分离出来并把它与其他东西分开来的能力，他们总能在平常人不注意的地方发现意外的事物，在人们以为不可能的情况下看出种种的可能。他们通过精确的观察并利用多数人都能作出的简单推理，就能得出我们认为深不可测的结论。就好像在一间漆黑的屋子里，只有一束光会落在宝石上，天才就是这束光。

在这里要强调一下，天才之所以会有惊人发现并不是因为事物本身有什么特殊的价值，而是他们对事物进行精确的观察乃至作出精确的分析。开采矿产的人都知道，宝石就隐藏在一堆看似不起眼的普通矿石之中，它一直堆放在那里，但却很少有人注意到。同样的道理，当真理被发现之后，许多人才大发感慨，这个道理不就是我们天天在用的吗？而事实上，这个真理并不是在这个时候一下子变得有价值了，真正让它变得有价值的是那位发现真理并将真理付诸实践的天才。

当然，新发现的真理并非早就存在于人的大脑，它是人类智力劳动的产物，它需要通过社会验证才会被人类接受。而在真理被人们接受之前，往往要经历一些波折，毕竟人们接受一种新的观念是需要一定时间的。哥伦布提出："如果地球是圆的，那么当人从某一点出发，一直往前走，他就会回到原来出发的地方。"这个真理是他智力劳动的成果，并且以自己的实际行动为人类发现了一片新的大陆。也许有人说，哥伦布很幸运，这块陆地正好在他的航线内，他碰巧遇见的是一片陆地而不是死亡之地。但上帝往往会把机遇送给那些有创造性推理的人以作为大大的奖赏。

哥伦布之所以能够取得如此大的成就，不仅仅因为他有着卓尔不凡的智力，还有他过人的胆略。他是历尽千辛万苦才说服别人为他提供航海船只和水手，并帮助他完成这一伟大事业的。最后，追求真理的信念使哥伦布获得了成功。

正如天才人物一样，孩子们也常常会关注某样东西。他们深陷于这种状态中，在很大程度上是由于内心力量的驱使。这种专注力可以说是天才必备的品质之一。没有专注的思考，他们或许就无法探究出事物内部的规律和隐藏的真相。

蒙台梭利箴言：

天才的存在从一定意义上说，对人类有着重要的影响，他们精确的观察力、高度集中的注意力、丰富的想象力以及坚持不懈的意志力使得他们的发现在某些社会领域发生巨大的变革，从而为人类作出伟大的贡献。每个孩子都有成为天才的可能，父母们应在孩子的发育敏感期开发他们的潜能，并培育其专注力，让孩子的智力得到充分的发挥。

第二节　培养注意力

心理学家把人们对某一事物有选择地集中的能力称为"注意力"。注意力是一把帮助孩子打开知识大门的钥匙，有了它，孩子才能把精力始终保持在这个要学习的东西身上，从而学习到很多有用的知识。如果孩子注意力不集中、思维零乱，很多有用的信息便无法被孩子吸收进头脑中。

从历史记载的资料中我们发现，尽管天才们性情各异，但他们都有着超常的注意力。比如英国物理学家牛顿。

········●　●········

有一天，一位朋友来看望牛顿，和他一起进餐。饭菜都已经摆在桌子上了，牛顿却还没从书房里出来。这位朋友已经习惯了牛顿的怪作风，就独自吃了起来。他吃完了那盘烤鸡，想和牛顿开个玩笑，就把所有的鸡骨头都放回盘子里，然后盖上盖子就离开了。几个小时后，牛顿从书房里出来，感到肚子饿了，于是揭开盖子，当他看到盘子里的骨头时，吓了一跳，自言自语道："我还以为自己没吃饭呢，又弄错了！"说完，他又回到书房里继续工作了。

········●　●········

再比如意大利物理学家伏特。

········●　●········

有一次伏特的妻子发高烧，当时有一种很流行的方法：拿带皮的青蛙煮的汤给病人喝很管用，于是伏特就把一只青蛙挂在窗外，后来他发现挂在窗户铁棒上的死青蛙的腿正在不断地收缩着，这时，伏特作出推论——肯定是有外力在作用于它。正是因为伏特有着超常的观察力和注意力，才发现死肌肉在不断地收缩。为了找到这种外力，伏特通过很多的实验，终于在地球磁场中得到了电。

·········●●●⟡●●●·········

无论教师的教学技能有多么高超，他都很难培养出天才人物所具有的这种注意力。有人认为孩子的内心有着一种天生的力量，通过它可以打开孩子注意力的大门。如果认为这一观点正确的话，那么我们应当如何唤醒孩子内心的这种力量从而打开注意力的大门呢？从逻辑上来看，要想唤醒这种力量，父母必须为孩子提供适应其心理需求的环境和营养物质，并最大限度地尊重他们自由发展的天性。

一直以来，心理学家都认为：注意力不稳定是三四岁孩子共有的特征。也就是说，在这个阶段里，孩子对每件东西都感兴趣，一会儿看看这，一会儿看看那，很难把注意力集中到一个物品上。心理学家威廉·詹姆士说："我们大人都知道，孩子们的注意力变化得非常快，这点在我们给他们上的第一节课上就可以清楚地看出来，因为在课堂上他们把一切都弄得乱七八糟。注意力的易变性被动性，两者导致的结果是孩子很难在一件物品上集中注意力，而这一特点则会增加父母和老师的教育难度。而当孩子从难以集中注意力到逐渐开始注意的过程中，他们会逐渐形成自己的判断力、性格和意志力，促使这个过程的转变是最重要的，父母要为这个过程创造条件。"

由此看来，似乎父母对孩子的任性行为不加以管教，只听凭孩子的好奇心，使其注意力从这个物体转移到那个物体上，那么孩子永远也不可能集中注意力。然而，事实却非如此。在做过的实验中心理学家发现，孩子的注意力并不是可以由父母或老师人为保持的，而是受某个固定的、能够引起注意的、让他产生兴趣的事物所吸引的。

我们从孩子们吃奶时的小脸上可以看出他在高度集中自己的注

意力。在婴儿吃奶的过程中，不论周围发生什么事，他始终专心致志地吮吸着奶头，直到吃饱为止。虽然这个时候，他们没有明确的目标，但是他们对吃奶感兴趣，吃奶这个最基本的外在刺激最终使他的注意力高度集中。

在日常生活中，我们发现，一个仅仅3岁的孩子在一天里可以连续不停重复同一个动作，即便他周围很多人在做其他的事情：有的人在跳舞，有的人在画画，有的人在聊天……但是无论周围人们干什么，都影响不到他，他仍然保持自己高度集中的注意力。

在对孩子注意力进行研究的过程中发现，要想让孩子一直保持高度集中的状态，一个最主要的条件就是不要干涉他们的行为，让孩子们自由，让他们发挥出自己的原有状态。实际上，许多科学家都是这样做的。为了了解有关生命的知识，他们往往会仔细观察那些自由的生物，观察他们在自由状态下的活动情况。如果昆虫学家法布尔没有让昆虫去自由地表现它们自然的活动状态，而只是把昆虫放到某个实验中进行试验，他就根本不能揭示昆虫世界中所发生的各种奇迹。

在给孩子自由的同时，我们还要给他们提供一些能够引起他们关注的东西。在培养孩子注意力的时候，应该从他们最感兴趣或者最需要的事情入手，而不是一味地强迫他们接受自己不感兴趣的东西。当孩子能够自由地选择自己感兴趣的东西，并在这些东西上保持高度注意力的时候，他就能明显感受到一种快乐。

相反，如果孩子对这个事物没有兴趣，这个事物也不能引起孩子的注意力，那么它不仅无法让孩子保持注意力，还会造成他生理上的疲乏，甚至伤害他的眼、耳等器官。可是有些教育专家却很反对这一观点，他们认为，注意力是孩子必须具备的一种品质，这是生活对他们提出的要求，不管他们喜欢不喜欢，他们必须全部接受。有些家长们的做法就是带有强迫性的。

·······● ❧ ●·······

一个小男孩在吃午饭的时候由于不喜欢妈妈做的菜，他就没有吃。父亲要求他一定吃掉那道被他拒绝的菜，他还是没有吃，父亲就罚他一天不准吃饭。后来这道菜已经变凉了，孩子饿得实在不行了，最后只好向父亲屈从了。这个时候，这位父亲理直气壮地说："看，我的儿子什么都能吃，他是个好孩子。"

••••••••• ❧ •••••••••

试想一下，被父母用这样的方式教育出来的孩子怎样去应对自己未来的生活呢？在这种环境下成长的孩子由于许多愿望没有满足，内心极为压抑，他会把满足这些欲望当成是一种最大的自由和快乐，一旦长大成人，就会变得毫无节制。

值得注意的是，在这个过程当中，孩子的身体也要做好相应的准备。当外部刺激发生作用的时候，孩子的大脑神经中枢就会通过其内部程序开始启动。这就好像在开启一扇大门：一方面要靠外部的力量去敲门，而另一方面则要靠内部的力量将门打开。如果内部的力量不把门打开，外部的刺激力量再强也是徒劳的。当一个人专心工作的时候，无论大街上乐队的演奏多么嘈杂，他也能做到充耳不闻一样。

蒙台梭利非常重视对孩子注意力的培养，她通过设计一些游戏和活动来锻炼和加强孩子的注意力。蒙台梭利认为对孩子注意力的培养应该越早越好，刚出生不久的婴儿虽然不会说话、不会走路，但却会看东西，会注意大人的表情和语气。这就是孩子注意力形成的表现，而对孩子注意力的培养就应该从这个时候开始。

蒙台梭利箴言：

在孩子做事过程中，如果遇到了困难，父母要教育提高孩子克服困难的能力，使孩子具有一定的责任感，这样孩子在做事的时候，注意力就会集中，久而久之，孩子就能养成善始善终地做完每一件事的良好习惯。

第三节　发挥想象力

　　想象力是推动人类文明进步的关键点，是人们探索新领域的触角，是从已知走向未知的桥梁。因为有了想象力，人类才能创造发明，发现新的事物与定理；如果没有想象力，人类将不会有任何的发展与进步。牛顿发现万有引力就能够说明想象力的重要性。

●●●●●●●● ✖ ●●●●●●●●

　　一天傍晚，牛顿坐在苹果树下乘凉，一个苹果从树上掉了下来。他便想象："为什么苹果只向地面落，而不向天上飞呢？"于是他分析了哥白尼的日心说和开普勒的三定律，进而思考：行星为何绕着太阳而不脱离？为何行星速度距太阳近就快，远就慢？离太阳越远的行星，为何运行周期就越长？牛顿认为其根本原因是太阳具有巨大无比的吸引力。经过一系列的实验、观测和演算，牛顿发现太阳的引力与它巨大的质量密切相关，进而揭示了宇宙的普遍规律：凡是物体都有吸引力；质量越大，吸引力也越大；间距越大，吸引力就越小。

●●●●●●●● ✖ ●●●●●●●●

　　想象是建立在现实基础上的，而一个人的感知能力和他的观察能力有着密切的联系。因此，要培养孩子的想象力，我们就应该为他们准备可以促使其准确观察周围事物所需要的材料。另外，要想为他们的想象力奠定一个坚实的基础，我们还应该让他们在界定严格的范围内进行推论，使他们可以将不同事物区别开来。这个基础打得越坚实，孩子想象力的发展空间也就越大。

可是有些成年人总是认为，只要孩子能够把虚幻当作现实，他们的想象力就可以得到发展。虚幻是虚幻，它与现实有着很大的差别。在说拉丁语的国家里，成年人经常对孩子这样讲述关于圣诞节的故事：有一个丑女人，她总是在圣诞节的前一夜翻墙进入别人的家里，然后通过烟囱钻进屋子里，把小礼物送给那些听父母话的孩子们，而那些调皮不听话的孩子只能得到小石头块。在盎格鲁撒克逊这个国家里，成年人又这样讲圣诞节的故事：在圣诞节的前一夜，一位穿着雪白衣服留着长长白胡子的老人挎着一只装满玩具的大篮子钻进孩子们的房间，然后把这些玩具分发给熟睡的孩子们。这种方法怎么能够培养孩子的想象力呢？故事里所表现的仅仅是成年人的想象力，而不是孩子的。这个时候，孩子们并没有想象。殊不知成年人的这种做法是在人为地阻止孩子想象力的发展。

德国教育家福禄贝尔[1]设计过这样一个游戏。他将一块积木给孩子，并告诉他："你把这个积木当成一匹马。"然后他将积木按照一定的次序摆放好，又对孩子说："这个是马厩，现在把马圈在马厩里。"或者他把这些积木重新组合，组合好了以后对这个孩子说："这是一座高楼，这是一个乡间小屋……"在这些练习中使用的是积木，不像具有丰富多彩的故事那样容易引起幻想，而把积木当成马、高楼和小屋很容易让孩子的头脑混乱。更加严重的是，在这种情况下，真正进行创造的是教师，而不是孩子，孩子只是在按照教师的提示来做事情。因此在培养孩子想象力的时候，我们绝不能阻止他们的自发活动，我们要做的只是等待。除此之外，别的什么都不要去做。

人们通常认为，想象力丰富是儿童的最大特点，所以我们要采取一些特殊的教育方法来开发他们的这种天赋。除此之外，还有人认为，孩子们喜欢那些超自然的、迷人的东西，喜欢在虚无缥缈的世界遨游，就像原始人一样。这种状态令很多家长担心。实际上，

---

[1]福禄贝尔（1782—1852），德国著名教育家，近代学前教育理论的奠基人。

孩子的这种状态只是暂时的，很快就会被其他的状态所代替，我们要做的是，帮助他们克服这种虚无的状态，使其尽快从这种状态中走出来。

孩子们的身上确实有一些与原始人相类似的特点，比如孩子的语言表达能力不是很好，只能说一些像"爸爸""妈妈"之类简单的词语，而且孩子的用词非常笼统，一个词语往往表达好几种意思。但这种状态是正常的，我们不能人为地加以限制，或者有意提高速度，以让孩子尽可能快地度过这个状态。一般情况下，孩子不会永远停留在虚幻的世界里。随着时间的推进，渐渐地，他们会对艺术品产生兴趣，会对科技发明津津乐道，会沉浸在想象力丰富的作品中，我们要为孩子的聪明才智提供这些条件。在智力发展的朦胧期里，孩子被一些奇妙的事物所吸引是很正常的事。对此我们应该理解，而不应该对孩子想象力的发展给予过多的限制。

我们都知道，婴儿大脑的一项重要活动就是进行创造。关于这一点，我们从日常生活中他所表现出的行为就可以看出来。我们举个孩子具有想象力的例子。

· · · · · · · ● ❧ ● · · · · · · · ·

一群孩子正在用椅子建造一辆扶手齐全的四轮豪华马车，在建造马车的过程中，他们心情很愉快。马车建成以后，这些孩子就会坐在马车上，一脸高兴地欣赏着自己所虚构的马车窗外的风景，甚至还会身临其境地向经过马车旁边的人挥手致敬。对于有钱人家的孩子来说，他们从小就坐马车，对坐马车已经没有特殊的感觉了。当他们看见这一情景的时候，他们有可能对这些穷孩子的行为很吃惊，也许还会很瞧不起他们，甚至会挖苦他们说："你们真穷，什么都没有，你们根本就没有坐过马车。"有钱人家孩子说的话是他们的真实想法。事实也确实如此。但是对于穷人家的孩子来说，我们不可以阻止他们对美好事物的幻想。又比如：当他进入有钱人家的厨房，看见很多好吃的事物时，我们无权阻止他幻想自己正在喝着牛奶，吃着火腿。类似的，一位贫困但深爱孩子的母亲把家里仅有的一片面包分成两半递给孩子的时候说："这一块是面包，这一块是牛肉。"在孩子吃母亲说是牛肉的那块面包时，他就会真的以为自己吃到了牛肉，从而心满意足。

••••••• ● ✖ ● •••••••

曾经有人问："当孩子一直用手指在桌子上比划着想象自己在弹钢琴的时候，我到底该怎么办呢？如果我真的给他买一架钢琴，孩子肯定能够学会弹钢琴，但是他的想象力就得不到应有的锻炼了。"那么到底该如何培养孩子的想象力呢？

我们首先要做的就是让孩子成为自己生活的主人，并且用经过实践验证的知识和经验来丰富他们的头脑，使其在此基础上自由地发展，从而向人们展示丰富的想象力。有些人总是沉醉在幻想中，把假想的东西当作真实的存在，总是追求幻想，而拒绝承认现实。在生活中这种现象是普遍存在的。让人担心的是，很多人居然没有意识到这一点。事实上，不论想象力建立的基础是否坚实，是否有建筑想象力的材料，想象力总是存在的。空想和想象力的差别就在于，空想并不是建立在现实和真理的基础上的，它有可能抑制智力的发展，阻止孩子探索事实的真相。

在人们的印象中，学校是一个没有乐趣、死气沉沉的地方。为了让学生专心致志地听讲，避免因为外在的刺激而分散学生的注意力，学校就把教室的墙壁染成灰白色的，窗帘也是用白色的面料制成的，这种环境使学生们很压抑。在这种环境下，孩子们整天呆坐在教室里，一动不动地听教师讲课。他们做什么事情都遵从别人的指令，对自己的评价也是被动服从，教师说自己是好孩子，他们就认为自己是个好孩子。

孩子在这种环境下学习的结果就是：孩子们上课就像是受苦役一样，用眼睛看，用耳朵听，用嘴读，用手写字，他们坐在教室里一动不动，但脑子根本就没有在思考。他们不得不跟着教师的思路转，尽管教师的教学大纲很随意。教师在黑板上画了一个三角形，然后再把它擦掉，而那些以前没有见过三角形物体的孩子必须在短时间内记住三角形的形状。在这之后，教师就会围绕着这个三角形进行抽象计算的讲解。这样的教育不仅不会给孩子带来任何灵感，反而还会阻碍孩子想象力的发挥，加重孩子的疲劳感。

对孩子想象力的培养，需要对孩子思维能力的充分认识。不了解孩子的思维水平和能力，想当然地对孩子进行思维的训练，不仅起不到什么作用，反而会阻碍孩子思维能力的发展，甚至也会阻碍孩子想象力的发挥。

从外界获得经验有利于孩子进行创造，我们成人要帮助孩子不断训练思维能力，从而逐渐发现事物之间的逻辑联系。在这个过程中，我们要为孩子提供他们生活所必需的东西，然后他们才可以自由地创造。只有这样，我们才会看见机灵又智慧的孩子。

蒙台梭利箴言：

想象力是人类创新的源泉，我们要根据孩子的心理特点来培养他们的想象力，调动孩子创新的勇气。尊重孩子的想象，尊重孩子自由幻想的权利，无论它是怎样的怪诞离奇。在培养孩子想象力的过程中，父母一定要注意，要让孩子自由地发展，他们才可能展示出自己的聪明才智。

第四节　锻炼意志力

当孩子在很多玩具中挑出自己所喜欢的那个的时候，当周围其他的小朋友都在玩耍他却在认真做作业的时候，当他发现自己想要很久的飞机模型在其他小朋友手里而耐心等待的时候，当他学会把一种食品放回原处或者让给自己的小伙伴的时候……这些举动就说明孩子已经学会了用意志来控制自己的行动。

在心理学上，意志力是一个人能够自觉地确定目的，并根据确定的目的来调控自己的行动，从而克服困难、实现目的的品质。美国哲学家罗伊斯[1]曾经说过："从某种程度上说，意志力通常指我们全部的精神生活，而这种精神生活引导着我们行为的方方面面。"如果没有意志力，生命就会像一具分离成单个细胞的身体，陷入一片混乱。意志力体现了一个人的情感和信念，一个具有坚强毅力的人，才会成为一个忠实于自己言行、信念和情感的人。这些人是实现社会发展的最初动力，他们坚持不懈地工作，为社会创造了巨大的价值。

心理学家通常认为，意志一方面支配一个人的行动，另一方面抑制人们因为生活中的愤怒而产生的冲动，阻止人们去做一些不正确的事情。也就是说，意志不仅会推动一个人的行为，它还对人的行为加以理智地引导。

意志的表现形式是付诸行动。如果一个人想做好事但一直没有行动表现，想弥补自己的过错但不去实施，想向朋友道歉但没有

---

[1]乔西亚·罗伊斯（1855—1916），美国哲学家，美国新黑格尔主义最有代表性的人物。

任何表示，那么我们就可以说他没有完成意志的活动，只是想象而已。只有想象是不够的，意志需要付诸行动，而且关键在于行动。意志有多大的力量，行动就有多强的力量。

一个人的行动是冲动和抑制两种力量相互抗衡的结果，比如一天我们一时兴起想去看望某个亲戚，但是忽然想到在这之前我们并没有和他预约，如果就这样去的话，很可能打扰他的正常安排，因此我们就会放弃去看望他的冲动；当你正舒适地坐在家里看电视的时候，家里忽然来了客人，你就会有礼貌地热情招待他们，为他们沏茶倒水……这一切都是这两种力量抗衡的结果。

在这两种力量相互作用下，行为不断重复着，从而形成我们的习惯。而一旦有了这种习惯，我们在作决定的时候就不那么困难了，而且也不需要用推理或知识去完成。它几乎成了一种习惯性的动作，可是这种习惯并非本能，而是在我们后天的生活当中逐渐养成的。

然而在现实生活中，有些人并不能在冲动和抑制之间找到平衡，这也是多年来心理学家们一直在探讨的问题。我们在正常人的身上也经常会发现这些问题，尽管不是很严重。

冲动是生命的一种特殊本性，与生俱来，是蕴藏在人类基因中的一笔财富。如果没有一定的冲动作后盾，我们的祖先就不可能在恶劣的外部环境下寻求发展。但是有时候冲动会让人做出伤害他人的行为，现在因冲动而导致暴力行为的事件已经成为不可忽视的一大社会问题。冲动，不仅会使人草率鲁莽、不计后果、急于求成，而且会使正常人为做出的行为感到后悔。大多数情况下，冲动会给人带来很大的害处，严重的会影响到自己的未来发展。

冲动有一定的危害，我们要适当地抑制，但是抑制过度的人更为不幸。一个穷小伙子喜欢一个富家女，他清楚自己的实际情况，觉得凭借自己家的经济条件无论如何也配不上这个富家女，于是就把这种感情压抑在心里。虽然这个小伙子表面上看起来很平静，但是心里却充满着强烈的渴望。这种渴望一次又一次地折磨他，使他产生一种压抑的感觉。

这样的人本来可以有很多机会向女孩表达自己的真情实感，可他们却总是心扉紧闭，沉默不言；他们本来一生之中可以有很多机会来展现自己的才能，可他们却沉浸在痛苦中，什么也没有做；他们本来可以找个人，向他倾诉自己的苦恼，寻求指导，可当他们面对自己所尊敬的人时候，却一句话也说不出来。尽管在他们的意识深处，内心的冲动不停地督促他们说出来，但他们却一直在抑制，就好像有什么无法抵抗的力量堵住了他们的嘴一样。

要解决这个问题，只有让他们自由行动，在行动中锻炼意志，使冲动和抑制达到相互平衡。整个世界能够得以正常运转，一个社会能够得以不断地延续，依靠的正是这种品质——意志力，因此我们每个人都要培养坚强的意志力。

在日常生活中，有些人会强迫自己的孩子放弃他们感兴趣的活动，因为他们自认为有些对儿童更重要的事情需要孩子去做，这种做法是不对的。有位名人这样说："兴趣是坚强意志的门槛。"仔细想想，这句话很有道理。法国的法布尔对昆虫有特殊的兴趣，他在树底下观察昆虫，一趴就是半天，就是凭借对昆虫的喜爱，法布尔最后成为一名著名的昆虫学家。一个人一旦对某种事物、某项工作发生强烈的兴趣，那么，令人向往的意志力就会不知不觉地在他身上体现出来。

坚持不懈是毅力的基础。高尔基说："哪怕是对自己的一点小小的克制，也会使人变得强而有力。"生活向人们展示，在困难中只要坚持不懈，就可以锻炼自己的意志。

任何一个堕落的人，在他开始采取具体的行动，比如说萌发犯罪的想法、背叛自己的感情、失足犯错，或者是背弃自己的信念之前，往往会表现得缺乏意志，就像一位忠厚诚恳的人在变得堕落之前，总是会表现出一种预兆——他不再喜欢把所有的精力都放在工作上。

　　一般情况下，勤劳的姑娘一定会成为贤惠的妻子，一个忠厚老实的人一定会成为一名好工人，也能给自己的家庭带来好运。人们之所以这么说，并不是因为那些勤劳的姑娘或忠厚老实的人一定有很强的个人能力，事实上他们有一种坚持不懈、不屈不挠的意志力。

　　一个人如果想要使内心的冲动和抑制达到平衡，使性格得到健康成长，并在这一工作中始终坚持不懈，那么他必须培养强大的意志力，这种力量也必将给自己未来的生活带来幸福。从这个意义上说，父母要做的是培养孩子具有坚韧不拔的品质，只要孩子能做到坚持不懈，不管他从事哪一方面的工作，都能做得很好。

　　人们作出的各种决定都是在意志下采取的行动。决定是选择的结果，而选择的过程正体现了一个人的意志情况。举个例子，一个人要去朋友家参加晚会，在出门之前，她要在几顶帽子中选择一顶。其实选择哪一顶并不重要，重要的是她必须选择，而这种选择就是意志在发挥作用。

　　家庭主妇要为家里来的客人准备晚餐，在这个过程中她也要作出各种各样的选择：晚上的主食是什么，甜点都做些什么等等。不过，在这些事情上，由于经验丰富，她很快就能作出决定。

　　但是，在日常生活中这种得心应手的事情很少，大多时候我们需要向他人寻求指点，以帮助自己作出选择。比如：我们要在琳琅满目的商品中挑选一件送给朋友，作为他的生日礼物。由于对商品并不了解，担心上当被骗；或者要买一件艺术品时，由于自己对艺术不太懂，又怕当众出丑。这个时候，我们就去向他人请教，并且希望得到建议。但这并不代表着我们一定要按照他人的意见去做。实际上，他人的建议只是帮助我们作出选择，起辅助作用，很大程度上，我们最后作的选择是由我们自己的意志力决定的。他人给出建议后，我们结合这样的建议再作出选择，这时候的选择是我们自己的决定。

我们知道，作决定是一种脑力劳动，需要我们不断地付出努力，而那些意志薄弱的人就会尽量不作选择。比如：一个服装师在为一位贵妇人挑选礼服。在挑选的过程中，这个服装师要思考很多的问题，如服装的款式、颜色等是否适合这位夫人，由于这个过程需要花费很长的一段时间，服装师担心麻烦，就随便告诉这个贵妇人："白色的那件礼服很适合您。"这位贵妇人在听到服装设计师的建议后，也点头表示同意。事实上，这位妇人是个不喜欢动脑筋作决定的人。

人的一生要面临不断的选择，想要摆脱对他人的依赖，获得独立，就应该加强自己作决定能力，清晰的思路与非凡的决定能力会给人巨大的自由感。

鼓足勇气是锻炼意志力的一种表现。我们在生活中会遇到这样的情景：一位是在家里可以打点一切的家庭主妇，一位是做任何事情都听从丈夫安排的女人，试想一下，如果两个人都遇到了不幸，老公去世了，这两个女人会如何面对呢？前一个女人可能逐渐从悲痛中走出来，继续照顾孩子和老人，把家里的各种事情打点得很好；而后一个女人就会整天沉浸在痛苦中，或者是另寻庇护。我们必须学会独立，学会依靠自己，因为在那些真正危机的关头，我们只能靠自己。

和成年人比起来，孩子是一个小生命，发展还不平衡，有时候他们很容易冲动，但有时候又能很抑制自己。对他们来说，冲动和抑制还没有完全融为一体。所以，他们的很多行为在成人看来显得很幼稚。要知道这两种力量的融合只是早晚的事，因此，父母一定要继续努力帮助孩子形成他自己的意志力，不能放弃。

冲动和抑制的融合有利于人的发展，因此我们应当帮助孩子尽早完成冲动和抑制这两种力量的融合。值得注意的是，这样做的目的是锻炼孩子的意志，尽可能早地使冲动和抑制达成某种平衡，而不是让孩子成为别人眼睛里早熟的小绅士。要实现这一目的，我们就应该在日常生活中，有意识地训练他们的意志，让他们参加集体活动，和其他小朋友一起游戏，让他们专心完成某件事情，学会高度集中，与眼前任务无关的事情坚持不做；让他们做一些力所能及的事情，坚持做下去，直到这种行为很协调，以致变为习惯。在这里，我们要先从孩子喜欢做的事情入手。努力锻炼他们的意志力，努力使他们内心的冲动和抑制达到平衡，这正是孩子们准备融入社会所做的准备。

相反，如果我们不让孩子参加集体活动，整天待在家里一动不动，那么冲动和抑制就不能达到平衡，也就不能锻炼坚强的意志，而孩子成人以后，也很难融入社会这个大集体中。因此，只有在集体中与其他孩子自由交往，孩子们才能逐渐融入社会。如果父母仅仅对孩子说教，告诉他们你应该做什么，这样的做法是无法帮助他们培养意志力的。举个例子，父母想让孩子在陌生人面前表现得大方，仅仅告诉他什么样的做法是有礼貌的是不行的，就好像告诉孩子该怎么样弹钢琴而不让他碰钢琴一样。所有的意志力必须在实践中才能得到锻炼，否则只是空谈，不会得到任何实际的结果。

纸上谈兵式的教育会让孩子的意志变得很弱，这样的孩子只会坐在那里接受成人的命令，或是在课堂上假装在听老师讲课。由于这些孩子听从父母或教师的安排，因此，父母或教师经常夸奖他们。殊不知，这些不断地夸奖会让孩子更加缺乏意志力，而那些天性好动的孩子却经常被叫做捣蛋鬼。每谈到这样的孩子，教师就会异口同声地说："他们自己不仅安静不下来，而且还经常和旁边座位上的孩子说话，让他们也说话，以使他们也加入到之前的队伍中来。"另外一些孩子由于受过度抑制力的支配，很害羞，有时候回答问题的声音很小，有些孩子居然在回答不出问题后哭泣。

对于以上三类孩子，父母应该鼓励他们多参加集体活动，在集体中自由地玩耍，从而对意志进行必要的锻炼。当一个意志薄弱的孩子看到其他孩子正在进行一项很有趣的活动的时候，这个外部刺激作用于他，就会产生一种参与到这个活动的欲望。当这类孩子从被监视的状态中解放出来，并且按照自己的意愿进行自由活动的时候，他们内心的冲动和意志就达到了一种平衡。这也是使人类获得解放的重要途径，它使弱者获得力量，使强者更加完善。

因此，对孩子意志力的培养，其关键就在于多鼓励孩子参加各种集体活动，因为在集体活动中，往往需要活动成员遵循一定的行为准则，还需要伙伴之间的配合。这些都会要求活动成员约束自己的意志和行为，遵循这些活动规则，从而帮助孩子们形成并锻炼他们的意志力。

蒙台梭利箴言：

意志力影响着孩子才能的发挥，有了意志力，孩子才可以坚持不懈地学习，才可以发挥自身更大的潜能。为了实现这一目的，父母要从孩子感兴趣的事情入手，给孩子自由；遇到困难给孩子鼓励，让他坚持到底；让孩子多参加集体活动，在与其他孩子的活动中培养孩子坚强的意志力。

第五节　阅读与书写

文字是人类文明发展进步的标志，是社会文化传承最重要的载体。对文字的掌握和运用的能力是现代社会对每个成员的基本要求。同时对文字的掌握水平是衡量孩子的思维发展状况的重要标准。文字不仅可以向孩子呈现出一个丰富多彩的世界，还可以承载他的思想，使他对人生的感悟、对自我的反省得到展现，从而使他对生活在其中的世界形成更深刻的认识。

●●●●●●●●● ✲ ●●●●●●●●

一天，有几位母亲来找蒙台梭利，请求她教她们的小孩阅读和书写。这些妇女没有上过学，是文盲，她们请求蒙台梭利答应她们的这个要求。当时蒙台梭利很反对这样做，因为她们的这个要求超过了她原先的设想，但她们一再恳求。

接着令人奇怪的事情的发生，标志着奇迹的出现。为了使这些四五岁的儿童学习字母更方便一些，蒙台梭利让一位教师用硬纸板做成这些字母的形状。由于有些字母是用凹凸不平的纸做成的，儿童经常用手指在上面顺着字形写，并且记住它们的形状。蒙台梭利把这些字母放在桌子上，把形状相似的字母放在一起并进行归类，于是当儿童在触摸这些字母的时候，他们的小手就会顺着字形进行相似的描摹动作。这位教师对这种安排十分满意，并且以后他也是这样安排的，在这个过程中他并没有为儿童提供更多的帮助。

当儿童触摸这些字母的时候，他们非常激动。他们把这些字母高举起来，像举旗帜一样，列队绕圈走着，并且高兴地呼喊着。他们为什么这么激动呢？

有一天，蒙台梭利看到一个小男孩独自一人在路上走着，一边走嘴里还在不停地说："拼'sofia'这个词，这个词有一个'S'，一个'O'，一个'F'，一个'I'和一个'A'。"他一遍一遍地说着，这使蒙台梭利感到很惊讶。实际上他在不断地对自己头脑中的这个词进行研究和分析，并且寻找着语音。依靠这种对探究发现的兴趣，他终于认识到，这些语音中的每一个音都有一个字母与之相对应。也许这就是这些孩子激动不已的原因吧！

········● ❧ ●········

事实上，很多字的拼音就是语音和符号之间的相互对应。语言是讲出来的东西，而书面语言仅仅是把语音转变成可见的符号。书面语言和口头语言的同步发展标志着书写的进步。刚开始，书面语言是从与之相对应的口头语言中繁衍出来的，就像滴水汇成大海一样，它们最终汇成一条性质不同的书面语言和语句的溪流。书写对于掌握字词和音节都是有好处的，它能使手掌握一种与说话同样重要的技能，并且创造能完全精确地反映口头语言的第二种交往手段，即书面语言。

文字的发展使得书写的出现合乎逻辑，但是要能正确地书写，手必须要具有描摹的能力。一般来说，字母是很容易描摹的，因为它们仅仅代表了特定的语音。

········● ❧ ●········

有一次，在"儿童之家"里发生了这样一件事。这天，一个孩子在开始学习写字，突然听见他大叫："我会写字了，我会写字了！"孩子们兴奋地围上去看着他用粉笔写在地板上的那些字。有的小朋友也叫道："我也会，我也会！"于是他们叫嚷着，跑去找能够写字的地方。不一会儿，就发现有的孩子围在地板的周围，有的孩子趴在地板上，他们都在写字。他们学习写字的活动就像决堤的洪水一发不可收拾。不仅在学校里这样，他们在家里也到处写字，门上、墙上甚至面包上。虽然这些孩子只有4岁，但是他们书写才能的显露却是教师们完全没有料到的。

　　一位教师指着一个小男孩对其他教师说："这个小男孩是在昨天下午3点钟才开始写字的。"教师们完全怔住了，感觉就像看到了一个奇迹。以前，教师们曾经把一些附有插图的精美的书籍发给孩子们，但是他们收到这些书的时候，显得很冷漠。虽然这些书里有精美的图片，但这些东西现在只会使他们分心，使他们不能全神贯注于书写——这个时候，他们要写字，而不是要看图片。一直以来，教师们就希望唤起孩子们对书籍的兴趣，虽然这些孩子过去也许从未看到过书，让他们理解成人所说的阅读含义好像根本不可能。因此，需要等待一个更有利的时机，在等到这个时机之前，就先撇开这些书。孩子们不怎么喜欢阅读别人所写的东西，很可能是他们还不明白这些字的含义。当教师大声地把他们所写的字念出来的时候，大多数孩子转过身来，呆呆地看着老师，好像在说："奇怪，你怎么知道的？"

　　大概过了6个月，他们开始理解自己所阅读的内容了。孩子的进步怎么这么快呢？原来是由于他们把读和写结合了起来。当蒙台梭利在一张白纸上描字时，他们都注视着她的手，并逐渐认识到，就像在跟他们说话一样，蒙台梭利正在跟他们交流着自己的想法。他们认识到这一点以后，就拿起她写过字的那张纸，把它带到角落里试图阅读蒙台梭利在纸上写的那些字。他们默读这些字，没有发出声音。他们的小脸蛋有时候因为努力思索而皱起来，有时候又突然露出了一丝笑容，并且高兴地跳起来。这个情景告诉蒙台梭利，他们已经明白自己写的这些字了。一般蒙台梭利写的句子要么就是一个短语，要么就是一个祈使句，例如：以前在课堂上经常说的"命令""打开窗户""到我跟前来"等。孩子们就这样开始阅读了。渐渐地，他们能够阅读复杂的长句子了。但这些孩子似乎把书写理解成表达自己思想的另一种方式，就像人与人交往经常使用的口头语言一样。

过去学校里来一些参观者的时候，孩子们都站在门口致欢迎词，可是现在许多孩子都保持安静，在黑板上写着"请坐""谢谢你们来访"等等。

有一天，教师们正在谈论墨西哥发生的地震所带来的巨大灾难：地震彻底毁坏了墨西哥城，导致数千人的死亡。这个时候，一个大约5岁的孩子站了起来，并走到黑板前写道："我感到遗憾。"大家都注视着他，估计他将对所发生的事情表示口头悲哀。可是他继续写道："我遗憾的是我只是一个小孩子。"看起来这个小孩子很自我，这种言论很奇怪，但这小家伙接着写道："如果我是大人，我会去帮助他们。"这个孩子已经写出一篇小文章，文章字数虽然不多，但却揭示了他的善良。而他的母亲是靠在街上卖草药维持生计的。

在"儿童之家"里，还有一件令教师们感到惊讶的事情。为了方便孩子识别罗马字母，教员们为他们准备了一些相关的材料。于是这些孩子开始阅读在学校中能发现的印刷体的文字，但是有些文字很难辨认，比如说日历上的字母就很难懂，因为日历上的字是用哥特体排印的。后来，这些孩子的父母跑到学校里说，他们的小孩在街上走一会儿就停下来读商店招牌上的文字，他们根本无法跟孩子一起走路。看来，这些孩子不仅仅是对阅读文字感兴趣，他们对理解这些字母更感兴趣。他们希望在知道字的含义下去学习另外一种书写方式。这是一个凭借直觉的过程，就像成人辨认刻在岩石上的史前文字一样，成人发现这些符号的含义就证明他们已经把它们辨认出来了，儿童对所有印刷文字都有着强烈的兴趣。如果成人匆匆忙忙地就对这些儿童解释这些印刷符号，就很可能扼杀他们强烈的探究力。过早地强求儿童通过阅读书本来识字，对他们来说，毫无裨益。

干一些并不是很重要的事情会削弱他们的兴趣。于是，在很长的一段时间里，这些书被教员们一直放在柜子里，到后来才把这些书给孩子们。儿童们接触这些书是以一种很有趣的方式开始的。一天，一个孩子兴奋地来到学校，他手中拿着一张被揉皱的纸。他悄悄地对一位同伴说："你猜这张纸上有什么东西？"他的同伴说："什么也没有，这只是一张破纸。"听到同伴这样说，他立刻反驳道："不，这张纸里有一个故事。"同伴一听他这样说，也好奇起来，说："上面有一个故事？"后来这张纸吸引了一群好奇的孩子。这个孩子拿着这张从一堆废纸中捡起来的纸，开始读起来——他读了一个故事。

············● ⁑ ●············

当孩子理解了一本书的重要性，书本便成为他们迫切需要的东西。然而，当一些孩子发现书上有些内容读起来很有趣的时候，他们就把这一页撕下来带走。那些可怜的书啊！它们的价值刚被发现，就受到伤害。为了阻止这些由于喜爱阅读而变得对书具有破坏性的孩子，我们应该在他们学会阅读书本和尊重书本之前就开始教育他们。为了让他们能够正确地学习拼音和书写，甚至让他们的书写水平可以和初中三年级的学生相媲美，我们必须要为孩子提供帮助。

阅读和书写是孩子继学会说话之后，语言能力的进一步飞跃。通过阅读和书写，孩子可以在先辈传承下来的知识宝库中自由翱翔。在现代社会，阅读和书写是人类学习社会技能和表达自己观点的最基本和最重要的工具。父母应该遵循孩子学习阅读和书写的规律，及早发展孩子的阅读和书写能力。

蒙台梭利箴言：

书写是一种不同于说话的另一种与人交往的技能，良好的阅读、书写习惯让孩子终身受益。任何一种习惯都不是一朝一夕就能形成的，父母要教育孩子持之以恒，逐步养成良好的书写习惯。与此同时，还要教育孩子对书本加以爱护。

第六节　开发孩子的智力

在日常生活中，人们把"快""好"这些词作为聪明孩子的代名词：作业完成得真快，回答问题回答得真好，就说明孩子很聪明，好像"快""好"成了智力发展的标志。反应迅速、动作敏捷、判断准确是孩子智力最明显的外部表现，聪明的孩子往往能够迅速地理解事物的内涵。导致这种迅速的原因是这个人有从外界接受信息、精心编织意象以及使大脑思考的结果表达出来的能力。

实际上孩子作出的迅速反应不仅跟训练有关，也跟建立的内部条理有关。做事有条理是反应迅速的关键。对人们熟悉的工作进行有组织的、条理有序的、层次清晰的再安排本身就是智力的形成过程。思维混乱的大脑很难知觉某一对象，而且在一切事物中，正是有内部条理的存在，才具有迅速发展的可能。

能够把事物区别开来是智力的重要特征，它是进行创造的基础，而创造必须要有条理地进行。意识的内容可能多种多样，但是当一个人思维混乱的时候，他所有的智力活动都会停止。因此，要想促进一个人智力的发展，就要帮助他把意识中的意象有条理地进行分类。

我们想象一下一个3岁的孩子面对这个世界时的心理状态吧！一下子看到那么多的东西，他会感到筋疲力尽，以至于昏昏入睡。他身边的人没有想到，他还要走路——这才是他实际需要完成的"工作"。在孩子器官发展协调一致之前，必须要纠正孩子在感官方面所犯的错误。因此，这个被过多刺激压迫的小孩子，就只会哭闹或者睡觉了。

3岁孩子的思维很混乱，他就好比一个收藏很多书籍的人，胡乱地把这么多的书堆放在一起，苦恼地说："这些书我该怎么办啊？""我什么时候才能把这些书收拾整齐、有条理，并自豪地说，我有了一座'图书馆'呢？"

通过感觉训练，孩子们能够把事物区别开来，并能够对此加以分类。实际上，训练孩子感觉器官的材料描述了事物的特征：大小、形状、颜色、表面光滑或者粗糙、重量、温度、味道等，最重要的是它揭示的物质的性质，而不是它本身，虽然这些性质是由物质代表的。我们能够找到一系列相同数量的对应物来描述长、短、厚、薄、大、小、冷、热、光滑、粗糙、香、臭、昏暗和光明等特征。这种分类对于条理的建立是非常重要的。实际上，事物的性质不仅有质的差别，也有量的不同。它们可能高一些或低一些，厚一些或薄一些等。

用于感觉训练的材料可以让孩子区分事物。首先，它可以使孩子通过分析和比较能区分两个刺激物的特征；然后，当孩子的注意力转移向外部一系列事物——长短、光明、黑暗的时候，他们便感知到了事物之间的差异；最后，孩子就可以区分不同事物特征的差异程度。

凭借物质的特征来区分事物是最可行的办法，而对不同物质的分类涉及每种物质在人类头脑中的基本排序。所以，对孩子来说，世界不再显得那么混乱不堪了。于是，他的思维便有点像图书馆里摆放整齐的书架一样，每样东西都各归其位，他学到的知识也得到了适当的分类，而不再仅仅被储藏起来。这种基本的顺序绝不会被打乱，而只会被新的材料加以丰富。

孩子在具备能够区分事物的能力后便为智力奠定了基础。因此，孩子认识了外界环境中的事物。当他惊喜地发现云朵是白色的，玻璃是透明的，桌子是长方形的时候，其实他并没有真正发现云朵的颜色，没有看见玻璃，也没有看见桌子，而只是发现了它们在大脑中的位置而已，这就决定了孩子内心个性的稳定平衡。这种稳定平衡的作用就好像能够使身体运动协调的肌肉，它能使身体保持平衡，从而保证从事各种运动时的安全，并且为孩子带来了力量。一座布置得井然有序的图书馆可以为读者节省大量的时间和精力，这是因为图书馆很有条理。有了这种条理，孩子就能很轻松地完成更多的"工作"，能够在更短的时间内对刺激做出反应。

在大脑已经建立稳定条理的基础上，对周围事物进行区分和归类，这是一个人的智力表现，也是对人的精神的熏陶。如果一个人凭借画家对颜色的选择，就能知道画家的性格，我们就可以说他对艺术很精通了。同样，如果一个人能够通过作者的写作风格，就能了解作者，我们也可以说他对文学很精通了。科学家就属于这种类型的人，他们观察事物很仔细，能够在细致观察的基础上对这些事物的价值作出准确地评价，从而对这些事物进行分类。

造就鉴赏家、文学家和科学家这种能力的并不是知识的积累，而是他们头脑中已经建立的知识体系。而那些没有受过教育的并且对事物没有深入了解的人，他们的经验没有条理，并且条理也只局限于他们能够直接接触的事物之中。科学家的知识很丰富，他们能够把事物区分开，并且能够识别所有物质并确定它们的种类以及相互之间的关系，尽管这些东西对他们来说有可能是陌生的。我们要教育孩子像科学家那样，对一切事物都敏感，并且可以凭借事物的外部特征加以区分和分类。相反，那些没有受过教育的孩子从艺术品旁边路过或者听到古典音乐时，都不会欣赏。他们对身边的一切都不感兴趣。

事实上，每一个事物的特征都有无限种被描述的可能。比如，在上关于咖啡的自然课上，教师对咖啡加以详细地描述，当孩子们的注意力都集中在了咖啡豆的大小、颜色、形状、气味和温度上时，如果接下来教师描述的是咖啡树以及先辈们是怎样把咖啡豆运到欧洲的时候，孩子们就会被弄得不知所云。教师这样的讲解就像从锅里溅出来的油，四处飞溅，没有任何作用。如果我们问上过这节课的孩子："咖啡到底是什么东西呢？"他可能会这样说："说来话长了，我也记不住了。"教师讲述的模糊的概念填充着孩子的大脑，这样只会让孩子的大脑疲惫不堪，根本无法进行积极的联想。孩子能够努力做的最多的是回忆一下咖啡豆的历史。换句话说，当他的思想允许自己脱离连续被动的联想的时候，懒散的大脑便处在了胡思乱想之中，这样孩子就沉湎于幻想之中，思维没有活动，更谈不上什么个性的差异了。所以，教育要使孩子的大脑成为一个不断装载新东西的仓库，并且可以很容易地接受各种不同的新观念。

我们知道，如果孩子想认识一件事物的本质，但是他却以静止的方法形成印象，不参与关于这一事物的任何活动，这样做是不行的。因为他的大脑不能把这一事物与其他事物联系起来并加以思考。我们在凭着物质的相似性联想它们的不同意象时，我们要从总体上抽取这些物质共同的特征。例如，如果我们说两个长方形的书桌很相似，我们已经从它们众多特征中抽取如下特征：它们都是木质的，表面都是光滑的，都被染成了黑色，都是长方形的以及都是供学生写字用的等。这些也许会让人联想到一系列的事物。但是在得出这些结果之前，大脑可以从众多特征中提取出长方形的概念。大脑要灵活，必须能够分析事物，并且从中抽取某种特征，在这种特征的指引下作用其他的事物。如果大脑不能从众多特征中选取它们固有的特征，那么即使通过比较、联想，也不可能产生更高水平的智力活动。

智力的根本特征并不像照相机拍摄物体时会留下清晰的印象，然后再将它们一张一张地保存下来。智力独特的逻辑思维能力以及辨别能力是能够把事物区分开。正是在这个基础上，智力才建立起自己的内部结构。于是孩子在事物特征的分类上有了条理，他们不但要根据自己对事物的特征来分析观察它，而且还要区分他们的相同、不同和相似之处。这个"工作"使孩子能够清楚地识别某一事物的特征。例如，对孩子来说，注意某一物体的形状、颜色以及相似之处是很容易的。因为形状以及颜色已经被他们分了类，他们根据这些类似的特征很容易联想起其他的物体，这种联想就像是一种机械工作。

为什么一个孩子看到的窗帘是淡粉色的，而一个孩子看到的窗帘是被风吹得飘了起来的？为什么一个孩子观察到手是白皙的，而一个孩子注意到手的皮肤是光滑的？为什么一个孩子看见的窗户是长方形的，而另一个孩子把窗户看成欣赏蔚蓝天空的工具？这是因为孩子对事物主要特征的选择与他们的性格有关，孩子的个性在这种积极的活动中表现了出来。而对孩子智力的开发，就是要在尊重孩子个性的基础上进行。

蒙台梭利箴言：

> 每一个事物的特征都有无限的可能，要想开发孩子的智力，父母要尊重他们的成长规律和性格特点，让他们去不断认识外界环境中的事物，在此基础上对周围事物进行区分和归类，使孩子的大脑成为不断更新的仓库，挖掘自身无穷的潜力。

第七章

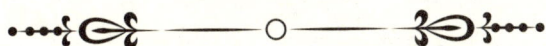

对儿童教育的重新思考

第一节　父母的使命

如果说劳动者生产人们需要的各种产品，对外部世界进行着创造，那么，儿童就是在塑造着自身，对自身进行着"生产"。因此，他们的权利更需要得到社会以及成人的承认。显然，社会应该不惜一切地给予儿童最大的关怀和最完善的照顾。否则，人类未来就没有了发展的可能性。

父母不是儿童的创造者，而应该是儿童的守护人。父母必须精心地照顾孩子，就像承担一项神圣的职责一样保护儿童，并深切地关心他。就父母赋予自己孩子的生命而言，他们对社会有一个基本的职责，即掌握着人类的未来。为了完成自己崇高的使命，父母应该净化大自然赋予他们的爱，努力去理解这种爱是未被自私或懒散所污染的意识里最深厚的情感。

如果父母忽视和遗忘儿童的权利，不断地折磨儿童和践踏他们的自尊，无视儿童存在的价值以及他们的力量和本性，那么全人类应该与之进行最强烈的斗争。

蒙台梭利箴言：

家庭是孩子教育的起点，父母是孩子的第一任教师。教育孩子是一项任重而道远的事情，作为父母，我们要知道孩子是以一个独立的生命个体的形式而存在的，他们掌握着人类的未来。因此，我们要恰如其分地给予引导、帮助和鼓励他们，促进孩子天赋本能的发展。

第二节　父母的修养

孩子出生之后的前3年，是他一生智力发展、性格形成的最关键的时期。这个阶段对孩子施加的影响往往会对孩子将来的发展产生影响。而孩子在这最初的3年里一般都是在父母身边度过的，学校教育在孩子3岁以后才开始进行。因此父母的修养就对孩子的发展有着非常重要的作用。

蒙台梭利认为，智力的发展，是从感觉器官接受周围环境的刺激开始的。当这些刺激达到大脑后，接受大脑的反应回馈，做出对刺激的反应。期间这些刺激经过大脑一系列选择和综合，转化为记忆储存在人的大脑里。因此，感官是智力形成的重要器官。

发展感官的潜力是提升智力的开端。蒙台梭利曾说："感官的发展必在认知发展之前。"她还说过："人自身必须成为教育的中心，而且永远不可忘记：人不是在大学时代发展其心智，而是在诞生之时就开始了心智的成长。"

家庭教育需要父母不断提高和完善自己的修养，要知道自己在家里的一言一行都是会对孩子产生长远的影响的。蒙台梭利曾说："关于对婴儿时期所做的研究结果，是毋庸置疑的。出生之后的头两年对个人的成长是重要的，因为这段时期孩子从无到有发展出自己的精神生命。"所以如果父母能抓住孩子发展的关键期，采用一些科学的教学方法，锻炼孩子的感官，促进孩子智力和品格等方面的发展，就会为孩子身心两方面的良好发展奠定基础。对此，蒙台梭利为父母提供了教导孩子的一些基本原则。

一、要有尊重孩子的态度

尊重孩子的自尊心，就会发现孩子的成长往往会出乎大人的意料。蒙台梭利经常受邀参加"蒙台梭利国际协会"在世界各地举办的会议，在会上她总要求举办者在会场的上方挂出"帮助我！让我自己做"的口号，以此来说明在对待孩子的问题上应该以一种尊重和平等的态度，而不是居高临下。

二、对孩子进行科学的观察

对孩子进行科学的观察，就是要在掌握孩子的喜好的基础上，用客观的态度去记录孩子在成长中的点点滴滴。经过自己的理性分析，来为孩子下一步的成长提供条件。不能因为自己的喜好和心情而影响判断，更不能不加观察就对教育孩子的问题妄加判断。

三、启发式教学法

前苏联著名心理学家维果斯基[1]曾经提出了有名的"脚手架教学法"。其核心思想就是教学的任务是在了解孩子现有水平的基础上，不断为孩子创造更高的、经过努力可以达到的目标，而这个目标的实现需要施教者通过启发和诱导孩子进行思考并最终解决问题。启发式教学是一种很重要的教育技巧，它强调父母和孩子要在平等的基础上，需要父母和孩子都充分调动自己的积极性，通过一些探索来获得新的知识。进行启发式教学，最忌讳的就是当教学目标无法达成时，对孩子进行强制性的填鸭式辅导。

四、给孩子提供一个良好的环境

在蒙台梭利的教育理论里，特别重视环境的作用。蒙台梭利认为良好的环境应该能够给孩子提供一个安全而又能够自由活动的场所。通过让孩子自由活动，来感受周围环境，锻炼自己的各种感觉能力和意志力。

五、多和老师进行沟通交流

当孩子稍稍长大，就可以把孩子送到幼儿园了。在这里孩子开

---

[1]维果斯基（1896—1934），前苏联心理学家，"文化—历史"理论的创始人。

始接受专业教师的辅导，进行系统地学习了。但这并不意味着父母可以就此放松了，因为父母仍然是孩子生活中最重要的人。在对孩子的教学问题上，父母应该多跟教师沟通，这样可以让教师更了解孩子，也可以从教师那里获得一些专业的家教指导方法。

父母是孩子的第一任教师。父母的修养如何，在孩子的成长过程中有着不可忽视的作用，这种影响力在孩子出生后的头3年最为明显。这段时期也是孩子性格形成，语言能力、想象力、意志力等能力发展的关键时期。虽然孩子的成长受自己的内在生命力的驱使，这是决定性的内因，然而仅仅有孩子的内在努力是不够的，外部因素也至关重要。在这些外部因素中，父母的修养是孩子成长最重要的外部环境。有良好修养的父母会尊重孩子的内在生命力，为孩子的发展创造自由和良好的环境。

蒙台梭利箴言：

大约在3岁左右，孩子开始进入幼儿园，接受正规和系统的教育。但是3岁以前婴幼儿智力的开发会为孩子将来的发展奠定基础，然而对这一阶段的幼儿教育一直被多数人忽略。此时，父母的修养对孩子的发展至关重要。父母是孩子的第一任教师，同时也是最重要的教师，父母要负起责任，当好孩子的第一任老师，把好孩子成长发展的第一关。

第三节　处理冲突

教育作为社会科学领域中最重要的一个分类，对人类的进步和发展有着重要作用。现在，不仅教育家和科学家对教育这一学科研究产生了浓厚的兴趣，父母和社会大众对此也表现出了同样的关注。现代教育需要遵循两个原则：了解和培养孩子的个人特质，即在了解每个孩子个性的基础上，利用孩子特有的性格来引导他；二是解放孩子，给孩子自由。

虽然教育科学已经解决了有关儿童教育的很多问题，但是有些困难是很难解决的。在教育领域中，问题常常成为人们研究的对象，比如，人们常常说到的性格问题、能力问题以及兴趣问题等。但是在其他科学领域，问题被"原理"这个词所代替，比如，光辐射原理、浮力原理等。通常在科学研究领域，问题是在不明确的地方而产生的，因此科学领域的核心内容就是发现问题并把问题解决掉。但是在教育领域中，人们对重要的问题却不加重视。当其他科学领域早已经出现很多对人类生命有益并且令人激动的发明的时候，教育科学却仍然没有取得什么可喜的进步，教育领域进行的研究仍然仅仅局限于表面的想象。

社会有一种无形的压力，使得人们不得不去适应一些与自身发展相适应的环境。于是，人们或多或少地要作出一些牺牲。我们的孩子也是这样：在沉重的学习任务之下，他们不得不牺牲自己的游戏时间，尽管父母也希望孩子能够在学习中享受到乐趣。一方面我们希望孩子可以自由快乐地学习，另一方面我们又要求他们听从我们的指令，理想和现实之间的矛盾引发了很多教育上的问题。

那些与孩子性格发展和智力发展有关系的问题，其实都是由孩子和成人之间的冲突和对立造成的。在孩子发展的道路上，成人不断给他们设下障碍，并总是以一种冠冕堂皇的名义，要控制孩子的意志来满足自己的意愿。与孩子关系最亲近的母亲和教师，在孩子性格形成过程中，反而成了对孩子伤害最大的人。儿童和成人之间的矛盾使儿童在成年以后表现出精神错乱、性情异常以及情绪不稳定等症状。在一定程度上说，这与教育有关。

解决教育问题，有一点我们要明确，那就是我们要针对教育者提出要求，而不是对儿童。教育者要改变自己的观念，抛弃对儿童的一切偏见，努力改变自己对儿童的态度；与此同时，教育者要为儿童的发展准备一个没有障碍的生活环境。要说明的是，为儿童准备的这个环境要符合儿童的需求，让儿童在其中能够得到真正的解放、自由的发展，从而显现出非凡的品质。

通过观察我们发现，当我们为孩子营造了一个适宜的环境以后，孩子在活动中表现出了前所未有的创造力，而且孩子在"工作"中显得也很沉稳。以前孩子一直和父母抗争，这种环境使孩子不得不武装自己，压抑自己的精神状态；而现在，父母为孩子提供一个与之精神需求相适宜的环境，那么孩子长时间被压抑的自然状态就表现了出来。因此，孩子的内心有两种不同的心理状态：一种是自然并富有创造力的状态，这种状态表现出孩子善良的一面；另外一种是受到成人压迫而产生的自卑状态。对于那些自由成长的孩子来说，成人扮演着一个和孩子地位平等的角色，成人能够与孩子愉快地相处，并且能够与孩子一起享受生活的乐趣；而对那些被成人压迫的孩子来说，成人是让他们制造出很多无法解决的问题的罪魁祸首。

天真、自信是孩子融入社会的表现——在道德的力量下，行为不规范、说谎、害羞等一些缺点也会马上消失。于是一个原来全身缺点的孩子完全改变了。因此父母和教师要以全新的态度对待他们，以谦和的态度帮助他们，而不是在孩子面前摆出一副权威的姿态，因为教育科学应该在教育者与受教育者地位平等的体制下施行。事实上，科学的理念就是先假设一个真理的存在，在这个假设的基础上，向前发展一套确实可行的办法，减少错误的发生，从而走向成功。孩子本身就是引导成人发现真理的人，孩子希望成人能够给予他们有用的帮助。从一定意义上说，这也是成人在帮助自己。

孩子只有通过各种各样的活动才能成长，与此同时，还要接触周边的事物。成人要提供给孩子发展的必要环境，指导孩子学习，从而让其对各种事物有所了解，满足孩子的需求，尽可能地帮助孩子发展。但是在此过程中，父母要把握一个平衡点，我们称之为"介入的门槛"，因为如果成人没有提供给孩子发展所需要的必备环境，或者在这一方面做得不好，那么孩子就不能顺利地发展；但是如果成人替孩子做的事情太多，就会阻碍孩子的发展，使他们的创造力无法发挥。我们相信，随着教育经验的不断积累，父母会逐渐找到介入的恰当时机，掌握好这个平衡点。

生活中，父母总是觉得孩子这也不能干，那也不能干。可是很多孩子做出了成人以为他们不可能做到的事。从他们在"工作"时脸上的表情可以看出，他们做事很专心，可以长时间地做一件事并且没有疲劳的感觉。这是孩子人格发展中的一方面。事实上，孩子的精神比人们认为的更加高尚。孩子觉得痛苦的并不是要做许多事，而是要去做很多对他们没有意义的事。如果一些事是他们感兴趣的，并且与他们的智力相符，能够从这件事中得到尊严，那么他们就会愿意付出努力，直到把它做好。比如画画和写字，由于是一项自发的活动，因此孩子在很小的时候，就能够在轻松、有趣的氛围下学会，而且他们一点儿也不觉得累。

如果成人对这些健康、安静、天真、善良的孩子施行错误教育，孩子会变得疑惑、叛逆、什么都不会做，是成人夺走了孩子旺盛的精力，破坏了孩子的独立性。于是，成人想马上纠正自己犯的错误，弥补孩子性格上的缺陷，平复孩子心理上的创伤。可惜，为时已晚。

有些时候，很多父母发现自己正在一个迷宫里转悠，怎么也找不到出口。在这个迷宫里，他们不知如何是好，有种深深的挫败感。他们的孩子长大成人以后，又成了这些错误的继承人。如果不加以改正，这个错误就会代代传下去。事实上，只有等到父母能够勇敢地面对自己的错误并加以改正的时候，出口才会清晰地呈现出来。

蒙台梭利曾说，成人和孩子的冲突，是孩子成长过程中所可能遇到的意义最为重大的冲突。成人和孩子的世界是如此的不同，而记忆的缺失也导致大人对自己生命最初的记忆一片空白。要求成人理解孩子是如此的困难，以至于成人自认为采取的措施，会对孩子产生良好的影响，结果却是孩子的反抗和妥协。这种成人和孩子之间的冲突，要求成人对自己的行为和方法进行反思和修正。

蒙台梭利箴言：

教育孩子是一门艺术，父母不仅要了解孩子的性格特点，还要解放孩子，促进孩子发展，与孩子共享温馨并且充满爱意的世界。然而在现实生活中，我们经常发现成人和孩子之间发生冲突，成人在孩子发展的道路上设置障碍，这样对孩子身心的健康发展是很不利的。对此，我们一定要改变自己的态度，让孩子的心灵得到解放，充分发挥自身的潜能，成为一个拥有非凡品质的人。

第四节　发现、解放儿童

人们必须要认识到：儿童拥有一种心理活动。由于这种活动很微弱，以至于人们都没有注意到，因为这种活动被成人在无意识中破坏了。

对孩子来说，成人生活的环境并不适宜孩子成长，因为这个环境里到处都是阻碍孩子发展的障碍。这些障碍的存在使孩子不得不进行防备。过去研究儿童心理学并不是从儿童的角度来进行研究的，而是站在成人的立场上思考和研究。因此，现在我们有必要对以前在儿童心理学方面所做出的结论进行重新的审查。正像我们所看到的，儿童做出的每个不寻常的反应都有一个内在的原因，我们不要再把它看成是由于对周围环境不适应而作出的自我防御，而应该把它理解为一种寻求自我表现的行动。

孩子的任性隐藏了孩子真实的心灵，掩盖了儿童试图自我实现的努力，使他不能展示他真正的个性。这些不协调的外在表象背后，隐藏着一个尚未被认识的儿童：他必须获得自由，得到解放。了解这个尚未被认识的儿童，并把他从所有的障碍物中解放出来，成了教育家面临的首要的任务。

成人的心理和孩子的心理之间有根本的区别，成人潜意识的秘密是进行自我约束的某种东西，是在漫长的时间中形成的，在复杂艰难的适应过程中产生的一团乱麻，而儿童的秘密就隐藏在环境之中，被他的环境所掩盖。于是，给予儿童的最好帮助，就是给他提供一个能使他自由发展的环境。儿童正处于成长以及发展时期，我们应该为他敞开大门，促使其实现自我。在这个过程中，他正在创造自我，从不存在到存在、从潜在能力到实际采取的行动。由于儿童具有一种日益扩张的能量，他在展现自我时就不会存在很大的困难。

因此，在一个不受约束、开放的环境里，即在一个适宜于他成长的环境中，儿童的心理生命就会自然地得到发展，并揭示内在的秘密。如果不坚持这条原则，那么未来所有教育的努力只会导致一个人陷入到混乱中，无法走出混乱的迷宫。

现代教育的目的就是了解并解放儿童，让他们快乐、健康地成长，并且在日益成熟的时候，给他们提供必不可少的帮助。在这个过程中，环境是重要的因素，我们必须把不利于儿童成长的外在因素降到最低。

理解和尊重儿童的内在需求，是解决儿童成长中所出现的问题的基本要求。只有这样，才有可能为儿童创造出适合他发展的自由环境。对儿童的理解和尊重，要求家长拥有巨大的耐心和毅力，站在儿童的立场上去看待儿童的内在需求。

蒙台梭利箴言：

发现和解放儿童是现代儿童教育的最终目的，因此我们要改善儿童的生活方式，给儿童提供必不可少的帮助，在儿童的成长过程中，创造适合他们发展的环境。值得注意的是，这个环境要尽可能地减少阻碍儿童成长的障碍物，让儿童在这个环境中可以独立活动。

第五节　儿童中心教育法

我们知道，任何事情的处理都需要方法。蒙台梭利认为，教育作为一种解决问题的方法，可以帮助儿童健康、快乐、自然地成长。园艺学家培育新品种花朵时，会给予适宜的温度和一定的加工工艺，从而改良花朵的色彩、香味和一些其他自然特征，但不管如何改良，都不会改变花朵开花这一基本特征。那些没有障碍物约束的儿童，他们的心理依其本性而发展，按照本性不断发挥潜能。

教育儿童的方法应当强调环境的重要性。众所周知，儿童的心理活动是非常易变的，以致当儿童处于一种不适宜的环境中时，他们就会不适应。因此，我们必须为儿童创造一个能够正常发展的适宜环境，把儿童安置在一个他们不会感到压抑的愉快环境里。为了实现这一目的，我们要帮助儿童消除阻碍他们发展的障碍物。这是教育的基础和出发点。

那么我们到底该怎么教育儿童呢？发现儿童的本性，只有如此，才能促进儿童的正常发展。

当然，教育儿童的方法还应强调教师的积极作用。教师的作用一直是教育界一个值得讨论的问题。教师应该帮助儿童铲除他们面前的障碍物，消除自己在儿童心中的权威地位，这样一来，儿童就可以变得主动起来。当教师看到儿童取得进步的时候，又不把成绩归功于自己。所有这一切，都需要教师的付出。

教育儿童，还有一个重要的条件是给儿童提供合适的、吸引人的、可以进行科学的感官训练物品。只有这样，在具体操作中他们才会被这些能完善他们感知的物体所吸引，并借此发展分析能力和运动能力。此外，这些物品还能教他们如何集中注意力。蒙台梭利认为，儿童需要的就是一个适宜的环境、一位谦和的教师和孩子感兴趣的物品。

在儿童的成长中，一些需要手脑并用的活动是他们对外界影响反应的方式。这些活动就像神奇的魔杖，能叩开儿童天赋的正常发展之门。这些还形成了儿童内心深处的心理活动，如重复练习和自由选择，这样才能展现儿童真正的特征。我们发现，一个孩子会欣喜若狂、毫不疲倦地从事他的"工作"，是因为他的活动就像一种心理的新陈代谢，这种新陈代谢与他们的生命和成长紧密相连，只有这样才能促进他们不断成长。儿童急切地想学会使用那些能促进他心智发展的工具，不再对诸如奖品、玩具和糖果之类的东西感兴趣。他的各种行为有了秩序感和纪律性，并去遵守和完善。然而，他仍是真正的儿童，充满生机、真诚可爱，还对所有人充满友善，喜欢并适应所有他看到的东西。

儿童本身已经为构建一种教育方法提供了明确的原则。儿童自己的选择就是这种教育方法的指导原则，他们的自然本性能够阻止错误的发生。认识到这一点，这些原则才会在一种正确的教育方法的构建过程中发挥作用。

蒙台梭利箴言：

我们的教育应该把儿童和成人的角色进行重新定位，儿童才是活动的中心，他们要独立学习，自己活动，并且可以随意地选择自己想做的事情，不受成人的束缚。

第六节　不要预设障碍

　　生物学已经证实，环境对自然界有着重要的作用；而进化论也指出，环境对物种的繁衍和生物的进化也产生戏剧般的影响。在我们探讨人类与自然环境之间的关系时，与其说人类在适应环境，还不如说人类正在创造一个适应自己发展的环境。如果一个人没有生活在与他相适应的环境里，他不但不能正常地发挥自己的能量，而且也不会了解自己。

········● ✖ ●········

　　很多人向蒙台梭利建议，为了减少桌椅移动时产生的噪音，应该把桌椅的脚下贴上一层塑胶防滑垫，或者是把桌椅固定在地板上。孩子的确很好动，而且有时候很鲁莽，可是蒙台梭利认为桌椅移动时发出一点噪音未尝不是一件好事，因为通过在移动桌椅时制造出来的噪音，孩子们才会知道自己的行为很鲁莽。为了改正这个鲁莽的习惯，孩子就会非常注意自己的动作。虽然把桌椅固定后看上去会比较整齐，但是如果这样，孩子永远不会有序地行动。在"儿童之家"里，每个教室都摆设着一些容易破碎的物体，比如：花瓶、玻璃杯等。有些成人也许会对这样的摆设担心："孩子会把这些东西摔破的。"也许应该给孩子准备一个铁碗，这样，即使他把碗摔在地上碗也不会碎，但是成人有没有想过这样做的后果？孩子会像着了魔一样，一直不断地将碗摔在地上，这种人为的限制将阻碍孩子自然的发展。

········● ✖ ●········

可是现实生活中，孩子根本找不到一个可以与之相适应的环境，因为他们生活在成人的世界里。环境的失调对孩子人格的发展造成了重大的影响。生活在如此不协调的环境里，孩子的动作就不能够得心应手。例如：一个动作灵巧、技术高超的杂技者如果发现别人在模仿他做过的动作，他就会以为那个人不自量力。如果那个模仿者一步一步慢慢地跟着他的动作做，那么这个杂技者就会不耐烦。想一下，我们对孩子的态度是不是也是这样的呢？当孩子试图拿一杯装满水的水杯时，父母就以为孩子自不量力，肯定做不了；当孩子试图帮助母亲做家务的时候，母亲不仅没有因为孩子的懂事而高兴，反而觉得孩子是在给自己添乱，于是抢过孩子手里的东西，把它摔在地上。在这里，给每位母亲一个建议：让你的孩子按照他的意愿去做事，自己起床，自己穿衣服，自己吃饭。

如果细心的话，大人们会发现，让孩子在大人为他已经准备好的环境里生活，他不仅不高兴，反而很痛苦，最终还会哭闹起来。有的母亲对此抱怨说："不管我怎么叫他，他就是不起床；哄他睡觉吧，他连眯一下眼都不愿意，整天把'不要'挂在嘴上，他怎么总是这个样子呢？"其实，如果成人为孩子准备一个与孩子年龄相符、适合他们心理发展并且能够释放孩子精力的环境，那么在这种环境下，孩子就会自由地活动、快乐地发展了。

举例来说，0～6岁是蒙台梭利所说的"动作敏感期"。蒙台梭利认为，对于处于动作敏感期的儿童来说，他们会变得好动和顽皮。比如一般在3岁左右，儿童开始进入"攀爬敏感期"。这个时期的儿童对于攀爬热爱与否，就取决于在他的周围是否有适合他攀爬的自由的环境。蒙台梭利曾建议父母应该给这一时期的儿童在家中专门开辟一块地方，供他们自由地攀爬。在这块地方，父母应该保证家具的稳固，也不能棱角分明，以免他们撞到上面而磕伤。此外父母还可以用纺织物、书籍、低矮而稳定的家具搭建地形来供他们攀爬之用。攀爬可以促进儿童运动神经的发育，增加儿童动作的协调性，对增强儿童的体质和免疫力也有促进作用。此外，攀爬还是儿童学会走路的前奏和准备阶段。

面对一个自由的环境，儿童攀爬的热情也会马上被激发起来。然而，遗憾的是大多数的父母或者担心他们会摔伤，或者认为在地上爬来爬去非常不卫生，也往往是为了省事，认为只有把他们放在摇篮里就万事大吉了。面对儿童表现出来的攀爬的欲望，父母总是用呵斥和强迫来制止。

正确的做法应该是当看到儿童对攀爬表现出异乎寻常的热情时，父母就应该认识到，儿童开始进入攀爬敏感期了，这是一个新的发展期，这表明儿童进入了一个新的发育阶段。父母应该引导、鼓励和保护儿童的攀爬行为，儿童的攀爬行为或许带有一定的危险和破坏性。但这并不能成为阻碍儿童攀爬的热情的理由。通过父母在旁边的引导，可以让儿童体会到一些行为规则和技巧，使儿童逐渐领会到行为需要在一定范围内和一定程度上进行，这样才会受到鼓励，而这时纪律的萌芽就在儿童的心灵中不知不觉地形成了。

其实我们都知道不只是攀爬敏感期需要自由的环境，儿童的发展全程都需要一个不受外界干扰的环境。

••••••••● ❧ ●••••••••

有一次，一群孩子有说有笑地围成一个圆圈，中间放着一盆水，上面浮着一些玩具。有一个4岁半的小男孩，独自一人待在圈外。他充满了好奇，起初，他试图挤进去。但是他不够强壮，所以没有成功。于是他环顾四周，看到角落有一把椅子，就费力地要把椅子搬过去。显然，他打算把它放在小伙伴后面，站在椅子上观看。就在这时，一位大人一把抱起孩子，把他举起来，说："来，可怜的孩子，看吧！"毫无疑问，小男孩看到了浮在水中的玩具，但因为大人经验的缺乏，也使孩子失去了一次用自己的力量克服困难得到快乐的机会。

••••••••● ❧ ●••••••••

在这个事例中，成人阻碍了孩子的自我教育，当孩子想要成为一个打败困难的征服者时，却被压制在一双强有力的手臂之下。让孩子脸上那种渴望、兴奋、高兴的表情，慢慢消失了，留在脸上的是孩子知道别人会为他做任何事情的傻傻的表情。

我们说要为孩子创造一个适合他成长的环境，那么这个环境中的一切物品都应该按照孩子的实际来制作，并且遵循相应的原则。比如，美观舒适的环境更能促使孩子学习和活动，在一个舒适美观的环境中，孩子更愿意主动探索与发现。事实上，孩子对环境美丑的知觉是十分敏锐的。

························● ❧ ●························

"儿童之家"里的一个小姑娘，有一天要去公办学校参观。刚进入教室，她就发现教室里的桌椅表面布满了灰尘。她对学校里的教师说："你知道为什么孩子宁愿让教室脏兮兮的却不打扫吗？"学校里的教师说："这些孩子都比较懒。"这位小姑娘摇了摇头，说："是因为他们没有干净的抹布。如果没有干净的抹布，我也不愿意去打扫卫生。"

························● ❧ ●························

由此可知，孩子用的家具一定要是干净的，这并不仅仅因为这样合乎卫生，还因为这样可以使孩子保持卫生。时间长了，孩子就会养成保持卫生的好习惯，就会把他身边的每件东西刷洗干净。因此，要尽可能地让孩子参加日常家务，比如扫地、给地毯吸尘等。

在孩子正在成长的时候，成人往往费尽心思帮助孩子，殊不知这恰恰妨碍了他们的发展。一般情况下，当我们看到孩子遇到困难的时候，会马上帮助他，帮他完成想要做的事。就好像有一个声音在告诉他们："我在你身边，我会帮你做好一切你想要做的事。"就这样，我们无形中剥夺了孩子做事的主动权。在这种环境下，孩子变得越来越难以相处，而我们以为这是他不听话的表现并且帮孩子做事是为了他好呢！

想想孩子最初的几年是如何度过的。出生以后的很长一段时间里，孩子被裹在襁褓里一动也动不了，慢慢地，好不容易可以走动了，这个时候却又被限制在一个不能打破、弄脏东西的家里。试想在这样的情况下，孩子如何学习使用日常生活中常用的物品，又如何练习控制自己的身体呢？许多学习生活经验的机会就这样被成人剥夺了，孩子的能力必将受到影响。

还有些孩子父母怎么管都管不好，他们总是因为感到烦躁而不高兴，每当父母给他们梳洗的时候，他们都不愿意。父母拿他们没办法，最后只好随他去，不加以干涉。也许有人认为这样的父母真好，能够耐心地容忍这样的孩子。可是父母的这种做法真的好吗？如果真的如此，那就是曲解了好的标准。

事实上，对孩子好并不等于容忍他犯的每一个错误。孩子是弱小的，那么我们应该为孩子做些什么呢？我们已经尽可能地给孩子提供了他们所需要的一切，现在我们要做的只是克制自己想要帮助他的冲动，跟他保持适当的距离，在旁边静静地观察他，不要经常打扰他，当然也不能放任不管。当孩子在做一件自以为非常重要的事情时，他会显得非常专注，而且会乐在其中。除了在一旁观察外，我们还需要思考自己应该做什么，这样才是爱孩子的表现。

蒙台梭利箴言：

对于孩子来说，最重要的就是成长；而在生活中能够自己动手，这是孩子发展所有能力的根本所在。我们一定不要捆绑他们，要给他们自由，让他们在自由的环境里，通过不断地练习，不断改进自己的行为。

第七节　新式教育

　　教育应该从孩子的出生起就开始进行。这句话现在已经成为很多教育研究者的共识。然而怎样开始对新生儿进行教育的问题却很少有人论及。

　　在蒙台梭利的时代，有些医生为0～1岁的孩子设计了一所特别的学校。在这所学校里，孩子们接受一些手脚活动的课程，医生们认为，这些课程可以提早让孩子掌握手脚的运动。蒙台梭利非常反对这种做法，认为这是极其错误的。因为，对于新生儿来说，他们的骨骼还没有硬化，进行这样的运动很有可能伤害到他们。大人帮孩子做手脚运动，是将大人的动作模式强加在孩子身上。即使孩子没有受到运动的损伤，其成功的教育也只是把孩子塑造成了小大人而已，而孩子的自由意志也被大人所剥夺了。肢体运动应该发自于孩子内在的意愿，由孩子的内在生命力来指导，父母需要做的就是静等其变。此外，对于新生儿来说，要学的东西太多了，比如孩子的各种感觉器官的训练等等。

　　由于成人无法用语言直接和孩子进行沟通，没有办法明白孩子的需要是什么。所以，和孩子的沟通，必须建立在细心观察的基础上。我们总是认为，孩子是一个不能自主、需要无微不至的照顾、一哭起来就没完没了的人。因此在孩子出生后的头一年里，我们就用这种态度去对待他，完全忽视了孩子的心理发展。其实，孩子的性格在这一年里已经开始形成了。任何阻碍孩子成长的做法，都会影响孩子日后人格的发展。

有些教育学家把0～3岁的孩子称为"软蜡"，意为这个年龄的孩子的心理是可以随便塑造的。这种观点本身并没有错误，错误的是，对孩子心理的塑造不应该由成人来决定，而是让孩子自己去塑造自己。孩子的这种行为受到内在生命力的驱使，成人大可放心。然而遗憾的是，成人往往会盲目、粗鲁地介入，打破孩子努力塑造出来的轮廓。造成这样的结果，成人往往是在无意之中完成的，他们还以为自己把孩子照顾得非常周到。虽然自己的塑造被成人粗鲁地打断，孩子还会重新开始构建自己的"工作"，直到再一次被打断。这样的尝试，以孩子的最终妥协为止。从此，他不再表达自己的意愿了。

因此，在孩子这个生命的最初阶段，教育是非常重要的。这一时期的教育比以后的更为重要。大人应该采取一种顺应的态度，绝对不能盲目地干预孩子。创造的主体应该是孩子，而不是家长和教师。成人应该去掉自己是万能的幻觉，控制自己想要帮助孩子的冲动。

采取了这种态度之后，成人应该接着尝试去了解孩子的人格并加以尊重。在成人的世界里欢欣舒畅的事，我们认为孩子也会喜欢。在吃饭的时候，把孩子放在另一个房间里哭闹，这就把孩子单独隔离了起来；如果这样对待一个成人，显然是一种不尊重的行为。因此当我们烦躁孩子的哭闹而把他丢在一边时，我们就没有尊重孩子。正确对待孩子，应该像对待成人一样，要对他尊重。

孩子最让成人料想不到的是他们拥有异常敏锐的观察力。我们当着孩子的面时无意中流露出来的说话的语气、表情都逃不过孩子的眼睛。当有些父母在吵架的时候，放在一旁的尚在襁褓中的孩子就会哭泣，就是这个原因。对于孩子的这种敏锐的观察能力，以下有几个有趣的例子。

· · · · · · · · ● ❧ ● · · · · · · · ·

有一个婴儿，才几个月大。当大人抱着他看一幅水果的图画时，他一边看着画，一边还做出吃东西的样子，而这种吃水果的样子是大人吃水果时被孩子看到了。看到孩子模仿得这样开心和兴致勃勃，他的父母就经常抱着他站在画前让他看，直到孩子失去兴趣了才离开。这样的父母才是真正的教育家。因为他们帮助和赞赏了孩子这种自发地模仿他人的动作。

还有一个稍微大点的孩子，当她看见大厅里一尊正在跳芭蕾舞的雕像后，自己也立刻跳了起来，这让她的父母非常惊讶。因为这些动作父母并没有教过她，只是以前带着她看过几次芭蕾舞演出而已，孩子自发的观察力和模仿力就是这样强大。

一个两岁大的小女孩，父母经常带着她经过一家商店。每次看到橱窗，她就流露出快乐的表情。起初父母没有在意，直到有一次，父亲看到那个商店的橱窗上挂着一幅画，而这幅画和孩子床头的那张可爱的小兔子的画一模一样。

孩子们看到明亮的光和鲜艳的花朵，以及可爱的动物画片就会流露出快乐的情绪。就是因为他们拥有着非常敏锐的观察力，可以把自己喜欢的东西一一存进大脑。有时，和4个月大的孩子说话，并不需要大声的话语和夸张的表情。父母只要嘴唇稍微动一下，做出说话的样子，孩子就会立刻把注意力集中到父母的嘴上。这种举动让孩子非常着迷，因为他的内在生命力在此时赋予他一个重要的任务：对语言的敏锐感觉。

········●❧●········

通过这些孩子拥有敏锐的观察能力的例子，我们应该明白，孩子的发展，是有其自身的内在动力和规律的。成人应该改变以往教育婴幼儿的做法，像有意延长孩子的睡眠时间，提前让孩子学习走路、说话，强迫孩子接受某种训练等等，都是在干涉和阻碍孩子的发展。其实，有一种对婴幼儿的新式教育，需要的非常简单，就是尽可能延长孩子待在自己身边的时间，保证让孩子充分参与父母的生活。蒙台梭利曾说："不要毁掉孩子设计内在生命的软蜡。"这对婴幼儿的父母来说是一项重大的责任。

对于父母来说，所持的基本教育观念应该是，在帮助孩子清理成长道路上的障碍时，首先成人自己不能变成孩子的障碍。虽然明白了这些道理，要想不成为孩子发展的障碍，也是非常困难的。因为我们总是认为小孩子什么也不懂，这样一来，一些先入为主的个人成见和一些不合时宜的偏见，往往充斥着成人的大脑，阻碍成人去理解孩子。所以，一种新式的教育要求父母首先必须清除这些傲慢和偏见。

蒙台梭利箴言:

新式的教育要求父母了解孩子的需要，控制自己的行为，以免造成弄巧成拙的破坏。父母应该对孩子的内在自我完善的能力抱有信心。这种养育孩子的新观念，需要父母在理解孩子的基础上加倍努力才能实现。

后 记

走进"儿童之家"

一、第一所"儿童之家"的建成

1907年1月6日，第一所"儿童之家"创立，学校招收3～6岁的幼儿，当时学校里还没有建立专门的教育体系。由于学校什么也没有，因此只有那些几乎是文盲、家里极度贫穷的父母才把孩子送到学校委托照料，当时只有50多名孩子。

蒙台梭利在儿童居住的公寓中留出一个房间作为收容所，当他们想玩耍的时候，她就把他们带到这间收容所。这样他们不会再在楼梯上玩耍，也不会弄脏公寓的墙壁了。蒙台梭利感觉一项伟大的工作要开始了，并且最终会获得成功。于是她开始了工作。

蒙台梭利在工作中发现，自己就像手持神灯的阿拉丁，但她并不知道这就是打开隐藏珍宝的钥匙。她在土地上挖泥块，却没有想到发现了金子，为"儿童之家"里的儿童所作的工作会带给她一连串的惊叹！

蒙台梭利为"儿童之家"里的智障儿童做了大量的工作，用各种各样的物体教育他们，最终取得了良好的效果。她相信，对智障儿童有帮助的方法和纠正他们思维方式的手段，肯定也能帮助那些智能正常的儿童。

把用于教育"儿童之家"的儿童的物体运用于那些智能正常的儿童身上，产生的效果是不一样的。当一个智能正常的儿童被一个物体吸引时，他会把全部注意力集中在这个物体上，并且始终以一种惊人的聚精会神的态度继续"工作"。当他完成"工作"后，会对自己的表现很满意，并且心情愉快。那种满足感是蒙台梭利平生第一次在那张平静的小脸蛋上和闪烁着自信的眼神中看到的。

对给儿童的物体，蒙台梭利都加以选择，因为她认为，给儿童的物体就像开钟发条的钥匙。然而这里还有一个不同，那就是当钟的发条上紧之后，钟自身就不断地运转了，而给儿童一件物体，儿童使用之后，他不仅能持续地使用它，而且他的努力会使他的心理比原来更健康。但是在每次新的经验证实情况并没有改变以后，在相当长的一段时间里，蒙台梭利仍然不敢相信，可是同时又感到十分震惊和惊讶。每当"儿童之家"里的教师告诉她儿童正在做什么的时候，蒙台梭利就会责备教师，并且严肃地说："不要跟我讲幻觉。"

最初孩子来到"儿童之家"的时候，他们衣衫褴褛，两眼泪汪汪，显得那么的惊恐，那么的胆怯，以至于他们一句话也不跟教师说。他们的眼神很迷茫，脸上一点表情也没有，就好像他们以前从未见过任何东西。而事实上，他们只是因为贫困没有被照管好的儿童。他们在黑暗、破落的家庭中长大，这种环境缺乏刺激他们心灵的东西。他们营养不良，身体不健康，需要补充营养、呼吸新鲜的空气以及获得阳光。如果没有这些东西，他们注定要成为不能长出果实的幼苗。

儿童发展的障碍已经被去除，并且已经找到了解放他们心灵的途径。但是，谁能够说出这些阻碍他们发展的障碍物是什么呢？或者谁能够想象出什么东西才能使这些儿童的心灵开花和结果呢？一般情况下，这也许是会产生某种相反效果的东西。

在"儿童之家"里学习的儿童的父母属于社会上最低的阶层。由于不识字，没有文化，因此他们没有固定的职业，于是他们不得不每天都去找工作。这样他们就没有时间照顾孩子，更不用说细心照料了。为这些孩子找一个受过训练的教师照料他们也是不可能的，于是蒙台梭利请了一位年轻的家庭妇女来照料他们。这位家庭妇女曾经上过学，梦想当一名教师，但是后来由于种种原因她放弃了。事实上，"儿童之家"并不是一项真正的社会福利工作，因为资助"儿童之家"的公司从未想过要为儿童提供免费的午餐或者为生病的儿童提供医疗保险之类的东西，而它提供的资金仅仅可以设置一个带家具和简单教学设备的办公室，这就是为什么"儿童之家"开始的时候什么也没有的原因。后来，教师们费了很大精力才准备齐了一些供自己用的桌椅。

在一定程度上说,第一所"儿童之家"并不是一所标准的学校,甚至无法知道它的价值有多大。由于学校的资金很有限,因此在开始的时候,"儿童之家"连最基本的桌椅都没有,更谈不上普通学校里的其他设施了。房间的设备很简单,它看起来更像是一个办公室或一个住的地方。尽管如此,蒙台梭利还是拥有一些在智障儿童教育机构中所使用的特殊东西,而这些东西不能归入学校设备之列。第一所"儿童之家"有一张牢固的桌子,不管怎么说,它可以给教师当桌子用;还有一只体积很大、用来储藏不同的物品的柜子,这只柜子的门被教师锁着,钥匙由教师保管;儿童用的桌子一张挨着一张排列,儿童并排就座;儿童除了可以坐在长条凳以外,还可以坐在一把普通的小扶手椅上。院子中虽然也栽种植物,但植物只限于一小片草坪和树木,没有花朵,后来,这成为学校的特征。蒙台梭利并没有想在这样一种环境下进行一些重要的实验,可是,为了了解"儿童之家"里的儿童与以前自己曾经接触过的智障儿童之间的差异,她开始对他们的感官进行了训练。

在"儿童之家"的门口,蒙台梭利贴上了自己制定的"儿童之家"的规章制度:罗马住宅改善协会在XX号居民楼建立"儿童之家",凡该居民楼的居民的学龄前儿童均可入学;"儿童之家"的主要目的是为那些需要外出工作而无法照看孩子的家庭提供免费服务;"儿童之家"重点关注儿童的教育、健康和身心发展情况,教师将根据儿童的年龄采取合适的教育方法;"儿童之家"聘请女教师、医生和保育员各一名,活动和时间表由女教师安排。凡愿意将孩子送到"儿童之家"的家庭无需缴费,但须履行以下义务:1.家长必须在规定时间内准时把孩子送到,且保证孩子身体和穿着的干净整洁,并穿上围裙;2.家长应该尊重"儿童之家"的工作人员,每星期至少与工作人员交谈一次,就孩子的表现和教师沟通。凡发生以下情况,孩子将被"儿童之家"开除:1.没有经过梳洗和衣服不整洁的孩子；2.屡教不改的孩子；3.不尊重工作人员、或家长行为恶劣，破坏了"儿童之家"的正常运行的孩子。

蒙台梭利没有对教师作任何限制，也没有强加给她们任何特殊的责任，只是教给她们一些运用各种物体训练儿童感官的方法。过了一段时间，她们对这些材料越来越感兴趣，在训练过程中还发挥出了自己的创造性。有一天，蒙台梭利发现一位教师自己还制作了一些物品提供给儿童训练。其中有做工精美的奖章，她是用纸做成的，她把这作为对良好行为的孩子的奖励，蒙台梭利经常发现一些孩子佩戴这样的奖章。

就在这样的情况下，教师们开始了平静的生活。在很长一段时间里，没有人注意她们正在做什么，但是这段时间里的主要活动对她们和儿童是有好处的。蒙台梭利认为，也许自己从事的工作缺乏科学之道，所发生的事情也可能是没有意义的，但是一些重要变化却在发生。

总结：

1907年第一所"儿童之家"建成。在这块教育基地上，蒙台梭利对儿童进行大量的观察和实验，不仅很好地促进了儿童的发展，而且在此基础上形成了大量的教育理论，为父母以及幼儿教育者系统了解0~3岁儿童心理和身体发展状况作出了巨大的贡献。

二、教学用具介绍

为了顺利地向儿童传授知识，帮助他们完成自我建构和心智的发展，蒙台梭利设计了各种各样的教具。在"儿童之家"，儿童可以对教具进行自由地选择并加以使用。只要是他们不感兴趣的，蒙台梭利就会把它们扔掉，因此最后剩下的都是符合不同年龄段儿童兴趣的教具。

众所周知，人要认识外部世界，首先要凭借感官对外部世界中的物质进行感知，在此基础上对不同事物加以区分，进行分类，从而产生相应的概念以及观察能力和判断能力。与此同时，感官对外部世界中的物品不断地感觉，在这个过程中儿童的肌体功能也获得协调和完善，这时各种感官的敏锐度也得到了增强，由此使儿童的注意力和意志力获得巩固和强化。正是基于这一点，教具帮助了儿童生命的成长。从这种意义上说，教具对儿童智慧的开发、潜能的发挥起着重要的作用。

在"儿童之家"，根据教具的不同用途，可以把教具分为日常生活教具、感官教具和数学教具。

日常生活教具主要是为了训练儿童的感官能力和肌肉活动之间的协调。对儿童来说，动作的平衡会促进智能的发育，手眼的协调也为他们将来的写字、画图做准备。比如只有手部肌肉发育起来，儿童才有可能写字。于是在"儿童之家"里，教师们每天都会给儿童提供教具，使其对手部肌肉进行练习。时间一长，儿童自然而然就会写字了。此外，日常生活教具的使用对儿童人格的形成，培养他们独立、专心、协调、秩序等习惯有着重要的作用，而这些也可以培养社交能力。比如说：教室里只有一套教具了，当一个小男孩在玩，如果另一个小女孩也想玩的时候，她就必须等待。可以说日常生活教育是基础，假如教具在这个部分没有发挥相应的作用，那么在往后的感官、数学教具部分也就不能做得很好，无法达到最大的开发效果了。

感官教具的范围包括视、听、嗅、味、温、触、压、辨认立体以及色彩等各方面的感官训练，将颜色、气味等抽象的感觉带入具体实物，用以启发儿童认知的敏锐性，为进一步的教育目的打下基础。例如嗅觉瓶这个教具，教师通过让儿童辨别气味浓淡及各种气味间的不同感觉，让他们经由亲自的体验而有清清楚楚的辨认能力。

感官教具能够帮助儿童发展感官，可以使儿童的自发性得到发展，进一步让儿童自主地观察和思考；同时也能够培养儿童对环境敏锐的观察力，使之养成从观察到试验的科学习性。例如"儿童之家"的教师在以感官教具训练儿童观察能力的同时，必须让他们从中辨别相似物和对比物，来诱导儿童进一步形成判断，在心智上产生推断，而能做成决定性思考和行为。

再以典型的视觉感觉教具——圆柱组加以说明。在教学中使用圆柱组这种教具，并不是为了让儿童将每一个圆柱体放回适当的洞里，而是在锻炼儿童的观察力，培养他们能辨别物体之间的相同性（都是圆柱体）、相异性（高度不同或直径不同等）以及次序性（由左到右或由大到小等），引导儿童能够由了解和思考来判断事物。所以感官教具的使用，重点是在训练儿童的"工作"过程，而不是他的"工作"结果。蒙台梭利也希望这一点能够引起母亲和教师的重视，否则就会本末倒置。

人类的学习是个由简单到复杂、由具体到抽象的过程，因此在面对数学这种纯抽象概念的知识时，只有以具体、简单的实物训练，才能让儿童觉得数学容易学。他们在亲自动手中，先由对实物的多与少、大和小求得了解，然后自然就联想到实象与抽象间的关系。比如"儿童之家"的教师为了教儿童了解0、1、2、3、4这5个概念，在纺锤棒箱的设计上，就分别在5个空格的上方，标出0、1、2、3、4；然后再依据每个数目的多少，放入同数量的棒子。这样可以使儿童亲眼看到各个数字之间的比较，而知道什么是"1" "2"

和"3"，结合起数量(1根棒子)与数字(1的字形)。所以，蒙台梭利采用数棒为学习数的概念的第一步骤，然后循序渐进地指导儿童了解数的意义(量)与数的字形(符号)，而最后进入加、减、乘、除的四则运算。数学教具包括了数学上的许多基本概念，能为儿童奠定良好的数学根基。

现在有些人认为，教具是儿童教育的关键，他们认为不需要计划、不受任何限制地提供大量教具给儿童是比较好的方法。其实，教具提供得太多或太少都可能对儿童的发展产生负面影响。教具的缺乏可能导致儿童学习上的停顿，教具过多则容易使他举棋不定、注意力不集中。

蒙台梭利说，教具作为自我启发的媒介物，在设计和使用上一定要注意：首先，教具在设计上要能够引起儿童的注意；由于教具具有教育意义，因此不要选用五颜六色的教具，要以朴实、纯净的色调为主，这样才能突显出真正的教育目标；由于教具是提供给儿童用的，因此在设计上要符合儿童的内在需要，在教具的大小、尺寸、重量等方面，要根据儿童的能力来考虑；每一个教具的单独和联合使用，都有其步骤和顺序才能完成。教具不管在设计上或者在使用方法上，都要由简单到复杂，其主要目的是增加和培养儿童了解步骤、重视秩序的观念，并间接地培养其内在纪律性。

总结：

教具的使用不仅顺利地实现了向儿童传授知识的目的，而且还促进了儿童智能以及能力的发展。在教学中，教具起到了无可替代的作用。教具的设计要以儿童的生命成长需要为中心，要符合人类成长的规律，也要符合人类认识产生的规律。也就是说，教具要符合人的心智和精神建构的需要。

三、独特的教学环境

　　众所周知，在生物学家的实验室里，为了培养杆菌就必须准备好炉子和土壤。因此，如果我们希望学校成为观察人类生活的实验室，就必须把美的东西都凝聚于此。最适合生活的地方才是最美丽的。儿童一旦被自己的"工作"所吸引，就不会有任何东西可以分散他的注意力，而美的环境不仅可以帮助他集中注意力，还可以使他恢复体力和精力。因此，在学校里，儿童应该获得自由，还应该得到成长发育所需要的最好的帮助。为了帮助儿童提高生活质量，保证身体的正常发育，学校要设置生理卫生课。为了使服装符合整洁、简朴的标准，同时又适宜他们自由活动，学校还需要对儿童服装进行改革。

　　在"儿童之家"有一些特殊的要求。例如，根据心理卫生的标准，用求容积的方法推算出空气自由流通所需要的空间，从而增大教室的面积；同样，也扩大厕所的面积，并且在厕所内配置洗澡间；修建混凝土的地板和可清洗的壁板，还装有中央暖气系统；一日三餐有规律；并且花园和宽敞的阳台是必不可少的；为了保证阳光可以自由进入，将窗户改装得宽大些；体育馆里有宽敞的大厅和昂贵的设备。最后，最为复杂的是学生的课桌，为了防止他们因过于频繁地做相同的运动或长时间固定不动而导致畸形，"儿童之家"的课桌是座位和桌子都能自动旋转的。尽管"儿童之家"为此花费了很多的钱，但是却为儿童提供了可以自由活动的空间。如果要想达到理想的教育效果，还要给儿童提供一个心理活动室。这个活动室要比普通教室大两倍。为了保证儿童可以舒适自由地在这里活动，活动室必须有一半是空着的，不放任何东西。

　　"儿童之家"的桌椅不仅轻巧，容易搬动，而且还有教育意义。因此，教师们给儿童提供的桌椅是自动旋转的，给他们用的是瓷碗和玻璃杯。有些人对她们的做法表示担心，认为在普通的学校里，虽然课桌沉重、坚固并且难以搬动，可即使儿童们碰它上百次，它也不会有任何污损；即使把那金属盘子掉在地上一千次，它们也不会被摔坏。殊不知，这种环境会让儿童对自己的缺点毫无察觉，使他们隐藏自己的错误，就像施展了魔法一样。正是因为瓷碗、玻璃杯这些东西容易破损，孩子们一旦把它们打碎，就等于是向儿童鲁莽或不小心的行为发出警告。这样做不仅可以引导儿童改正自己的行为，训练他们的动作仔细、准确，做到不碰撞、不打翻、不摔坏东西，而且还会使他们的行为变得越来越文明和有节奏，并逐渐像大人一样成为各种器皿和用具的管理者。与此同时，他们也会养成不破坏周围漂亮的东西的习惯。通过这些训练，他们得到了自我完善，各种动作统一并协调起来，活动更加灵活和自由。

同时，家具也是一个不容忽视的问题。在"儿童之家"里，教师们使用的是一种轻便家具，这种家具简单，价格也便宜。不仅如此，它们还比较容易清洗。这一点对儿童来说很重要，一方面他们可以学会清洗，另一方面他们通过清洗家具还可以获得一次愉快而又有教育意义的练习。家具用浅绿色衬托出高雅与和谐，与简单轻便融为一体，从而达到艺术美的境界。位于波利代洛乡村的"儿童之家"，是为纪念一位侯爵建立的。在那个"儿童之家"，所有摆设的桌椅、餐柜、陶器的颜色和形状以及其他装饰，都与波利代洛乡村古老的艺术格调一致，这里所有的家具都显得那样简单、古朴、优雅、自然与美丽。因此蒙台梭利得出结论，教师应该按照这种风格制造出简单、典雅而又得体的家具，以代替学校目前所摆设的用如此复杂而又昂贵的材料制造出的家具。这种独具特色、多种多样的家具将会在各地得以使用和推广。这不仅提高了教师们的鉴赏能力，还改变了他们的一些不良习惯，更为重要的是，这种做法将为人类引入一种全新的幼儿教育模式，使孩子脱离目前这种恶劣与丑陋的环境。

儿童需要运动，这已经成为人们普遍接受的生理卫生原则。因此，在我们谈论自由的儿童的时候，一般是指他们能够自由地运动，自由地跑跑跳跳。由此我们可以想象，如果儿童没有一个宽敞的空间可以自由地活动，他们将不可避免地对障碍采取暴力行动。

在心理卫生领域，自由运动并不仅仅局限于身体的自由这种最原始的状态。比如为了保证小鸟在鸟笼里自由地上下跳跃，我们可以在鸟笼里的合适位置绑上一根或两根交叉的树枝。可是，不管我们作出怎样周到的安排，对于一只曾经在广阔的天空中自由飞翔的小鸟来说，被关在笼子里总是不幸的。据蒙台梭利的观察，当教师让儿童去做那些为了跑步而跑步等毫无趣味的练习时，他们一般会表现出不耐烦、烦躁的情绪。让儿童听任摆布的活动不利于他们的发展，会使他们的行为变得粗野、不得体，很少会产生好的效果。

如果儿童在运动中没有智力目标，并且缺乏成人的指导，那么运动就会使他厌倦。就像当我们被迫去做没有目的的动作时，我们就会感到很空虚一样。

对疲劳的实验表明，人们从事有智力的有目的的工作，与从事相等的无目的的工作相比，不容易使人疲劳。因此，心理医生总会向病人建议，不要通过户外锻炼，而要通过户外工作来治愈他的神经衰弱。

为了配合儿童的学习生活，成人必须为他准备一个适宜的环境，就像在鸟笼里为小鸟放上一些树枝一样，让儿童自由地发挥他们模仿和运动的本能。儿童生活环境设施以及用具应该与儿童的身材和力量成正比，比如能搬动轻便的家具，手臂能够够到食品柜里的食物，操作起来很容易锁、容易开关的轻便门，墙上高度适中的衣架，小手能够握住的刷子，大小适度的香皂，大小合适的脸盆，容易穿也容易脱的衣服，这些都是能够刺激儿童进行自发活动的环境。在这样的环境里，儿童可以逐渐完善其协调动作而不会感到疲劳，并学会人类活动特有的优雅和灵巧。

为儿童提供自由活动的场所，有助于儿童自我训练和自我发展，它是儿童成长所需要的一个重要条件。儿童的社会意识就是在与其他儿童进行自由活动时建立的关系中形成的。当儿童对自己所做的一切感到满足，并处于保护和控制的环境中时，自己会获得崇高的意识。在这个过程中，还可以培养他们坚持完成任务的意志和品质，并在认真完成任务的过程中得到一种快乐。在这样的环境里，儿童不仅会自觉地努力"工作"，而且还会通过"工作"健全自己的精神，就像沐浴在新鲜的空气中，他们的身体器官在"工作"中得到成长、发育并日益强壮。

总结：

环境是人赖以生存和发展的物质基础。从心理学角度来说，在一定程度上，环境对儿童的发展起重要作用。一个适宜发展的环境可以给人美的享受。儿童生活的环境不应是单纯的美化、绿化、儿童化等外在的装饰，而是我们与儿童共同创造的、能满足儿童生长和发展需要的适宜的环境。

四、适合儿童的授课方式

　　如果能够在学校或者幼儿园实行自由的制度，那么孩子们就可以自由地表现他们的个性和爱好。因为孩子在儿童时期是最需要自由的，但要注意的是，这里说的自由并不是放任。

　　在开始的一段时间里，"儿童之家"的学生并不理解集体秩序的含义。上课的时候，他们随意离开自己的座位，听教师讲课也不安静。在这种情况下，教师根本无法上课。所以，"儿童之家"很少上集体课。

　　由于授课是以个别方式进行的，因此，简单必须是个别授课的首要特征。"让你说的每句话都要算数"这句话是蒙台梭利给教师们提供的建议，于是教师们说的无用的话越少，那么他们上的课就越精彩。教师在准备上课的时候特别注意，一定要考虑和衡量自己说的每句话是否有价值。

　　"儿童之家"授课的第二个特征是明了。教师一定不要讲那些不合事实的内容，在讲课时掌握分寸，一定不要说模棱两可的话。因此，教师在选择字词的时候，一定要尽可能地简单易懂，符合事实。

　　"儿童之家"授课的第三个特征是客观。教师在讲课的时候，尽可能地将自身的个性收敛起来。教师应当明白：孩子的注意力是很容易发生转移的，因此教师在授课的时候，一定要保证孩子的注意力保持在他该注意的客观对象上，简单明了的授课内容就是对客观对象做出的恰当解释以及怎样让孩子正确使用的说明。

　　教师必须具备科学家的那种精神，每上一次课，就相当于做一次实验。"儿童之家"授课的基本指导方法必须是观察法，教师要以一个观察者的角色来注意孩子的"工作"，包括教具的操作等，从而让孩子了解自由的含义并得到自由。因此，教师要注意观察孩子对上课内容是否感兴趣，以及他们感兴趣的时间能保持多久等等，甚至要观察课堂上孩子脸上的表情。在孩子使用教具的过程中，教师一定不要违反自由的原则，不要把自己使用教具的习惯强加给孩子，这样就会使孩子的努力变得很勉强，不真实。如果教师严格按照简单、明了及客观的要求备课，在授课的时候孩子却没有听懂，不能清楚地理解教师所讲的概念，那么这个时候教师要思考两个问题：一是以后不要再上这样的课了，二是不要让孩子因为对概念的不理解而误以为自己做错了事。如果是后者的话，孩子就会努力去理解教师讲解的概念，使教师不能对孩子的心理做自然的观察。

·········● ✆ ●·········

　　一位教师想教孩子识别红色和绿色这两种颜色。为了使孩子的注意力集中，她举起一面红色的小旗帜，缓慢并清晰地说："看这个！这是红色的。"当说"红色"的时候，她的声音提高了一些。然后，这位教师又举起一面绿色的小旗帜，说："这是绿色的。"为了考察一下孩子是否已经能够分辨这两种颜色，她对孩子说："请把红色的小旗递给我！"如果这个时候孩子出错了，教师千万不要重复说。她可以对孩子微笑一下，和蔼地抚摸一下孩子的头，并把那些代表颜色的旗帜拿走。

·········● ✆ ●·········

　　也许有的教师会对这样如此简单的授课感到惊讶，有的人会说："这不是人人都能做的啊！"的确，并不是每个人都会简单明了地授课。事实上，衡量一个人的授课是否符合简单、明了、客观的标准是件很困难的事，尤其是对那些已经习惯使用旧的教学方法的教师，他们已经习惯了对孩子喋喋不休地灌输，甚至有时候对孩子说慌。

·········● ✆ ●·········

　　一位教师经常到"儿童之家"上集体课。我们都知道上集体课最重要的一点就是课程内容简单明了，因为只有这样，教师才可以吸引孩子的注意力，使孩子认真听自己的讲解。这位教师的授课是这样开始的：上课一开始，她就对孩子说："你们猜猜我手里拿的是什么东西？"她用这种虚假的方式在吸引孩子的注意力。然后接着说："你们有没有注意过夜晚的天空？没有！看我的裙子，你们知道它是什么颜色的吗？是不是有些像大海的颜色？"这样一来，尽管孩子费了半天的劲，在脑子里缠绕着各种概念：天空、裙子、大海等，但是很难从这一团糨糊里简单明白地分辨出这堂课的主要内容。

还有一位教师要用几何形木板镶嵌的方法教学生认识正方形和三角形的区别。其实这堂课的任务很简单，就是把木板正方形和三角形分别镶嵌到正好可以容下它们的空框里。

教师正确的做法应该是先让学生看她是怎样用手把木板放到相应的框中，与此同时告诉学生，哪一个是正方形，哪一个是三角形。然而这位教师却是这样做的：她先让学生摸正方形木板，并说："这是一条线，又是一条线，又是一条线，又是一条线，一共4条线。你数一下，告诉我一共是几条线？还有角，你数一下，角也是4个。这就是正方形。"对于教师错误的做法蒙台梭利总是会及时纠正的，于是她告诉这位教师，她这样做不是在教学生认识形状，而是在教边、角和数的概念。她极力为自己辩解道："这是一回事啊！"这怎么是一回事呢？一个是几何分析，一个是算术。这位教师煞费苦心地讲解最终搅乱了孩子大脑中的思维。后来蒙台梭利对这位教师说，假如一个导游带你参观一个圆屋顶，用两种方式向你介绍：一种方式是他提醒你注意建筑物的美以及建筑比例的和谐，然后领你进去，使你能够亲眼目睹，再对圆屋顶有个基本了解的基础上，形成对圆屋顶的整体印象；另外一种是让你数窗户，数柱子，并且认真地向你介绍建筑的结构设计，向你说明建筑原理。在第一种情况下，你将获得关于圆屋顶形状的印象；在第二种情况下，你可能什么也搞不清楚。如果我们不直接对孩子说"这是正方形"，并让他们摸一摸，感受一下，而是上来就通过物体外形及结构的几何分析，那么孩子将永远不能建立起关于物体形状的概念。

· · · · · · · · ● ❧ ● · · · · · · · · ·

教师要清楚：我们是在教孩子，我们要在孩子前进的道路上，给他们光明、快乐以及正确的指引。启蒙课程的作用就像和谐悠扬的钟声，要把孩子从深思中唤醒，并且使他比以前更加强烈地感受到平静和美丽——而以前他对此好像有一些朦胧的感觉。

教育是一门艺术，这种艺术必须以科学方法为指导。如果教师用这种方法走进了学生的心灵深处，所有孩子都将兴高采烈地、温顺地、迅速而且坚决地服从。教师的一个手势、一句话，都在支配孩子的心灵。因为教师唤起了他们的生命，使他们充满生机和热情，他们更渴望继续从教师那里获得新的生命力。

在《如何让孩子自主地学习》中，蒙台梭利说道：没有独立就没有自由。一种适合儿童的授课方式，必然是一种以观察为主的教学方法。这种教学方法，要求在教学活动中，教师应该以一名旁观者的身份出现，儿童才是舞台的中心和主角。

总结：

教育者的首要任务就是激发孩子的热情。如何教育孩子是一门艺术，成人需要恰到好处地把握时机，教给孩子简单的知识。教育者不要以成人的思维方式灌输给孩子知识，这样会使孩子对概念产生混乱和偏差。要给孩子提供帮助，而不是强制或代替，要坚定不移地依靠他们自身的力量，充分地发掘他们的内在潜力。

五、"纪律与自由"观

蒙台梭利的观察教学法是建立在充分保证孩子自由的基础上的，这与传统的幼儿教学方法有着很大的区别。自由就是灵活性，纪律必须通过自由来实现，这种思想是一个实行一般教学法的人很难理解的。在课堂上充分自由的孩子怎么可能还有纪律呢？

这是因为在蒙台梭利的教学体系中，纪律本身就是建立在自由的基础上的，本身就是灵活的。蒙台梭利反对这样的看法："一个人只有当他像哑巴一样默不出声和像瘫痪一样一动不动才是守纪律。"她认为这只是一个失去自我的人，而不是一个守纪律的人。只有当孩子成为自己的主人并遵循一些生活规则时，他才能在追求自己的兴趣的同时管好自己的行为，这才是一个守纪律的人。蒙台梭利的这种自由与纪律观包含了一个伟大的教育原则：纪律是灵活的，是自由的结果而非前提。这完全不同于以往教育中绝对的、不容辩驳的高压政策下的不许动原则。

蒙台梭利曾记述了自己在"儿童之家"里看到的自由与纪律的争斗。在"儿童之家"建立之初，蒙台梭利对教师进行了一系列严格的训练。教师应该具备观察孩子的能力。教师应该是一个被动的观察者，而不是一个主动施加影响力的传统教师。教师应该尊重自己所观察到的一切。一些刚接受完蒙台梭利的新式教育训练的教师，理解了蒙台梭利的意思，却往往很难在现实中实施。很多人都不明白自己要从事的新工作为何这样被动，就像是坐在望远镜前的天文学家，看着地球和星星在天空中高速运转，而自己却只能一动不动。

有位应聘来到"儿童之家"的教师，之前在其他学校也是从事教育工作，来到"儿童之家"她感到非常空虚，因为长期以来，她的工作就是抑制孩子的行为，确保孩子遵守学校纪律。而在"儿童之家"里，孩子们的自由活动受到鼓励，自己不能干涉。当看到孩子们在教室里大声喧哗，到处走动时，她看上去非常尴尬，还流露出请求原谅和委屈的表情，仿佛希望那些在场的目击者证明自己的清白。她开始询问蒙台梭利自己是否真的适合这个新的工作，与其这样整天无所事事，还不如辞职，因为她感觉自己已不再是一名教师了。面对这位教师的困惑，蒙台梭利表示理解。因为蒙台梭利的教育理念几乎和传统教育是背道而驰的，所以开始的困惑是必然的。后来，这位教师的实验心理学知识和丰富的实践经验发挥了作用，她开始发觉自己的责任是辨别孩子的哪些行为应该制止，而哪些行为应该进行观察。

在"儿童之家"，经常发生这样的事情，当女教师把用过的教具放回盒子时，一个小孩子就会走近，拿起这个教具，想模仿教师。一些新教师的第一想法就是让孩子回到座位上，对他说："别动！回去。"然而孩子只是想通过这个来表达他们想成为有益的人的欲望，这对于教师来讲，是教会孩子东西要摆放有序的好时机。

然而，蒙台梭利发现，对孩子任其所为，有的孩子会把脚放在桌子上，有的会把手指塞进鼻孔，有的开始推搡同伴……所以蒙台梭利认为，纪律是能够培养孩子辨别好与坏的能力。目标是建立一个积极的纪律、工作的纪律和有益的纪律，而不是一个呆板的、被动的和顺从的纪律。

因此，纪律的遵守不是靠外界的诱导措施，而是孩子自发形成的自制力。如果家长和教师想让孩子终身受益，就要让孩子的自制力自动完善，需要学会正确地引导孩子的行为。

·········●◎●·········

教师们安排孩子各自找个位置坐，挑选自己喜爱的，并保持秩序。除非遇到争执，教师不会去干涉，等到全部坐好，教师会表扬这些孩子的行动，让孩子们知道这样的安排看起来很好，井然有序地就座是一件好事。这样经过几次练习，教师几乎什么也没做，孩子们却已经学会有秩序地就座，并保持安静了。

•••••••● ❧ ●•••••••

这是一种教育的结果，而非强迫接受的结果。当孩子们明白了这个道理后，就再也不会不加思考就站起来，大声说话或者坐到别的位置上去了。即使孩子这样做了，也只是因为他们希望站起来，或希望大声说话。也就是说，他们要离开那种安静有序的状态，去做一些自发行为，这是可以理解的。当他们知道这些行为是不好的，就会有新的冲动去记住并区分好与坏。随着孩子有序的活动变得日益协调和完美，孩子们就学会了反省自我。明白了有序的道理，就会从无序行为过渡到自发的有序行为。这样孩子还有了可以选择自我行为的倾向。我们可以说，只要这样下去，孩子将能清晰地表现自己的个性，自觉地、自由地展示自己。

总结：

纪律与自由并非两个互为反义的概念，而是在孩子的发展过程中起着相辅相成的作用，纪律是建立在孩子自由基础上的纪律，自由是纪律的最终目的。因此，纪律并非单纯的约束孩子，而是一种让孩子自发形成自制力的过程。

六、充实的教学内容

1. 感觉训练

感觉训练，顾名思义就是对各种感觉器官进行的训练。感觉训练可以完善感觉器官神经发射和联络的通道，还为以后智力的发展奠定基础。除此之外，通过感觉训练还可以在早期发现某些影响孩子智力发展的感官缺陷，并及时采取措施使其得到矫治和改善。

儿童期是孩子各种感觉的敏感期。这时孩子的各种感觉特别敏锐，但是如果在这一时期不对其进行充分的感觉训练，那么长大以后不仅难以弥补，而且还会使其整个精神发展受到损伤。因此，在儿童时期对孩子进行各种感觉教育显得至为重要。

在"儿童之家"里，蒙台梭利对孩子进行的感觉训练有触觉、热觉、压觉、嗅觉、味觉、视觉、听觉等。

（1）触觉和热觉

蒙台梭利说，儿童是通过触觉来认识周围事物的，通过触觉，儿童可以辨别物体是光滑还是粗糙，辨别物体是冷的还是热的。

进行触觉训练时有一个技术要点，那就是成人如果想让孩子更清楚地辨别感觉的变化，那么在触摸时让他们闭上眼睛，引导他们不借助视觉来对物体进行辨别。孩子闭着眼睛触摸物体的时候，父母要鼓励他们，使他们对这种练习感兴趣，从而很快学会。经过这种训练后，孩子闭着眼睛触摸衣料就能辨别它的粗细。

在"儿童之家"，教师给孩子准备的触觉训练的材料有：一块分成两个相等长方形的木板，一面贴上光滑的纸，另一面贴上粗糙的纸；另一块相同的木板，用光滑的纸和粗糙的纸相间贴在上面。通过触摸这两块木板，孩子对光滑和粗糙进行辨别。

事实上，热觉训练是和触觉训练同时进行的。比如，触摸浴盆里的水的同时，也会感觉到盆中水的温度。对于热觉训练，教师可以准备一套金属小碗，小碗里盛入不同温度的水，并且用温度计测量，设法保证其中两碗中的水的温度相同；然后让孩子把手浸入这些碗内，让他们感受冷水、温水和热水的温度。这一训练是孩子最感兴趣的练习。这种练习也可以用脚做。

（2）压觉

至于压觉训练，在"儿童之家"教师是利用三种不同木质的小木板，木板的大小为8×6×0.5厘米，重量为24克、18克、12克，逐个相差6克。木板表面要光滑；为了让孩子一看颜色就知道它们的重量不同，教师们保留了木板的本色，这也为检验练习效果提供了一种方法。有了木板以后，让孩子取其中的两块分别托在手掌中，以测两块木板的重量。为了保证孩子纯粹是依靠压觉，而不是颜色区分出的重量，因此在这个过程中，教师要让孩子闭上眼睛。结果，他们对猜木板重量很感兴趣，这个活动还吸引了周围观看的孩子，他们也会要求让自己来猜一猜。孩子们会主动闭上眼睛，轮流做这种游戏，并不断地发出阵阵笑声。

（3）嗅觉和味觉

为了提高儿童嗅觉和味觉的灵敏度，教师们要对他们的嗅觉和味觉进行训练。由于孩子的嗅觉发育得比较晚，因此这一感觉训练最为困难。"儿童之家"的教师在训练孩子的嗅觉上是这样做的，教师把新采摘的紫罗兰和茉莉花让一个孩子闻，然后蒙上他的眼睛，对他说："闻闻看，它是哪种花？"这时另一个孩子拿着一束茉莉花凑到他的鼻子底下让他闻。能够区分花的种类以后，教师又要对其区别花香气味的浓淡加以训练。开始的时候，教师给他4朵花让他闻，然后逐渐减少花的数量，最后只给他闻一朵花。其实在午饭的时候，也可以对孩子进行嗅觉训练，让孩子学会识别各种味道。

至于味觉，教师则是让孩子用舌头品尝酸、甜、苦、辣、咸等各种味道的溶液。3岁左右的孩子很喜欢玩这种游戏。与此同时，教师还可以教他们怎样漱口。由于孩子很喜欢这种游戏，因此，每次活动结束后，孩子们就用玻璃杯装上温水，然后仔细漱口。可以说味觉训练同时也是一种保健练习。

（4）视觉

要想帮助儿童提高鉴别度量的视觉，鉴别物体的形状、颜色、大小、高低、长短及不同的几何形体，就要对他们进行视觉训练了。视觉训练包括区别事物大小的视觉训练、区别事物长短的视觉训练以及区别事物厚度的视觉训练。

在"儿童之家"的教室里，摆放着很多训练孩子视觉的教具，其中一个就是镶块。这套教具由三套木块组成，每一套木块有10个相应不等的圆柱形木块，第一套圆柱的高度相同，但粗细不同；第二套中所有圆柱高度不同，粗细相同；第三套各个圆柱的粗细和高度都不同。游戏时，让孩子把小圆柱从板孔中拔出来，弄乱，然后把每个圆柱插回到原来的位置。孩子用这些镶块进行练习，从而学会根据厚度、高度和大小区别物体。这是一种训练大小视觉的很好的方法。训练大小视觉的另一种方法是叠宝塔游戏，用10块大小不同的立方块积木，最大的一块底边为10厘米，最小的为1厘米，每块递减1厘米，要求孩子按积木的大小依次砌成一座方塔，最大的一块做塔底，最小的一块做塔尖。开始之前，把这些大小不等的积木散乱放在地毯上。由于有些孩子不能正确地区分物体的大小，往往没有把最大一块放在下面，使得塔只砌到一半就塌了。

训练厚度视觉常用的方法是搭楼梯的游戏。用10个从厚到薄的棱柱，最大的底边长10厘米，其余依次递减1厘米，长度相同都是20厘米。孩子们玩时把它们撒在地上，弄乱后按其厚薄顺序一块挨一块摆好，可以从薄开始，也可以从厚开始，排成像楼梯一样的梯形，从低到高，一步比一步宽。在这个游戏中，孩子一眼就可以发现哪里出现错误，因为如果位置排错了，楼梯就会呈现不规则的状态。

训练长度视觉常用的方法如下。用10根正四方形木棍，每根长短相差10厘米，最长的1米，最短的10厘米。并且以10厘米为间隔交错添以红蓝两色，把木棍并排放在一起时，红蓝相间，整个形状如同风琴的风管所构成的直角三角形，斜边逐渐缩减。要求孩子把这些木棍撒开弄乱，按长短顺序和颜色的对应，加以排列。如果孩子没有把位置摆放正确，木棍沿斜边的递减长度会显得参差不齐。

（5）听觉

为了使孩子能够辨别和比较声音的差别，培养初步的美感，就要对孩子进行听觉训练。

········● ❧ ●········

在"儿童之家"，蒙台梭利像往常一样维持班级的秩序，在一个安静的环境下，继续自己的工作。当教室里更加安静的时候，突然说："嘘嘘！"有时候高声短促，有时候低声悠长，不断变化声调，渐渐地孩子被她吸引住了，这时她接着说："再安静一些！"然后，蒙台梭利又发出"嘘嘘"声，并低声不断重复说："再安静些！"最后以最低的声音说："现在我能听见钟表的走动声了！""好，我能听见风吹动书本的沙沙声了！"对于这种训练，孩子们很入迷，整个教室如此的寂静，以至于其他的教师以为这间教室里没有人。接着，蒙台梭利又说："让我们把眼睛闭上！"经过这种反复的练习，孩子们习惯了保持绝对的安静，即使有个别人破坏这种秩序，只要发一个音，做一个手势，他就会立即恢复良好秩序。

········● ❧ ●········

通过这种感觉训练，孩子终究能够成为敏锐的观察者，不仅能够为未来的生活做好准备，而且也能完成社会交给他的工作。

一个厨师的烹饪知识可能是从书本上学来的，他可以从书本上准确地知道菜肴的配料和烹饪时间的长短；他也能进行烹调的一切技术的学习。但是当需要根据菜肴的气味准确地决定合适的烹调时间，或者用眼睛观察什么时候放什么调料的时候，如果没有进行足够的感觉训练，他就一定会犯错误。

对成人来说，对其进行感觉训练是很困难的一件事。例如，一个成人想成为一名钢琴家，在这种年龄阶段进行手指的训练就很困难。如果我们想通过训练使一个人的感觉得到充分的发展，我们必须在感觉形成的敏感期就采用相应的方法进行训练。感觉训练应从儿童时期就开始，并在准备进入社会生活的整个时期都要坚持不懈。

2. 生活实践练习

"儿童之家"建立以后，如何安排孩子的学习和活动计划成了首要问题。制定作息时间表应该考虑两方面：一是学习时间的长短，二是学习和生活活动的时间如何分配。也许有人要问："儿童之家"在这些方面是怎样安排的呢？在生活实践方面又是怎样做的呢？

"儿童之家"学习的时间相对来说比较长，一整天都有活动安排，而且对家庭贫困的孩子还有特殊的安排，例如，在工人聚集地附近的"儿童之家"，冬季的上课时间为早上9点到下午5点，夏季的上课时间为早上8点到下午6点。从孩子成长的规律来考虑，这种时间安排是非常必要的。

由于"儿童之家"是培养孩子的地方，因此，在对孩子进行训练的过程中，教师采取的第一步就是唤起他们——不断唤起他们的注意，不断唤起他们内在的感受，不断唤起他们和别人一起创造生活的激情。从整体上来考虑，教师们的工作必须要为孩子适应未来的社会生活方式而做准备。与此同时，还必须吸引他们对那些生活方式的注意。

在建立第一个"儿童之家"时，由于在教材分发的时间安排上出了一些问题，因此教师们制订的时间表并没有得到执行，最后，对孩子训练是在一系列的生活实践练习中进行的。而这些练习最终获得了成功，于是所有的"儿童之家"每天的活动都是这样开始的：清洁、体姿、聊天。

孩子一到"儿童之家"，教师就要对其进行清洁检查，检查孩子的手、指甲、脖子、耳朵、牙齿等地方，有的时候还要检查头发是否干净。如果发现孩子的衣服破了，或脏了，或掉了纽扣，教师就要提醒孩子注意。这种做法可以促进孩子养成注重个人形象的好习惯。在"儿童之家"，每个班都有清洗架、水瓶、盆子等清洁工具，这样有利于老师教孩子怎样进行局部清洗，从而使自己变得干净。比如，有时候教师教孩子如何洗手、洗脚、刷牙、漱口等，在这个过程中，教师还会让年龄大一些的孩子去帮助小一点儿的孩子，并鼓励年龄小的孩子尽快学会照顾自己。

在做完个人的卫生检查之后，教师就让孩子围上围裙，然后教孩子检查教室的卫生：桌椅摆放的是否整齐？教室里的角落是否有灰尘？如果有灰尘，教师就教孩子如何使用各种清洁工具（如抹布，刷子和小扫把等），教孩子如何将灰尘打扫干净。当完成这些"工作"以后，孩子就走回自己的座位，这时教师教他们如何使身体保持端正，并让他们注意在起立和坐下时尽量不要发出声响。经过这样的训练后，孩子就会在走路的时候小心谨慎并保持安静。

最终，"儿童之家"的教师还要对孩子的举止保持优雅（如见面时的问候语、分手时的礼仪、拿东西要轻拿轻放等）进行练习。当孩子做到这些动作的时候，教师的语气尽量要保持平静，无需大加赞美之词。

最后的生活实践活动计划就是和孩子聊天。教师不是要对孩子的行为作出好与坏的评价，而是要给他们指导，并且帮助他们改掉那些坏习惯。教师要经常与孩子聊天，但是在与孩子聊天时要注意，不要跟孩子谈论他们的家庭隐私，只跟孩子说他的活动。像"你是否能够自己穿衣服？""你是否能礼貌地和家里的人谈话？""你昨天都在学校里干了些什么？"这些问题都可以。以这样的方式谈话，能够促进孩子语言能力的发展，并且对孩子具有很大的教育意义。

总结：

为了培养孩子高度集中的注意力和准确的判断力，使孩子的感受性更加敏捷、精炼，对其进行感官训练是很有必要的。因此，父母要根据孩子在敏感期的特点，把对各种感觉的发展作为教育的重点，加强对孩子感觉的训练，根据孩子自身的能力进行训练，使他们在感觉训练中通过自己的兴趣、需要和能力进行自由选择、独立操作、自我矫正，努力促进自己的发展。

生活实践练习有助于培养孩子养成清洁卫生的好习惯，培养孩子文雅的举止和社会交往能力。成人的成熟是孩子成功的前提，因此我们成人应该尽一切的努力使孩子内在的美得以展现。